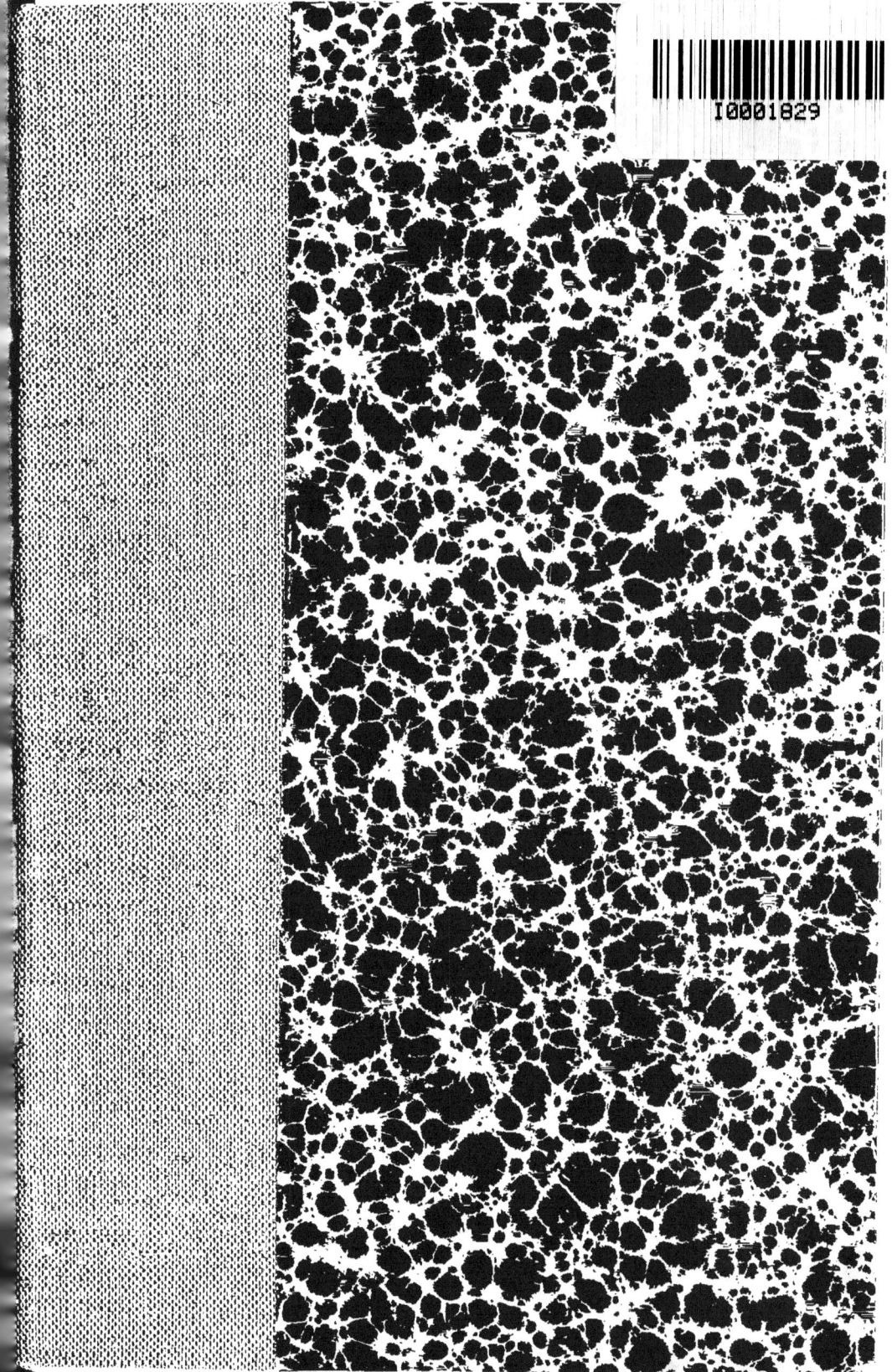

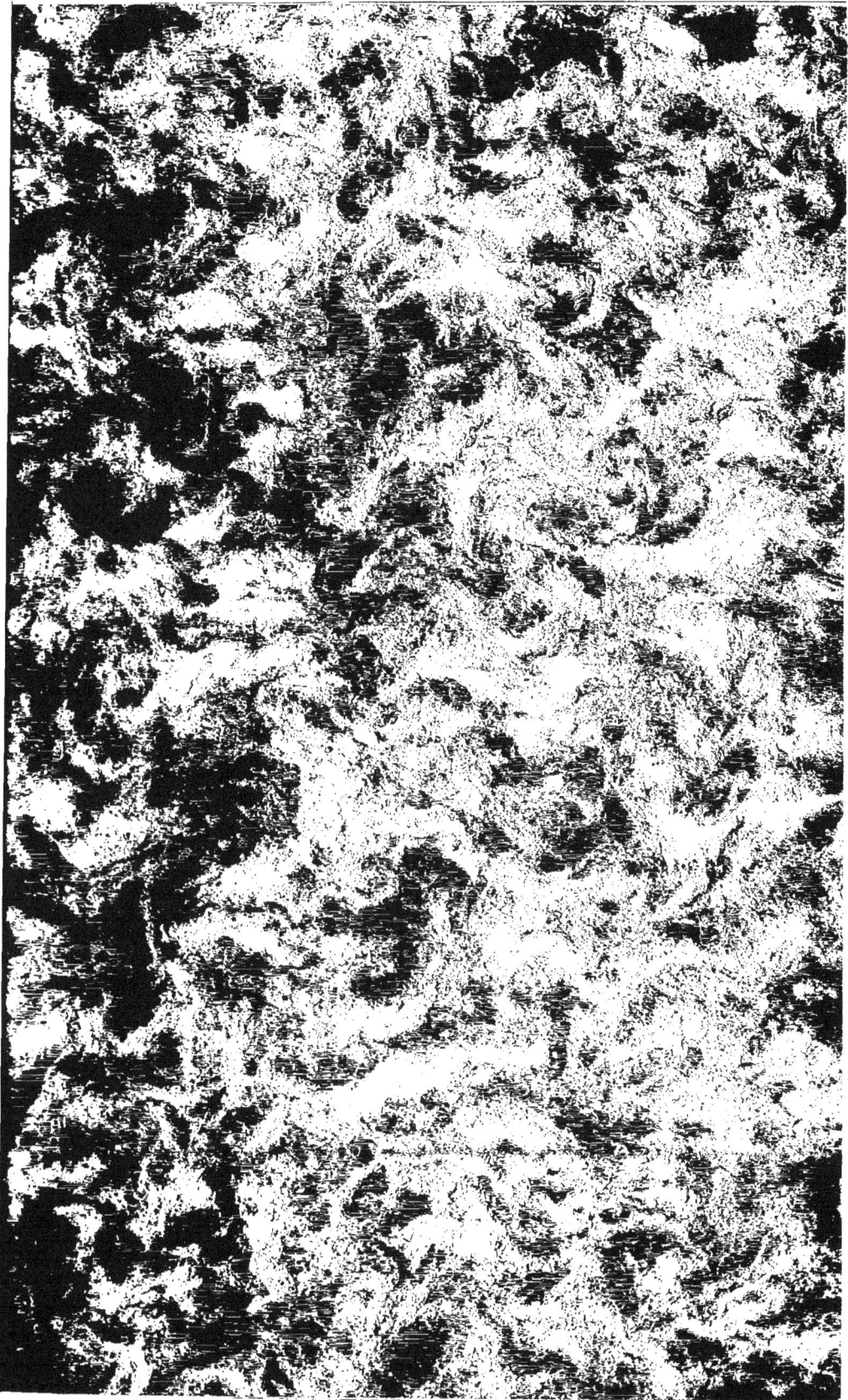

THÈSE

POUR LE DOCTORAT 3812

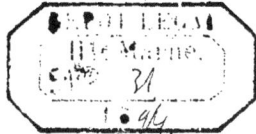

FACULTÉ DE DROIT DE PARIS

DROIT ROMAIN

DES

EMPÊCHEMENTS DE MARIAGE

DROIT FRANÇAIS

—

DES

EMPÊCHEMENTS PROHIBITIFS

DE MARIAGE

EN DROIT CANON ET EN DROIT CIVIL

—

THÈSE POUR LE DOCTORAT

L'ACTE PUBLIC SUR LES MATIÈRES CI-APRÈS
Sera soutenu le 22 janvier 1894, à 2 heures 1/2

PAR

Will. DERREY

AVOCAT A LA COUR D'APPEL

> « Il y aura toujours assez de ma-
> riages pour la prospérité de l'État ;
> l'essentiel est qu'il y ait assez de
> mœurs pour la prospérité des ma-
> riages. »
>
> PORTALIS.

Président : M. LEFEBVRE.

Suffragants : { MM. LYON-CAEN.
{ ESMEIN.
{ THALLER. } *professeurs.*

PARIS

LIBRAIRIE NOUVELLE DE DROIT & DE JURISPRUDENCE

ARTHUR ROUSSEAU, ÉDITEUR

14, RUE SOUFFLOT ET RUE TOULLIER, 13

—

1894

A MES ONCLES

L. ET E. LIOTTIER

DROIT ROMAIN

DES EMPÊCHEMENTS DE MARIAGE

INTRODUCTION

Comme on pourrait me contester l'exactitude du titre que j'ai pris, *Des empêchements de mariage en droit romain*, sur ce motif que les Romains n'ont pas connu des *empêchements* mais des conditions de mariage, je dois dire pourquoi je me suis permis cette sorte d'anachronisme : c'est, d'abord, parce qu'il est admis dans le langage courant ; puis, que j'ai entendu étudier, non pas tant les empêchements romains, que ce qui, à Rome, correspondait à ce que le droit canon et le droit moderne ont appelé « empêchements de mariage ».

Pour les modernes, l'empêchement de mariage peut se définir : l'obstacle à la célébration, né du défaut chez le futur époux, de l'une des conditions ou qualités requises par le législateur pour se marier. — A Rome, on exigeait bien pareillement la réalisation de certaines conditions, mais le mariage se célébrant sans aucune intervention de

1

l'État, la loi ne pouvait prévenir, *empêcher* l'union illicite :
elle devait se contenter de la rompre, une fois conclue : à
l'inaccomplissement des conditions correspondait donc non
pas un empêchement, c'est-à-dire un obstacle à la célébration, mais la nullité du mariage, c'est-à-dire une peine
succédant à la violation de la loi, un moyen de contrainte
postérieur, incapable de prévenir cette violation.

C'est l'absence de toute célébration officielle qui explique que les Anciens n'aient jamais connu ce qu'on appela
par la suite empêchements prohibitifs : si les empêchements, qu'aujourd'hui nous nommerions dirimants, n'a-
vaient pas la vertu d'arrêter les époux, à plus forte raison
ne pouvait-on pas concevoir l'empêchement prohibitif,
qui, lui, n'existe qu'à l'état de mesure purement préventive,
et est dépourvu de sanction, une fois violé (1).

Ces remarques expliquent les différences qui existent
dans la sanction des empêchements entre le droit romain
et le droit moderne (droit canon et droit actuel). En théorie, on conçoit que cette sanction puisse varier avec la différence d'importance attachée à chaque condition. Cette
idée fut mise en pratique par le droit canon qui échelonna
les peines en commençant par la pénitence spirituelle, —
puis par le droit moderne qui donna à la théorie tout le
développement dont elle était susceptible en établissant
une gradation partant de la simple amende pour arriver

---

(1) Cependant c'est un empêchement de cette nature qu'il faut voir dans
certains cas, très rares, au reste, par exemple dans la prescription des délais de viduité, avant la loi Julia : car, jusque là, on se contentait de noter d'infamie sans les séparer, les époux coupables de s'être mariés
avant le terme légal.

A partir de cette loi, l'infamie, à elle seule, constituant une cause d'annulation du mariage, le maintien du lien conjugal ne fût plus possible.

aux travaux forcés. — Au contraire, en droit romain, s'il est vrai que nous trouvions les prémisses de cette théorie, ce ne sont que des prémisses, car la nullité du mariage étant un minimum au-dessous duquel on ne pouvait pas descendre, le législateur était contraint d'échelonner ses peines en partant de sanctions déjà très fortes. Ce n'est pas à dire pour cela que le droit romain ne connut pas de variété dans la sanction : il allait jusqu'à prononcer en certains cas la peine de mort. Mais ce qu'il ignora toujours, ce fut la modération : la confiscation des biens, la relégation dans une île, l'internement pour la vie dans un monastère, la peine de mort, voilà les peines qu'il prononçait contre les fauteurs de certains mariages prohibés alors qu'aujourd'hui ces coupables ne sont même pas inquiétés (1).

Il est encore une autre chose dont il ne semble pas s'être préoccupé : c'est de l'imperfection de toute œuvre humaine. Le législateur moderne au contraire l'a prévue, et, pressentant qu'il pourrait se présenter des circonstances où son ouvrage cesserait d'être bon, des cas où la lettre de la loi serait en contradiction avec son esprit, devant l'impossibilité où il était de les prévoir, il songea à pourvoir à ces hypothèses particulières en déléguant à l'autorité publique le pouvoir d'assouplir la loi aux circonstances et de faire plier exceptionnellement l'intérêt général devant l'intérêt particulier. Et ainsi fut conçu, en notre matière, le principe de la dispense qui, sagement appliqué, devait avoir des effets si féconds, des résultats si heureux (2).

(1) Cpr. par exemple la sanction de la prohibition du mariage entre la femme adultère et son complice en droit romain et en droit actuel.
(2) La dispense correspond, il est vrai, à l'antique « rescrit du prince »

Telles sont les principales différences qui, dans l'organisation extérieure et matérielle, en quelque sorte, des empêchements de mariage séparent la législation ancienne de
la moderne. Il nous reste à essayer d'en esquisser la théorie : pour cela, nous passerons rapidement en revue tous
ces empêchements en tâchant d'indiquer la source d'où ils
dérivent, et alors, suivant les préoccupations auxquelles
obéirent les Romains en les édictant, nous verrons quels
étaient ceux qui avaient chance de parvenir jusqu'à nous.

* *

Les Romains ont édifié la théorie des empêchements sur
des assises telles que tous les peuples latins qui les ont
suivis, se sont toujours servi de ces premières fondations
pour étayer leur législation. C'est que, pour ces peuples,
la conception de la société n'a pas changé : nous croyons
toujours à l'individualisme ; pour nous, sans famille, pas
de société : or la pierre angulaire de la famille est le mariage : aussi, presque toutes les conditions ou qualités que
le législateur romain requérait chez les futurs époux pour
arriver au mariage parfait tel qu'il le comprenait, ont-
elles été conservées par la suite, parce que la plupart étaient
la consécration d'idées que nous avons encore aujourd'hui.

C'est surtout ce rôle de précurseur que joua ici encore
le droit romain, que nous nous proposons de mettre en
lumière : aussi laisserons-nous de côté certains empêchements trop spéciaux et ne choisirons surtout que ceux
dont le principe devait se perpétuer jusqu'à nous.

mais avec cette différence énorme que jadis le monarque n'avait pour gui-
de que « son bon plaisir », tandis qu'aujourd'hui la volonté du chef de
l'État ne s'exerce que dans des limites tracées d'avance.

Et d'abord, une question se pose : de toutes les conditions requises pour se marier, toutes sont-elles l'œuvre du législateur, ou n'y en a-t-il pas qui lui soient antérieures. qui précèdent toute conception humaine parce qu'elles seraient inhérentes au mariage ? — A bien peser les choses, il n'en existe qu'une de ce genre, c'est l'aptitude physique.

Quant aux autres, si elles nous paraissent nécessaires, essentiellles, c'est, comme disait un philosophe à propos des institutions sociales, c'est que nous y sommes accoutumés (1). Et l'on conçoit fort bien une société fondant le mariage sur d'autres principes, tout aussi essentiels à ses yeux et pourtant contraires à ceux reçus par nous, admettant, par exemple, la polygamie comme les Orientaux, de nos jours.

Quant à l'aptitude physique elle-même, toutes les législations ne l'ont pas érigée en loi, parce qu'elles n'ont pas organisé le mariage seulement en vue de la reproduction de l'espèce : aussi, laissant de côté l'impuissance et la vieillesse, n'ont-elles envisagé qu'un côté de la question, l'impuberté.

I. Nous commencerons donc notre travail par l'étude de l'impuberté ou plus généralement de l'inaptitude physique.

---

(1) « Quand je considère la diversité prodigieuse qui se rencontre, dans le monde de nos jours, non seulement parmi les lois, mais parmi les principes des lois et les différentes formes qu'a prises et que retient, même aujourd'hui, quoiqu'on en dise. le droit de propriété sur la terre, je suis tenté de croire que ce qu'on appelle les institutions nécessaires, ne sont souvent que les institutions auxquelles on est accoutumé, et qu'en matière de constitution sociale, le champ du possible est bien plus vaste que les hommes qui vivent dans chaque société ne se l'imaginent ». Souvenirs d'Alexis de Tocqueville. Paris, C. Lévy, 1893.

II. Puis, nous arriverons à une seconde classe d'empêchements, ceux-là nés de la conception théorique du mariage et de la famille — et de l'organisation intérieure de
cette dernière chez les Romains, et dans cette catégorie
nous rangerons :

α L'existence d'une première union (empêchement découlant de la théorie romaine du mariage).

β Puis, 1° l'adultère de la femme, et 2° les délais de viduité (prohibitions tenant toutes deux à la conception romaine de la famille).

γ Et enfin 1° l'inceste, 2° le défaut de consentement des
parents, 3° la tutelle ou la curatelle (Obstacles nés de l'organisation intérieure de la famille à Rome).

α *Existence d'une première union*. — La polygamie qui
aboutit à l'asservissement d'un sexe au profit de l'autre,
était impossible dans une législation où le mariage est considéré comme l'union de l'homme et de la femme sur le
pied de la plus parfaite égalité : sa proscription s'imposait
donc jadis comme aujourd'hui ; aussi avons-nous été jusqu'à faire un crime de la bigamie.

β 1° *Adultère de la femme*. — Le mot de famillle évo-
quait, chez les Romains, l'idée d'une lignée de descendants
travaillant à créer une vie heureuse, au delà de la tombe,
aux aïeux trépassés. Seuls les enfants devaient se livrer à
ce culte des ancêtres. L'adultère de la femme qui, par ses
conséquences pouvait, — sans qu'on pût jamais savoir
exactement à quoi s'en tenir, — rompre à jamais la lignée
par l'intrusion d'un étranger, devait donc paraître haute-
ment criminel : au début on la tuait ; par la suite, on se
contenta, la femme une fois répudiée par son mari et con-

damnée comme adultère, de lui interdire de se remarier.

Nous avons, de nos jours, conservé cet empêchement, et cependant nous n'avions plus les mêmes motifs que les Romains de nous indigner contre la femme et de la frapper de cette peine, puisque les *sacra* n'existent plus depuis longtemps. Aussi avons-nous restreint la prohibition au complice et cela, en l'appuyant sur un motif de convenances sociales si discuté, que des propositions de lois en ont demandé bien souvent l'abrogation : l'accord sur la question n'existait même pas en l'an XI au Conseil d'État. On peut donc dire que le législateur moderne, en maintenant l'empêchement même avec la restriction qu'il y a mise, a suivi trop aveuglément l'exemple des Romains qui, les *sacra* disparus, virent surtout dans l'adultère de la femme la suprême atteinte à l'autorité maritale. — J'ajouterai que la force de la tradition ici fut telle qu'on fit revivre l'ancien internement de la femme dans un monastère, qu'ordonnait Justinien, sous la forme de la réclusion dans une maison de correction (ancien art. 298, abrogé par la loi de 1884).

2° *Délais de viduité.* — C'est encore pour ne pas confondre l'ordre des descendances que l'on défendit à la femme de se remarier avant que l'on fût en mesure d'assigner un père certain à l'enfant qu'elle mettrait au monde : en effet, si elle avait été libre de convoler en secondes noces aussitôt après son veuvage, l'enfant qu'elle eût mis au monde aurait pu être attribué à deux pères, vu l'irrégularité de la durée de la gestation. Par conséquent, comme au cas d'adultère, c'était la confusion de part qu'on redoutait. — Ce motif nous explique pourquoi l'empêchement survécut à la disparition des *sacra* et se perpétua jusqu'à nos jours : c'est que, là où primitivement on n'avait eu qu'une préoccupation religieuse, on vit, la religion disparue, l'intérêt moral et pécuniaire qu'avait l'enfant à être fils de celui-ci plutôt que de celui-là. Et, à ce titre, la prohibition méritait d'être conservée.

γ 1°. L'*Inceste*. — Tandis que la réprobation de l'inceste en ligne directe est instinctive chez l'homme (1), la prohibition de l'inceste en ligne collatérale n'est qu'une question de morale familiale (et c'est à ce titre que je l'ai rangé dans cette 3° catégorie) ; ce n'est que pour préserver de la corruption les membres de la famille qui habitaient ensemble sous le même toit, qu'on leur défendit de se marier ensemble : si bien que, longtemps, l'étendue de la prohibition se mesura à la communauté d'habitation : c'est ce qui explique que certains alliés aient pu y être compris.

Le législateur de 1804 s'est inspiré de ce motif et aussi de quelques autres nouveaux ; ce n'est pas seulement la corruption de la famille qui n'aurait pas manqué de naître du contact journalier de ses membres, s'ils avaient pu en réparer les funestes conséquences par le mariage, qui, seule, attira ses regards : un autre motif intervint, prétendu scientifique, la crainte de la décrépitude qu'amènent les unions consanguines. Mais, même aujourd'hui, rien n'est

---

(1) On a coutume de la justifier par ces considérations que l'union de parents avec leurs enfants serait disproportionnée quant à l'âge et que de pareilles relations détruiraient tous les sentiments qu'ils doivent avoir les uns pour les autres. Ce serait donc de la psychologie, car le premier argument n'a pas grande valeur : tous les jours, ou voit, sans trop s'en offenser, des unions disparates par l'âge. Mieux vaut donc déclarer que c'est une horreur qu'on ne raisonne pas.

moins prouvé et les avis des médecins sont loin d'être concordants.

2° *Défaut de consentement des parents.* — C'est un des cas où l'on suit le mieux les transformations que le législateur moderne fit subir à la théorie romaine, et où l'on voit que, même quant aux empêchements qu'il accepta des Anciens comme des legs sacrés, il trouva le moyen de ne pas tout recevoir et de rejeter une partie de l'héritage.

A Rome, la famille était organisée de telle sorte que sa direction se concentrât entre les mains d'un seul, le *paterfamilias* : celui-ci, dans l'intérêt de la bonne administration de la communauté, était armé des plus grands pouvoirs et ce despotisme était tel que quiconque y était soumis ne pouvait rien faire sans autorisation, pas plus se marier que disposer de quoi que ce soit. C'était dans l'intérêt de la famille et de l'État que s'exerçait cette magistrature domestique.

Au contraire, le législateur de 1804 refondant toute la théorie de la puissance paternelle, et l'édifiant sur des bases nouvelles, ne vit dans les parents que les guides éclairés de leurs enfants : à Rome, la nécessité du consentement des parents était nécessaire pour l'unité de direction de la famille : c'était, avant tout, une question de régime intérieur ; de nos jours, au contraire, le consentement des parents est exigé pour protéger l'enfant contre les dangers qu'il peut rencontrer dans la faculté que lui accorde la loi de contracter mariage à un âge si tendre, que la plupart ont trouvé cette époque prématurée (1).

(1) Les objections qu'on tirait de l'ordre moral et de l'ordre physique, c'est-à-dire du développement incomplet de l'enfant à ces deux points de

Si bien que, d'une part, ce rôle de protecteur ne sera pas réservé comme jadis au *paterfamilias* seul, mais sera attribué à tous ceux chez qui le législateur croit devoir rencontrer un amour désintéressé pour l'enfant, c'est-à-dire aux ascendants, sans en exclure les femmes.

Et, d'autre part, que cette protection s'étendra à tous les enfants légitimes ou bâtards, et non plus aux premiers qui seuls, jadis, étaient en puissance (1).

Autre différence : jadis la nécessité de l'autorisation subsistait aussi longtemps que l'enfant restait en puissance. Aujourd'hui, elle diminue à mesure qu'il grandit en âge et finit par disparaître quand on suppose qu'il a atteint son complet développement moral et physique : alors, il ne peut plus être question de protection : à ce moment, la personnalité de l'individu doit librement s'épanouir : toute manifestation du moi est légitime, quelque funeste qu'elle puisse paraître (2).

3° *Tutelle et curatelle.* — On sait qu'à partir d'une certaine époque un empêchement de mariage temporaire exista entre le tuteur et son ancienne pupille, entre le curateur et la femme mineure de 25 ans placée sous sa cura-

vue, furent écartées en raison précisément de la nécessité où on le mettait d'obtenir l'autorisation de ses parents qui, eux, seraient les meilleurs juges de l'application de la loi. C'était donc un tout, harmonieusement combiné.

(1) Car, on l'a remarqué fort justement, la légitimité, à Rome, n'était qu'une question de puissance.

(2) « Le mariage est un contrat par lequel un homme et une femme établissent entre eux l'union la plus intime et la plus complète qui puisse exister entre deux humains. — Donc, l'homme ou la femme doit jouir dans le choix de son conjoint de la liberté la plus absolue ; car il est le seul juge compétent qui puisse apprécier les mille circonstances qui rendent ou non possible cette union souveraine entre lui et un autre être humain. » Boistel, *Le droit dans la famille*, p. 90.

telle. Je ne dirai que peu de mots de cet empêchement : tant que la tutelle fut organisée dans l'intérêt de la famille, et confiée à des parents de l'enfant, la confusion d'intérêts empêchait les calculs qu'on voulut proscrire par la suite : puis, la parenté était, le plus souvent, un obstacle au mariage du tuteur avec sa pupille : au contraire, quand, par la suite, la tutelle fut exercée par des étrangers, on put tout en redouter, et il fallut élever un obstacle à leurs convoitises ou à leurs calculs trop intéressés. Cet empêchement aurait pu subsister de nos jours, puisque les mêmes motifs existent encore, de protéger la pupille. S'il n'en est rien, c'est que ces raisons n'ont pas, sans doute, paru suffisantes au législateur.

III. Empêchements tenant à la politique — Nous rangeons dans cette catégorie la prohibition faite aux patriciens de s'unir à des plébéiens ; aux ingénus et aux sénateurs d'épouser des affranchies ou des femmes notées d'infamie ; aux gouverneurs de se marier avec des femmes de leur province.

α *Différence de classe.* — β *Différence de condition.* — Proscrire les mésalliances est un but qu'a, presque jusque de nos jours, sans cesse poursuivi le législateur. La seule chose qui varia, ce fut la détermination du point où commençait la mésalliance. Car, ainsi que le remarquait Justinien, ici tout est relatif.

Il est à noter qu'en appliquant ces théories, il s'agit toujours pour le législateur de rien moins que de sauver la société de sa perte. Autoriser le mariage des patriciens avec les plébéiens, mais c'est décréter le bouleversement de toutes les institutions humaines et religieuses, disait-on jadis

(Tite-Live, IV, 2-6). Et pourtant, on y arriva et la société romaine ne s'écroula pas pour cela.

C'est que l'idée de mésalliance ne naît qu'à la suite de l'élévation d'un individu, d'une famille, d'une classe de la société, au-dessus des autres, et que cette élévation n'est que passagère : sorti de la masse, on doit y rentrer. La royauté, elle-même, n'a jamais été qu'éphémère.

Au moyen âge, le législateur essaya de protéger ces idées nées d'un orgueil excessif, en armant le bras des parents de toutes sortes de peines contre ceux de leurs enfants qui épouseraient des personnes de condition inférieure. Et vers la fin de l'ancien Régime, des ordonnances royales firent revivre aux Colonies les empêchements nés de la différence de condition et de classe ; en effet, en interdisant aux blancs de se marier avec des personnes de couleur, c'était en raison tant de la qualité d'affranchies de ces personnes, que de l'infériorité de leur race qu'on prétendait faire résulter de la couleur de leur peau.

Aujourd'hui, rien n'existe plus de ces anciennes prohibitions et les mésalliances ne trouvent d'obstacle que dans le respect de soi-même.

γ *Gouvernement dans les provinces.* — C'est encore la politique qui créa l'empêchement au mariage entre le gouverneur, les hauts fonctionnaires et les femmes de la province qu'ils administraient. Les empereurs redoutaient les concussions de la part des fonctionnaires ; et surtout l'insubordination des gouverneurs qui, avec l'appui d'une famille puissante du pays, eussent pu secouer le joug de Rome et faire de leur province un petit royaume indépendant.

IV. Enfin, au Bas Empire, apparut, sous l'influence chrétienne, une quatrième catégorie d'empêchements, qui comprenait ceux nés du *rapt* et du *divorce* (1).

On peut dire que l'Eglise, alors qu'elle ne condamnait pas encore à mort le ravisseur et se contentait de lui infliger diverses peines, par l'interdiction qu'elle lui faisait d'épouser sa victime, punissait le crime de la chair ; de même que la prohibition touchant les divorcés était la peine de la profanation du mariage.

Aujourd'hui, rien de semblable n'existe en matière de divorce ; et quant au rapt, le point de vue a si bien changé que le mariage du ravisseur avec sa complice peut passer pour une réparation : « Si le ravisseur épouse la personne enlevée, si celle-ci ne se plaint pas, si les ayants droit à demander la nullité du mariage se taisent, la loi ne saurait se montrer plus sévère ; elle se laisse fléchir, et l'offense qui lui avait été faite est censée remise quand cette offense a reçu ainsi la meilleure des réparations dont elle était susceptible ». (2)

Nous avons ainsi passé en revue rapidement les divers empêchements romains ; il nous reste maintenant à les

---

(1) Quant aux autres, par exemple, ceux provenant de la différence de religion, des ordres sacrés, nous n'en parlerons pas ici, pour n'avoir pas à en scinder l'exposé au moment où, pour les commentateurs, cesse le droit romain et commence le droit canon. On les trouvera donc dans la IIe partie, où nous leur consacrons des chapitres spéciaux.

(2) Monseignat, *Rapport au Corps législatif*, Locré, XXX, p. 528.

étudier en détail, non sans avoir préalablement indiqué ce qu'était à Rome le *connubium*.

.∴.

DU CONNUBIUM

On désigne par ce terme la capacité de se marier avec une certaine personne, *cum nubere*. C'est là le sens primitif du mot, c'en est aussi le plus usité. Il ne s'agit alors que de citoyens romains et de *justæ nuptiæ* : le *connubium* représente l'ensemble des qualités ou des conditions requises chez les futurs époux, conditions dont l'absence fera dire qu'on n'a pas le *connubium* avec telle personne, qu'on ne peut se marier avec elle. — C'est donc une capacité relative.

Par la suite, on considéra que la faculté de contracter mariage, était un des éléments de la capacité du citoyen romain, et on songea à la détacher des autres droits formant cette capacité, pour l'accorder isolément à des non-citoyens. Ce que l'on accordait par cette faveur, c'était le droit pour l'étranger de contracter un mariage légitime avec une romaine, en général, — sauf à satisfaire les conditions particulières de la loi civile sur le mariage. Car citoyen *parte in qua* il était soumis à la loi matrimoniale romaine et, à ce titre, tenu d'avoir le *connubium* avec la femme romaine qu'il voulait épouser. Le bénéfice que retirait de là l'étranger, était de pouvoir désormais se constituer une famille romaine et devenir *paterfamilias*. — Et cette capacité qu'on donnait ainsi à l'étranger, on l'appela encore *connubium*.

La République ne prodigua pas cette faveur, cela se comprend : c'est un sentiment naturel de ne pas admettre l'étranger dans la famille : le sentiment national y répugne. Et pour trouver des exemples de cet octroi il faut arriver à l'empire : des villes entières reçurent le *connubium*. On donnait aussi largement même le droit de cité ; mais, à partir de Caracalla, il n'y eut plus à le prodiguer, tout le monde ayant été déclaré citoyen romain par un décret de ce prince.

Il résulte de ce qui précède que ne pas avoir le *connubium* pourra s'entendre au sens absolu ou au sens relatif du mot : tantôt tout mariage romain sera interdit et alors le défaut de *connubium* constituera un empêchement absolu de mariage — tantôt l'union conjugale ne sera défendue qu'avec certaines personnes et alors ce ne sera plus qu'un empêchement relatif.

I

Inaptitude physique.

En l'état de nature, le rapprochement du mâle et de la femelle n'a lieu qu'en vue de la reproduction de l'espèce. En droit social, si c'est là une des fins du mariage, ce n'en est pas la seule. De là sur l'aptitude physique des époux bien des points de vue, et aussi bien des systèmes.

Puberté. — Et d'abord à partir de quel moment permettre le mariage ? à partir, cela va de soi, du moment où l'homme est apte à engendrer et la femme à concevoir. Mais quel sera ce moment ? L'expérience ayant prouvé que le développement physique des individus pouvait être plus ou moins prématuré, il en résulta, chez les jurisconsultes romains, une grande incertitude pour déterminer uniformément la date de la puberté. — Quant aux femmes l'époque de leur nubilité fut fixée, sans hésitation, — nous ne savons pourquoi — à l'âge de 12 ans. Ce terme ne semble pas avoir jamais varié (1).

Pour les hommes la question fut assez longtemps controversée : trois opinions se trouvaient en présence.

α. La première opinion professait le système le plus

(1) Inst. Just. 1, 22, pr.

simple, celui qui consistait à s'en tenir à *l'habitus corporis*.
C'était tout à fait familial : le père. d'après le développement physique et moral de son fils, jugeait si le moment
était venu de ne plus le considérer comme un enfant, et,
pour bien marquer aux yeux de tous ce changement, cette
entrée dans le monde des affaires, il lui faisait quitter, à
la fête de Bacchus, sa prétexte pour une toge (1). Au cas
où le père n'aurait pas usé de cette sorte de droit d'émanciper son fils, une constitution de Servius Tullius fixait à
17 ans la dernière limite de l'impuberté : à cet âge, au
plus tard, l'enfant, de *puer* devenait *junior*, et désormais
majeur, jouissait de la plénitude de ses droits de citoyen
et pouvait se marier.

Ce système de *l'habitus et inspectio corporis* était celui
adopté par les Sabiniens (Gaius, I, 196).

β. Les Proculiens, au contraire, étaient pour l'âge légal :
repoussant, sous l'influence des Stoïciens, l'examen corporel comme contraire à la pudeur, ils fixaient la puberté
invariablement à l'âge de 14 ans.

γ. Enfin une 3ᵉ opinion combinait les deux éléments
d'appréciation, l'âge et l'aspect corporel : c'est ce que proposait Ulpien : « Verum, [dicebat] Priscus eum puberem
esse, in quem utrumque concurrit et habitus corporis et
numerus annorum ». 11, 28. Il ne suffisait donc plus d'a-
voir atteint l'âge légal pour pouvoir se marier : il fallait
encore présenter les apparences d'un développement physique suffisant.

Justinien, des trois systèmes, choisit celui des Procu-

_____

(1) Ovid., *Fast.*, III, v. 771-788. — Catull., 68, v. 15. — Cic., *Phil.*, II,
18. *Ep. ad. Att.*, VI, I, nᵒ 12.

liens, le seul vraiment pratique : de sorte que dans le dernier état du droit, les femmes furent nubiles à 12 ans, et les hommes pubères à 14 ans.

La sanction du défaut de puberté était bien plus grave que de nos jours : l'union des époux était alors dépourvue d'effets juridiques ; elle ne constituait qu'une pure cohabitation de fait. — Elle ne valait même pas à titre de fiançailles (1). — Cependant le maintien de l'état de fait jusqu'à la puberté emportait ratification tacite et validait le mariage, toutefois sans aucun effet rétroactif (2).

Impuissance. — Nous avons vu que pour se marier on devait être pubère, c'est-à-dire capable d'engendrer. Que penser de l'impuissant, sinon que son état devait mettre un obstacle absolu à tout mariage qu'il voudrait contracter. En théorie, ce sont les vrais principes, mais en pratique, il est fort malaisé de les appliquer. La difficulté réside dans l'impossibilité où l'on est le plus souvent de constater cet état. Aussi les jurisconsultes romains, reculant devant l'obstacle, s'abstinrent-ils de se prononcer. Cependant, à en croire Ulpien, il semblerait qu'on aurait distingué le cas où l'impuissance résultait d'un fait indéniable, la castration, et on aurait alors annulé le mariage (3). Mais il se pourrait fort bien que ce ne fût là qu'une opinion isolée et particulière ; car Léon le philosophe pré-

---

(1) Dig., 23, 1, 9.
(2) Dig., 23, 2, 4.
(3) « Si spadoni (terme large englobant tous les impuissants sans distinction), mulier nupserit distinguendum arbitror, castratus fuerit, necne ; ut in castrato dicas dotem non esse, in eo qui castratus non est, quia est matrimonium et dos et dotis actio est ». Dig., 23, 3, 39, 1

sente comme.une règle nouvelle la prohibition et la nullité qu'il édicte, du mariage des eunuques (1).

Hâtons-nous d'ajouter que le divorce alors largement
pratiqué, était un facile moyen de rompre les unions stéri-
les, sans avoir besoin de recourir à une preuve souvent
impossible. Plus tard, même quand on frappa de peines
civiles les divorces devenus trop nombreux, l'impuissance
continua d'être une cause légitime de répudiation (2).

Au moyen âge, le droit canonique fit de l'impuissance
un empêchement dirimant de mariage, à la condition
qu'elle fût palpable et irrémédiable, et aussi, antérieure
au mariage, car le mariage, une fois consommé, était indissoluble.

L'ancien droit français admit ces deux conditions (Pothier, *du Contrat de mariage*, n⁰ˢ 96 et sq). L'abolition des
Congrès (par arrêt de règlement du 18 février 1677) fut
le premier acheminement vers la théorie moderne.

De nos jours, les tribunaux se refusent à voir dans l'impuissance une cause de nullité de mariage (3).

Vieillesse. — Nous avons dit que si la procréation des
enfants était l'une des fins du mariage, ce n'en était pas la
seule ; pour cette raison, on n'a jamais entravé le mariage
des vieillards.

Le contraire semblerait pourtant résulter d'une constitution impériale ainsi conçue :

(1) Const. XCVIII.
(2) C. *De rep.* 5, 17, 10. Nov. 22, 6.
(3) Seine, 24 mars 1885 (*Gazette du Palais*, 85, 492) ; Montpellier, 8 mai
1872, D. 72, 2, 48 ; Nimes, 29 nov. 1869, D 72, 1, 52.

« Sancimus nuptias quæ inter masculos et fæminas majores vel minores sexagenariis vel quinquagenariis lege Julia vel Papia prohibitæ sunt, homines volentes contrahere
et ex nullo modo vel ex nulla parte tales nuptias impe-
ridi (1) ».

Il n'en est rien, et il ne faut voir dans ce fragment
qu'une allusion à des mariages boiteux : ceux-là, on les
entravait de toutes façons, sans aller néanmoins jusqu'à
les annuler.

Etaient réputées mal assorties les unions entre un vieil-
lard de plus de soixante ans et une femme âgée de moins
de cinquante ; et, inversement, entre une femme de plus
de cinquante ans et un homme de moins de soixante.

« Qui intra sexagesimum vel quæ intra quinquagesi-
mum annum neutri legi paruerit, licet ipsis legibus post
hanc ætatem liberatus esset, perpetuis tamen pænis tenebitur ex senatus consulto Perniciano. Sed Claudiano senatus consulto major sexagenerio si minorem quinquagena-
ria duxerit, perinde habebitur ac si minor sexaginta annorum duxisset uxorem. Quod si major quinquigenaria
minori sexagenario nupserit, impar matrimonium appella-
tur et senatus consulto Calvisiano jubetur non proficere
ad capiendas hereditates et legata et dotes. Itaque mortua
muliere dos caduca erit (2) ».

Ce ne sont donc même pas les *Leges. novæ* qui mettent
ces entraves au mariage, mais bien les sénatus-consultes
Claudien et Calvisien. Quant à la nullité, il n'en est pas
question, pas même dans le dernier cas, puisque, la dot

(1) C. 4, 5, 27.
(2) Ulp., *Reg.*, 16, 3, 4.

n'étant caduque qu'à la mort de la femme, jusque là le mariage subsistait, sinon on n'eût pas compris qu'il y eût une dot. Quant aux vieillards épousant des femmes relativement jeunes, on se contentait de les replacer sous le régime du droit commun des lois caducaires, puisqu'ils semblaient avoir voulu écarter eux-mêmes la présomption d'impuissance sénile que paraissent établir les *Leges novæ* au delà d'un certain âge (argument des mots : licet ipsis legibus post hanc ætatem liberatus esset).

En résumé aucun empêchement de mariage pour les vieillards des deux sexes résultant de leur impuissance.

1° EMPÊCHEMENT NÉ DE LA THÉORIE ROMAINE DU MARIAGE.

Existence d'une première union.

Ubi tu Gaius, ibi ego Gaia. »

Pour qui se souvient de la conception du mariage romain, basé sur une si parfaite égalité des deux époux, que l'on a pu le définir « *consortium omnis vitæ, divini et humani juris communicatio* », il est évident que la polygamie était inadmissible. « L'histoire et l'expérience se réunissent pour démontrer que partout où l'homme a plusieurs femmes, elles ne sont ni ses compagnes, ni ses égales, mais ses sujettes. » Or l'épouse romaine était « *socia humanæ rei atque divinæ* ».

« Eadem duobus nupta esse non potest, neque idem duas uxores habere ». (Gaius 1, 63). Le second mariage est nul et, pour ainsi dire, inexistant. Quant à la violation de la fidélité que se doivent mutuellement les époux, on la punit de la note d'infamie, et si elle a eu lieu de mauvaise foi, on déclare qu'il y a alors *stuprum*, crime entraînant, en outre de l'infamie, des châtiments corporels (1).

Justinien renchérissant sur ses prédécesseurs, punit la bigamie de la peine de mort.

(1) C. 19, 9, 18 ; Inst. 4, 18, 4.

Pendant longtemps, on l'a remarqué déjà, la bigamie ne put se présenter en droit : car, jusqu'à la loi Julia, le divorce n'étant entouré d'aucunes formalités, un second mariage pouvait être regardé comme une répudiation tacite et régulière de la première épouse. Mais à partir des *leges novæ*, cette explication ne fut plus admissible et le bigame fut sévèrement puni par la note d'infamie. Pour le Préteur, était bigame, non seulement celui qui contractait *binas nuptias*, mais encore celui qui, déjà fiancé, se mariait ou seulement se fiançait ailleurs (*bina sponsalia*) : « Item si alteri sponsa, alteri nupta sit : ex sententia Edicti punitur (1) ».

En vertu du principe que « qui filium, vel filiam constituere patitur quodammodo ipse videtur constituisse (2) » le *paterfamilias* qui avait consenti à la perpétration du crime, était englobé dans la poursuite. Un autre résultat du despotisme de la puissance paternelle était, qu'à l'inverse, le fils qui n'avait fait que suivre passivement, en quelque sorte, les ordres de son père, était réputé complètement irresponsable.

Quant aux femmes, jusqu'aux lois Julia et Pappia Poppæa, la note d'infamie, flétrissure essentiellement politique (3), n'avait aucune portée sur elles, puisqu'elles ne jouissaient d'aucun droit de cette nature. Mais les Lois Nouvelles, ayant interdit le mariage avec une « *famosa* », « *Si*

---

(1) D. 3, 2, 13.
(2) Ulp., *Sent.* 13. 1.
(3) L'infamie entraînait des déchéances variées : privation du *jus suffragii* (Tite-Live, VII, 2) — du *jus honorum*. — du *jus accusandi* (sauf pour injure personnelle) ; — l'infâme ne pouvait non plus être *procurator ad litem*, ni donner à autrui le mandat de plaider pour lui. Ces déchéances étaient perpétuelles.

famosam quis uxorem duxerit... » (Ulp. 16. 2) (1), l'Edit du
Préteur prit une importance toute nouvelle.

..

Puisque la bigamie avait tant d'importance, il n'est pas
sans intérêt de passer en revue les diverses causes pouvant
amener la dissolution légale du mariage : c'étaient la mort,
le divorce et la servitude. Des deux premiers modes de dissolution, nous ne dirons rien ici, la détermination de leur
date ne présentant aucune difficulté (2). Nous n'examinerons donc pour le moment que la cause de dissolution du
mariage provenant de la servitude encourue par l'un des
ou de deux époux.

La servitude pouvait résulter de plusieurs causes, entre
autres, de la condamnation *ad metallum — ad bestias,* —
ou de la captivité.

Les *justæ nuptiæ* ne pouvaient exister. on le sait, qu'entre citoyens romains : or l'esclave ne l'était pas. Par conséquent un conjoint devenait-il esclave, qu'aussitôt, *ipso
facto,* l'union conjugale était dissoute, et le conjoint de-
meuré libre reprenait toute son indépendance. Il en fut
ainsi pour les condamnations *ad metallum* ou *ad bestias* (3) jusqu'à Justinien : mais ce prince, pour empêcher
la dissolution du mariage, décida que le condamné ne per-
drait plus en droit sa qualité d'homme libre (4) : « Cette

(1) Huschke prétend que l'interdiction n'était applicable qu'aux ingénus
et remplace *quis* par *ingenuus*.
(2) Au reste nous en parlerons au chapitre consacré aux délais de viduité.
(3) Ces dernières avaient été supprimées sous Constantin.
(4) Nov. 22, 8.

décision, dit M. Accarias, moins favorable au condamné
que gênante pour son conjoint fut probablement étendue
dans la pratique à toutes les condamnations qui jusque-là
emportaient perte de la liberté ».

Il y a un rapprochement à faire entre cette législation et
une ancienne institution du droit français : la mort civile
de l'ancien Régime et du code Napoléon était bien, en
effet, la fille de l'antique « servitude de la peine ». Le
droit moderne, s'inspirant des idées les plus rétrogrades,
oserais-je dire s'il ne s'agissait pas de lois si antiques, si
primitives, prononçait la dissolution du mariage du condamné à la mort civile et portait interdiction pour lui de
se remarier (c'était logique puisqu'en droit il était mort).
Donc au lieu, comme Justinien, de lier les époux, on les
séparait, même contre leur gré. C'était bien rigoureux, car
il y avait d'abord des condamnations n'emportant aucun
déshonneur — puis, sous une législation admettant le divorce, comme le Code Napoléon, il n'y avait aucune raison de forcer les époux à se séparer contre leur volonté,
peut-être : ceux qui le désiraient n'avaient qu'à demander
leur divorce au tribunal.

La captivité donna lieu à une réglementation spéciale
exigée par le continuel état de guerre des premiers âges
de Rome.

Il ne pouvait convenir au caractère orgueilleux et fier du
Romain de partager son titre de citoyen avec des hommes
qui s'étaient non pas laissé vaincre, mais réduire en captivité : aussi le prisonnier était-il rayé du nombre des citoyens. En droit, c'était un esclave.

On se souvient de cet épisode des guerres puniques : Ré-
gulus, prisonnier des Carthaginois, est délégué sur parole à
Rome. Au Sénat, dont il faisait précédemment partie, on
veut le traiter encore en sénateur ; et on lui demande, à lui
aussi, son avis sur les propositions de paix qu'il avait été
chargé de transmettre. Eh ! bien, il le refuse, car, dit-il, prisonnier des ennemis, je ne suis plus sénateur (1).

Un captif n'était plus citoyen romain : pour lui plus de
foyer, de femme, ni d'enfants, rapporte Horace du même
Regulus (2) :

> Fertur pudiciæ conjugis osculum,
> Parvosque natos ut capitis minor,
> A se removisse.

Mais si ce prisonnier recouvrait loyalement sa liberté,
il reprenait son ancienne situation dans la cité et dans la
famille, il redevenait citoyen, consulaire, père ou fils de
famille, etc. : le *postliminium* était l'éponge passée sur les
mauvais jours.

Mais, jusque-là, que devenait l'épouse ? — Ici se posait
et se pose encore de nos jours une des plus intéressantes
questions que soulève la philosophie du droit. — Pour les
Romains, elle se présentait à propos de la guerre, des femmes de soldats ; de nos jours, la guerre étant rare, c'est
surtout à propos de femmes de marins, partis en mer, que
la question se pose. Le mari est parti à la pêche au loin :
son navire ne revient pas, on en est sans nouvelles : il a dû
faire naufrage, et l'homme *doit* être mort actuellement ;

_____

(1) « Quamdiu jurejurando hostium teneretur, non esse se senatorem ».
Cic., *De off.*, III, 27.
(2) *Odes*, III, 5.

EXISTENCE D'UNE PREMIÈRE UNION 27

mais *il peut* être vivant. — Que décider alors de la femme
et des liens qui l'attachent à l'absent ? Elle est jeune peut-
être, en tous cas elle a probablement des enfants à élever, à
nourrir : elle a besoin d'être aidée dans cette tâche. Pour-
ra-t-elle se remarier ? Combien de temps devra-t-elle attendre auparavant ?

Le droit romain primitif, un peu excessif comme de coutume, déclara le mariage dissous au moment même de la
captivité, et dissous irrévocablement. Le *jus postliminii*
était impuissant à le faire revivre : il fallait procéder à de
nouvelles noces (1). Dans la doctrine, on prétendait expliquer cela en disant que le mariage, basé sur un pur fait, la
cohabitation (2), ne pouvait être réputé avoir subsisté alors
que les conjoints étaient séparés. — Cela n'avait pas grand
inconvénient, je crois, pour ceux qui voulaient rester unis :
car, le mariage ne nécessitant aucune cérémonie sacramen-
telle, les époux, d'accord avec leurs parents, reprenaient
la vie en commun et se retrouvaient comme ci-devant.

Cet état du droit aurait pu se maintenir longtemps encore grâce à cette correction pratique : mais, avec la corruption des mœurs, les femmes voulurent jouir de la pleine

(1) Les deux époux étaient-ils faits prisonniers, le sort de leur union
restait en suspens jusqu'à la fin de leur captivité : car s'ils revenaient
tous deux à la ville, ils étaient censés n'avoir jamais cessé d'être unis. Au
contraire, l'un des deux revenait-il seul ? les *justæ nuptiæ* étaient réputées dissoutes du jour de l'entrée en servitude : pendant la captivité il n'a-
vait existé entre les époux qu'un vulgaire *contubernium* (D. 49, 15, 25).
Les enfants engendrés chez l'ennemi étaient *spurii*.
C'étaient des lois bien sévères : elles faisaient partie de cet arsenal ha-
bilement organisé pour tenir toujours en éveil chez le Romain le sentiment exalté de la patrie et stimuler les courages défaillants.
(2) Comment concilier cela avec la célébration de mariage par procureur ?

liberté que leur donnait la loi, et beaucoup se remarièrent
dès la captivité de leur époux. — Le législateur ne pouvait permettre pareille chose : aussi contraignit-il les femmes à attendre un certain temps avant de convoler en secondes noces ? Combien de temps ? les textes ne sont précis
que vers le règne de Justinien et parlent alors d'un délai
de 5 ans.

Cette évolution apparaît assez nettement dans les fragments suivants (D. 49, 15, 8-12, 4).

Premier état du droit :

« Sed captivi uxor, tametsi maxime velit, et in domo
ejus sit, non tamen in matrimonio est ».

Puis, droit nouveau :

« Non ut a patre filius, ita uxor a marito jure postliminii recuperari potest ; sed tunc cum et voluerit mulier : et
adhuc alii post constitutum tempus nupta non est. Quod
si noluerit, nulla causa probabili interveniente, pœnis dissidii tenebitur ».

Qu'est-ce que cette femme qui, si elle ne s'est pas remariée avec un autre, ne peut sous peine d'amende, refuser
de reprendre la vie commune, sinon l'ancienne épouse qui
n'a pas cessé d'être telle. Que va-t-on parler des peines du
divorce, là où l'on prétend qu'il n'y a plus de mariage ? —
« La vérité, c'est que, en théorie, primitivement, la femme
était réputée libre de reprendre son indépendance à la capitis deminutio de son époux : elle cessait d'être épouse.
Elle avait le droit de se remarier si bon lui semblait. Mais
aucune femme n'y songeait. — Le jour où il s'en trouva
qui voulurent user de cette faculté, on l'effaça de la loi.

« Donec certum est maritum vivere in captivitate constitutum nullam habere licentiam uxores eorum migrare ad alium matrimonium : nisi mallent ipsæ mulieres causam repudii præstare (1) ».

Mais dans l'incertitude et pour ne pas condamner peut-être une jeune femme, ayant des enfants, à un éternel veuvage, on décida de fixer un délai d'attente :

« Sin autem in incerto est an vivus apud hostes teneatur vel morte præventus, tunc si *quinquennium* a tempore captivitatis excesserit, licentiam habet mulier ad alias migrare nuptias : ita tamen ut bona gratia dissolutum videatur pristinum matrimonium et unusquisque suum jus habeat imminutum ».

·Ce texte figure au Digeste, sous la signature de Julien, mais il est d'une telle latinité, et certains passages « datent » d'une époque si postérieure, qu'il est impossible de lui maintenir cette attribution d'auteur : Julien vivait au IIᵉ siècle : comment pouvait-il s'inquiéter de faire dissoudre le mariage *bona gratia* ou non, alors que cette distinction ne commence à présenter d'intérêt qu'à partir des constitutions de Constantin, c'est-à-dire du IIIᵉ siècle? Aussi est-il bien difficile de déterminer l'époque de l'évolution du droit : on incline assez généralement à croire. avec Cujas, que cette organisation complète dont parle le texte, ne date que des derniers empereurs ayant précédé Justinien.

Un texte de Constantin visait une hypothèse spéciale :

« Uxor quæ, in militiam profecto marito, post interventum annorum quatuor, nullam sospitatis ejus potuit habere indicium atque ideo de nuptiis aliis cogitavit, nec

(1) Julien, D. 24, 2, 6.

tamen ante nupsit quam libello Ducem super hoc suo toto
convenit, non videtur nuptias iniisse furtivas nec dotis
amissionem sustinere, nec capitali pœnæ esse obnoxia,
quæ post tam magni temporis jugitatem non temere nec
clanculo, sed publice contestatione deposita nupsisse fir-
matur (1).

Léon le philosophe étendit ces dispositions de la femme
du soldat à la femme du captif.

Par diverses voies, on était donc arrivé à la fin du règne
de Justinien à poser ce grand principe que le mariage devait résister à tous les changements d'état des époux : désormais la *capitis deminutio* n'avait plus de prise sur lui.
La mort seule, présumée ou prouvée, pouvait anéantir le
lien conjugal. Et, par là, on réalisait cette haute pensée de
charité, d'empêcher l'épouse, compagne des beaux jours,
d'abandonner son mari à l'heure de l'infortune.

*
* *

APPENDICE : *Situation de l'affranchie qui, mariée à son
patron, divorce d'avec lui, sans son consentement.*

Le texte d'où dérive cet empêchement est ce passage de
la loi Julia rapporté dans le fragment 11 *De Divortiis* :
« *Divortii faciendi potestas libertæ quæ nupta patrono ne
esto quamdiu patronus eam uxorem esse volet.* »

_____

(1) C. 5, 17, 7. Pour pouvoir se remarier, la femme devait produire un
certificat donné par écrit et sous la foi du serment par les officiers de son
mari et déclarant mort celui-ci ; munie de cette preuve, la femme devait
attendre encore un an avant de convoler à nouveau. Sinon elle était frap-
pée des peines de l'adultère.

Ce fragment suppose une situation spéciale : une femme a été affranchie par son patron à la condition, sans doute, de se laisser épouser : elle y a consenti, espérant qu'une fois mariée elle pourrait divorcer. Mais, au moment de mettre son projet à exécution, elle rencontre la résistance de son patron, pour qui cet affranchissement et ce mariage menacent de devenir un marché de dupe. Alors se dessine l'imbroglio juridique : comment refuser le divorce à la femme puisqu'elle est libre ? aussi Ulpien le lui accorde-t-il : « constare matrimonium non possumus ». D'autre part comment sauvegarder le droit du patron ? en interdisant à la femme, propose Julien, d'épouser un autre que lui, tant qu'il n'aura pas renoncé à ses droits sur elle (1).

Voici donc la situation : une affranchie a été épousée par son patron ; pour une cause quelconque, elle veut divorcer d'avec lui. S'il n'y consent pas, tous ses efforts seront vains : elle obtiendra bien le divorce, mais ce n'en sera qu'une image, car, épouse quand même, elle ne pourra se remarier : « Cuicunque nupserit, pro non nupta habebitur ».

(1) Adde D. 23, 2, 45, passim : [Ait lex] *Invito patrono libertam quæ eis nupta est aliis nubere non posse... Invitum* accipere debemus eum qui non consentit ad divortium. Il en est ainsi même si le patron est fou ou absent ; au cas de captivité, Ulpien semble hésitant ; Julien, plus sévère, ne l'est pas : « Si ab hostibus patronus captus esse proponatur, vereor, ne possit ista connubium habere nubendo : quemadmodum haberet si mortuus esset. Et qui Juliani sententiam probant dicerent, non habituram connubium : putat enim Julianus durare ejus libertæ etiam in captivitate propter patroni reverentiam. Certe, si in aliam servitutem patronus sit deductus, procul dubio dissolutum esset matrimonium ».

Cujas pense que le début du fragment 6, De Divortiis a été tronqué par Tribonien et qu'il faut lire *patronorum* au lieu de *eorum qui* ce qui donnerait : « Uxores patronorum qui in hostium potestatem pervenerunt, possunt videri nuptarum locum retinere eo solo quod alii temere nubere non possunt, etc ».

Mais, pour que le patron ait un pareil droit de *veto*, il ne lui suffit pas d'avoir affranchi la femme esclave : il faut qu'il l'ait fait par pur bienfait. Si donc il y était tenu d'une façon quelconque, il n'est plus admis à reprocher à l'affranchie son ingratitude.

Il en sera ainsi « cum quis libertam suam duxerit uxorem quam ex fideicommissi causa manumiserit » ; car, ajoute Marcellus, « ex necessitate manumisit, non suo arbitrio : magis enim debitam libertatem præstitit quam ullum beneficium in mulierem contulit » (1).

Même solution négative pour celui qui « non suis nummis comparavit. » (2)

Par contre, si le mariage est boiteux, aucun droit non plus pour le patron : « Si ignominiosam libertam suam patronus uxorem duxerit, placet quia contra Legem maritus sit, non habere enim hoc Legis beneficium. »

Une controverse s'élevait au sujet de la *liberta communis*. Bornons-nous à transcrire le fragment la rapportant : « Illud dubitationis est an et qui communem libertam uxorem duxerit, ad hoc jus admittatur ? Javolenus negavit : quia non proprie videtur ejus liberta quæ etiam alterius sit. Aliis contra visum est : quia libertam ejus esse negari non potest, licet alterius quoque sit liberta. Quam sententiam plerique recte probaverunt (3) ».

Quels étaient les droits du fils du patron ? il fallait distinguer suivant que c'était une esclave paternelle ou sa propre esclave qu'il avait affranchie et épousée. Des tex-

(1) D. 23, 2, 50.
(2) D. 23, 2, 45, 2.
(3) D. 23, 2, 46.

tes se réfèrent à ces deux situations : Dans le premier cas
ils supposent naturellement que c'est par ordre paternel
que le fils a émancipé l'*ancilla*, et alors ils lui reconnais-
sent les mêmes droits qu'au *paterfamilias* :

« Filio patroni in libertam patroni eamdemque uxorem idem juris quod ipsi patrono daretur, ex sententia Legis accommodatur. » (1). C'est ce que confirme le fragment
suivant : « Si... filius familias matrimonii causa, jussu
patris ancillam manumiscrit, Julianus putat, perinde eam
haberi atque si a patre ejus manumissa esset : et ideo potest eam uxorem ducere (2) ».

Mais si l'enfant qui épouse était sans droit sur l'esclave,
comme si cette dernière avait été assignée à un de ses frères, il ne pouvait se prévaloir d'aucun bénéfice de la Loi :
« Si uni ex filiis adsignatam alter uxorem duxerit, non
idem jus quod in patrono tribuendum, nihil enim juris
habebit : quia senatus omne jus libertorum adsignatorum
ad eum transtulit cui id pater tribuit (3) ».

Restait l'autre hypothèse, celle où le fils affranchissait
sa propre esclave : ce n'était plus alors qu'une question
de faculté d'affranchissement dépendant du pécule dont
l'ancilla faisait partie. Le fils n'avait la libre disposition
que de son *pécule adventice* : l'esclave faisait-elle partie du
pécule profectice, le fils pour l'épouser devait être autorisé
par son père, et alors on rentrait dans la 1ʳᵉ hypothèse examinée : en effet, c'est le père qui au fond avait la pro-

(1) D. 23, 2, 48, pr.
(2) D. 23, 2, 51, 1.
(3) D. 23, 2, 48, 2.

3

priété du *pécule profectice* : le fils n'en avait que l'usage. Pour en disposer il devait donc consulter son père.

    Cette situation équivoque, mal définie, hors la loi, pouvait-elle se perpétuer entre le patron et sa femme ? oui, tant que le patron ne consentait pas au divorce. Mais ce consentement pouvait être donné sous une forme quelconque, expresse ou tacite, et tout fait, d'où l'on pouvait induire la volonté, chez le patron, de répudier sa femme emportait libération de celle-ci : il en était ainsi notamment quand le patron intentait à son ancienne femme l'*actio rerum amotarum*, — ou l'action d'adultère, — ou se fiançait — ou prenait une concubine : car, dans tous ces cas, la conduite du patron supposait rompu le lien qui l'unissait à son ancienne femme : On n'intentait l'action *rerum amotarum* qu'en cas de divorce ; — l'action d'adultère rompait le mariage — enfin les fiançailles et le concubinat révélaient chez le patron l'idée qu'il se croyait libre sinon c'eût été de la bigamie (1).

    Cette législation créée par les *leges novæ* leur survécut et fut respectée par les Empereurs (2).

* *
*

    Ce droit était-il applicable au concubinat ? nous n'avons sur la matière qu'un texte d'Ulpien, rapportant, comme c'était à craindre, deux opinions divergentes :

    « Quæ in concubinatu est, ab invito patrono poterit discedere et alteri se aut in matrimonium aut in concubi-

(1) D. 24, 2, 11.
(2) C. 5, 5, 1 ; — C. 6, 3, 8 ; — Nov. 22, 37.

natum dare. Ego quidem probo in concubina adimendum
ei connubium si patronum invitum deserat : quippe cum
honestius sit patrono libertam concubinam quam matrem-
familias habere » (1).

Pour qui se souvient des explications que nous avons
données au sujet du motif qui guida les auteurs des *leges
novæ*, — et pour qui les rapproche de la dernière phrase
de ce fragment, il est évident que l'avis que donne Ulpien
était bien plus conforme à l'opinion générale ayant cours
à Rome. Il y a dans cette dernière phrase un *à fortiori*
sous-entendu. Aussi sommes-nous tout à fait partisan de
la proposition faite par Heineccius de modifier le *ab invito*
du début par *an invito* en terminant la phrase par une in-
terrogation. — Quoiqu'il en soit, que l'on admette ou non
cette opinion, il y a, je l'ai dit, cet *à fortiori* basé sur les
mœurs : il sied mieux au patron de ne faire de son affranchie qu'une concubine, donnons lui donc *au moins* les mêmes armes que contre une *uxor*.

*
* *

2° EMPÊCHEMENTS NÉS DE LA CONCEPTION
DE LA FAMILLE A ROME.

1° Adultère de la femme.

L'antiquité se montra toujours sans pitié pour la femme
adultère, et ce fut même une des occasions où l'on vit le
plus, combien les idées du Christ tranchaient sur la morale
de son temps.

(1) D. 25, 7, 1, pr.

Diodore de Sicile nous rapporte que chez les Egyptiens, pour l'adultère commis sans violence, l'homme était condamné à recevoir mille coups de verges et la femme à avoir le nez coupé : « le législateur voulait qu'elle fût privée de ses attraits, car ils ne lui avaient servi que pour la séduction ».

La loi juive était encore plus cruelle : « Si mæchatus quis fuerit cum uxore alterius et adulterium perpetraverit cum conjuge proximi sui, morte moriantur et mæchus et adultera ». Lev. XX, 10.

A Athènes, la femme convaincue d'adultère n'avait pas le droit de se remarier avec son complice ; elle était notée d'infamie et comme telle, privée du droit d'entrer dans les temples, et de s'orner des parures réservées aux femmes honnêtes (1).

A Rome nous retrouvons les mêmes sévérités, elles s'expliquent par les raisons suivantes :

« La religion veille avec soin sur la pureté de la famille. A ses yeux la faute la plus grave qui puisse être commise est l'adultère. Car la première règle du culte est que le foyer se transmette du père au fils ; or l'adultère trouble l'ordre de la naissance. Une autre règle est que le tombeau ne contienne que les membres de la famille ; or le fils de l'adultère est un étranger qui sera enseveli dans le tombeau : Tous les principes de la religion sont violés... Il y a plus : par l'adultère, la série des descendants est brisée ; la famille, même à l'insu des hommes vivants est éteinte, et il n'y a plus de bonheur divin pour les ancêtres... Voilà

(1) Démosthènes contre Neera, 1374. Petit, *Leg. att.*, VI, § 5.

pourquoi les lois de Rome sont si rigoureuses, si inexorables pour l'adultère » Fustel de Coulanges.

Le mari, juge de la femme, la condamnait à mort. Plus tard, quand les mœurs s'adoucirent, et que l'on redouta la faiblesse du mari, on crut alors nécessaire de le protéger contre lui-même, et on lui refusa le droit d'accorder à sa femme un pardon complet : il était contraint de répudier celle qui l'avait outragé.

Sous Auguste, les Lois Nouvelles, dans leur tentative d'épuration des mœurs ne devaient pas oublier l'adultère : à des peines variées, elles ajoutèrent l'interdiction pour la femme adultère de se remarier. Mais, pour cela, il fallait qu'elle eût été poursuivie et condamnée comme telle ; alors elle était infâme. Jusque-là, la femme répudiée était libre de convoler en secondes noces, à moins toutefois que son mari ne lui en eût fait défense, en prévision précisément des poursuites qu'il comptait intenter contre elle (1).

Elle était libre d'épouser qui bon lui semblait, excepté cependant son complice condamné comme tel : car en ce cas le mariage eût été nul (2). Plus tard, une constitution impériale déclara que le mariage de la femme avec son complice *simplement présumé,* devenait en cas de poursuite un aveu patent d'adultère et devait leur valoir « les peines

(1) D. 48, 5, 16. Qui uxori repudium miserit, potest ei denunciare ne Seio nuberet : et si denunciaverit, et ab ea incipere potest.
Le dernier membre de phrase fait allusion à cette règle, énoncée plus loin, que le complice n'était qualifié et ne devenait alors incapable d'épouser sa complice, que par une poursuite judiciaire dirigée contre lui seul au besoin, et terminée par une condamnation. Quant à la femme, elle pouvait n'avoir même pas été inquiétée. Aujourd'hui, les deux coupables sont forcément réunis dans le procès-verbal de constat.
(2) D. 34, 9, 13.

les plus sévères (1) ». C'est la mort qu'il faut entendre par ces termes. En effet cette constitution est de 394 et depuis Constantin il en était ainsi. Enfin Justinien déclara par sa nov. 134, 12, que le complice d'adultère qui aurait réussi à échapper à la vengeance des lois, et aurait épousé la femme adultère serait arrêté, livré à la torture, puis à la mort, sans autre forme de procès. Quant à la femme, tête rasée, passée aux verges, elle devait être jetée dans un monastère pour le reste de ses jours !

La femme une fois condamnée pour adultère, se voyait le mariage interdit non plus seulement avec son complice (empêchement relatif) mais avec quiconque (empêchement absolu) (2). La prohibition était générale et celui qui l'enfreignait était passible des peines du *lenocinium*. Bien plus, celui qui, avant toute poursuite, avait librement épousé la femme, coupable, mais seulement répudiée alors, se voyait contraint, après la condamnation, de la renvoyer à son tour s'il ne voulait être frappé des mêmes peines (3).

Depuis Constantin, nous l'avons dit, le châtiment de l'adultère fut la peine de mort. Par conséquent, il n'y avait plus, semble-t-il à parler d'empêchement de mariage : toutefois certains textes continuant à en faire mention, il est nécessaire, pour leur intelligence, de supposer comme dans la constitution 9 au Code (9, 9) citée dans la note pré-

---

(1) C. 9, 9, 34.
(2) « Ream adulterii uxorem duxi : eam damnatam mox repudiavi : Quæro an causam dissidii præstitisse videor ? Respondit : Cum per legem Juliam hujusmodi uxorem retinere prohibearis, non videri causam te dissidii præstitisse, palam est... D. 48, 5, 11, 13.
Cf. le chapitre intitulé de la différence de condition page...
(3) D. 48, 5, 11, 13. Adde C. 9, 9, 9.

cédente, que les coupables ont échappé à la peine capitale.

*
* *

2° **Des délais de viduité.**

On nomme délais de viduité le temps que doit attendre une veuve avant de se remarier. Numa, roi de Rome, en fixa la durée à dix mois, nous dit Plutarque, ce qui faisait durer ces délais aussi longtemps que le deuil.

De là vint que certains pensèrent que cette mesure était prise pour une raison toute de convenance : c'était une erreur. La preuve en est dans les nombreux textes que nous avons, montrant que la veuve pouvait être tenue d'attendre les dix mois alors même qu'elle n'avait pas à porter le deuil de son époux, entre autres, le fragment suivant d'Ulpien :

« Liberorum autem et parentum luctus impedimento nuptiis non est. § 1. Etsi talis sit maritus quem more majorum lugeri non oportet, non posse eam nuptum intra legitimum tempus collocari (1). »

Il faut donc chercher ailleurs le motif de la loi : la vraie raison en est la crainte de la confusion de part (turbatio sanguinis) : la femme en se remariant immédiatement eût pu mettre au monde un enfant qui, par suite de la latitude de quatre mois accordée par la loi pour placer l'époque de la conception, eût pu être légitimement attribué à deux pères. — C'est ce qui explique que la règle fléchisse quand tout danger de ce genre a disparu, comme au cas d'accou-

(1) D. 3, 2, 11, pr.

chement de la femme. « Pomponius eam quæ intra legitimum tempus partum ediderit putat statim posse nuptiis
se collocare. Quod verum puto » ajoute Ulpien (1).

La sanction de la prohibition était l'infamie, pour la
femme, — pour le second mari *sciens* (*ignorantia enim
excusatur non juris sed facti*) et pour le *paterfamilias* qui,
de mauvaise foi, avait prêté la main au mariage. — Mais
l'époux qui n'avait fait qu'obéir aux ordres d'un père, était
déclaré irresponsable : le père seul était puni (2).

Nous avons dit que la femme était notée d'infamie : or
on a coutume d'écrire que les textes du Digeste ne la mentionnent pourtant pas, et, de là on part en des explications
très ingénieuses mais qui n'expliquent rien. Quant à nous,
malgré M. de Savigny, nous pensons que c'est elle qui est
visée dans ce paragraphe 3 de la loi 11, *De his qui not. inf.*

« *Si quis* ergo post hujusmodi exitum mariti nuptum se
collocaverit : infamia notabitur. Notatur etiam qui eam
duxit, sed si sciens ». Il est évident que « *si quis* » est du
masculin, mais il y a là, à n'en pas douter, une erreur, étant
donnée l'idée générale du texte. Car quel sens aurait la
traduction littérale suivante : « Si quelqu'un après la mort
de son *mari* se remarie, qu'il soit noté d'infamie. Et pareillement celui qui aura épousé cette femme de mauvaise
foi », — s'il ne fallait pas voir dans le « si quelqu'un » la
désignation de la femme, puisque deux hommes ne peuvent
se marier ensemble. Du reste le mot « *eam* » paraît bien
nous donner raison, et aussi le début du texte, ainsi conçu :
« Etsi talis sit maritus quem more majorum lugeri non

(1) D. 3, 2, 11, 2.
(2) D. 3, 2, 11, 4, 12.

oportet, non posse eam nuptum intra legitimum tempus collocari..... »

Quant au mariage, il subsistait ; l'empêchement n'était donc que prohibitif : mais, la loi Julia ayant décidé que l'infamie de la femme entraînerait l'annulation de son mariage. (Cf. le chapitre intitulé : De la différence de condition) et l'infâmie étant la peine qui sanctionnait déjà l'inobservation des délais de viduité, désormais, à l'empêchement prohibitif succéda l'empêchement dirimant et la nullité du mariage.

Plus tard, sous les empereurs chrétiens, le délai fut porté à 12 mois et la sanction de l'obligation de l'observer, singulièrement renforcée : Une constitution de Gratien, Valentinien et Théodose, à l'infamie ajoutait toute une série de déchéances et de peines pécuniaires. Toutefois la veuve pouvait y échapper par une donation de moitié de ses biens aux enfants qu'elle avait eus de son premier mari (1).

*
* *

Il est à remarquer que les textes sont muets en cas de divorce et n'imposent à la femme aucune obligation de viduité, et cependant les raisons de craindre une confusion de part étaient les mêmes.

On y remédia par d'autres moyens. En cas de mort, le principal intéressé à savoir si la femme était enceinte ou non, n'étant plus, il fallait prendre une mesure radicale, et contraindre la femme à attendre. En cas de divorce, au

_____

(1) C. 5, 9, 2. C. 6, 56, 4.

contraire, le mari vivant, était à même de sauvegarder ses
intérêts. Et voici comment :

On pouvait craindre de la part de la femme soit une dis-
simulation soit une supposition de grossesse. Il n'y avait
donc qu'à la faire visiter ou mettre en observation. L'Edit
du Préteur décrivait par le menu toutes les précautions à
prendre en pareil cas. Rien n'était laissé au hasard : on
avait déterminé jusqu'au nombre des lumières qu'il fallait
allumer lors de l'accouchement (1).

Tout était organisé pour empêcher tout mensonge de la
femme. Dans ces conditions, si le mari, qui avait quelque
raison de savoir à quoi s'en tenir sur le compte de sa
femme, n'avait pas recours à cette procédure, la femme
pouvait librement se marier.

Ce n'est que bien plus tard que le délai de viduité dut
être observé en matière de divorce : sous Théodose II et
Valentinien (2).

*
* *

3° EMPÊCHEMENTS NÉS DE L'ORGANISATION INTÉRIEURE
DE LA FAMILLE.

1° De la Parenté.

Entre parents en ligne directe, le mariage était absolument prohibé.

---

(1) Il en faut trois, pas une de moins « scilicet quia tenebræ ad subjicien-
dum aptiores sunt ». D. 25, 4, 1.
(2) C. 5, 17, 8, 4 *in extrema fine*. Cf. Divorce.

Entre collatéraux, il était interdit au deuxième degré de parenté, soit entre frères et sœurs germains ou frères et sœurs utérins ou consanguins (1), et aux degrés suivants, entre l'oncle paternel ou maternel, le grand-oncle, l'arrière-grand-oncle et la nièce, petite-nièce, arrière-petite-nièce, et réciproquement entre la tante, la grand'tante, l'arrière-grand'tante et le neveu, petit-neveu, arrière-petit-neveu.

On sait que la volonté toute puissante d'un empereur, entraîné par une passion coupable, fit fléchir cette loi, et décréta que désormais l'oncle paternel pourrait épouser sa nièce. Mais là se borna, du reste, l'exception : l'oncle maternel, la tante et les autres parents n'y étaient pas compris. — Ce que Claude avait fait pour la fille de Germanicus (2), Domitien le fit pour la fille de Tite : mais là s'arrêta la liste de ceux qui usèrent de cette loi vraiment exceptionnelle, œuvre d'un caprice impérial (3).

Du reste Constance III et Constant II firent disparaître cette anomalie et sanctionnèrent de la peine de mort leur constitution qui ramenait à l'ancien droit (4). L'antique prohibition de mariage entre oncle et nièce, tante et neveu, grand-oncle et petite-nièce, grand-tante et petit-neveu, etc.,

---

(1) Par suite, le mariage est permis entre enfants de premier lit différent, par exemple entre le fils que le mari a eu d'une première épouse et la fille que sa femme actuelle a eue d'un premier mari. Il n'existe en effet aucun lien de parenté entre ces enfants.

(2) Si l'on en croit Tacite, Claude, revenu de son égarement, pris de terreur, aurait ordonné des sacrifices expiatoires pour effacer l'inceste de son union avec Agrippine (*Ann.* XII, 5 et 8).

(3) Au dire de Tacite, il faudrait encore ajouter à ces deux noms celui d'un certain Alledius Severus : « Neque tamen repertus est nisi unus talis matrimonii cupitor, T. Alledius Severus, eques romanus, quem plerique Agrippinæ gratia impulsum ferebant ». *Ann.* XII, 7.

(4) C. Theod, 3, 12, 1.

fut réitérée par les empereurs Zénon et Anastase et enfin
par Justinien, mais sans la sanction de la peine de mort.

Quant aux cousins-germains, s'il leur était permis en
théorie de s'unir, pendant longtemps bien peu usèrent de
cette faculté, au dire de Tacite. Car dans le discours qu'il
prête à Vitellius au Sénat, discours prononcé pour obtenir
l'acquiescement des pères conscrits au mariage de Claude
avec Agrippine, on trouve ce passage : « Sobrinorum conjugia *diu ignorata*, tempore addicto percrebuisse (1) ».
On trouve encore trace de cette licence dans une constitution de Caracalla (2). Mais sous les empereurs chrétiens,
la législation fut soumise à des variations sur ce point : ces
mariages entre cousins-germains furent interdits sous peine
de mort et de confiscation générale, par Théodose le Grand
dans tout l'empire (3). La prohibition est maintenue, sauf
dispense par son successeur en Occident, Honorius (4). Mais
Arcadius, fils de Théodose, qui gouvernait l'Orient, après
avoir débuté par maintenir cet état du droit, sur la fin de
son règne, abrogea la constitution de son père (5).

Que devint le droit sous Justinien, c'est ce qu'il est difficile de dire, vu la contradiction flagrante d'un fragment
des Institutes avec sa paraphrase par Théophile : « Duorum
autem fratrum vel sororum vel liberi fratris et sororis
jungi possunt », disent les Institutes (1.10, 4). « Non recte
inter se nuptias contrahunt » dit Théophile. Mais, étant
donné que tous les textes des compilations de Justinien

(1) *Ann.*, XII, 6.
(2) C. 6, 25, 2.
(3) B. Ambros., Ep. 66, *ad Patern*.
(4) C. Theod., 3, 10, 1.
(5) 5, 4, 19.

sont pour l'affirmative (1), l'opinion des romanistes est aujourd'hui en ce sens.

Les Romains, à l'origine, distinguaient deux sortes de
parenté :· la civile ou *agnatio* et la naturelle ou *cognatio*.
La première liait entre eux tous ceux qui étaient placés sous
la puissance d'un même *paterfamilias* ou qui auraient pu
l'être, s'il avait été encore vivant. — La seconde unissait
tous ceux qui descendaient d'un commun auteur. — Enfin,
un lien tout artificiel, l'adoption, pouvait créer des rapports
de parenté entre l'adopté, l'adoptant et les agnats de celui-ci.

Au point de vue du mariage, il n'y avait pas lieu de distinguer : ces diverses sortes de parenté constituaient toutes,
au degré prohibé, un empêchement de mariage. Mais, à
supposer deux personnes unies seulement par l'adoption, si
cette parenté civile prenait fin, l'empêchement en ligne collatérale disparaissait : par exemple, le fils adoptif, comme
tel, ne pouvait épouser la fille naturelle de son père adoptif : mais, était-il émancipé, qu'il recouvrait sa pleine capacité vis-à-vis d'elle (2).

Jusque-là l'obstacle était si fort qu'on ne tolérait même
pas les fiançailles entre ces deux jeunes gens (3). Mais en
ligne directe, la parenté adoptive, même brisée, mettait
toujours obstacle au mariage : un père alors même qu'il
aurait émancipé sa fille adoptive, n'eût pu l'épouser (4).

(1) Cf. D. 23, 2, 3 ; — C. 5, 4, 19 ; — C. 6, 25, 2.
(2) Paul, *Sent*, 2,19,4 ; — D. 23,2,17, pr. ; D. 28,2,9 ; D. 38,10,35,1.
(3) D, 5,1,35,1.
(4) Just. Inst. 1,10,1.

Par contre, on tolérait une situation assez voisine : un père pouvait adopter son gendre. Il est vrai que, s'il n'avait pas pris la précaution d'émanciper au préalable sa fille, le mariage de cette dernière était réputé dissous, vu les liens nouveaux de parenté qui l'eussent liée à son mari, et qui eussent fait de deux époux le frère et la sœur ! (1).

L'*agnatio* et la *cognatio* étaient les deux parentés légitimes. Or en matière de mariage, la nature reprenait vraiment ses droits et toute parenté, qu'elle provînt du concubinat, du *matrimonium non justum* ou d'une union irrégulière quelconque, qu'elle liât un Romain, un étranger, ou un esclave, était, au degré prohibé, un obstacle au mariage. Ainsi un esclave affranchi n'aurait pu épouser sa sœur, ni un homme se marier avec une femme *vulgo quæsita* passant pour sa fille, tant il est vrai que le mariage est avant tout de droit naturel (2).

* * *

L'infraction à ces règles portait un nom spécial : c'était l'inceste : les jurisconsultes romains distinguaient l'inceste du droit civil et l'inceste du droit des gens. Ce dernier correspondait au mariage entre parents en ligne directe : toutes les législations s'étant, de toute époque, accordées pour interdire de pareilles unions, la prohibition n'était en quelque sorte l'œuvre d'aucune législation en particulier, mais de toutes : elle était universelle, « de droit des gens ».

Tandis que la défense de tous autres mariages entre pa-

_____

(1) D. 23,2,67,3.
(2) « Et nihil interest ex justis nuptiis cognatio descendat an vero non : nam quæsitam sororem quis vetatur uxorem ducere. » D. 23,2,54.

rents ou alliés, n'ayant plus ce caractère de nécessité, était laissée au gré du législateur qui pouvait l'édicter ou non. Dès lors elle n'était plus que de droit civil ou écrit.

Cela dit assez que les peines ne devaient pas être les mêmes dans les deux cas :

Inceste du droit civil : et d'abord on distinguait suivant que l'union avait été contractée publiquement ou clandestinement : « Si quidem palam fecerit, levius ; si vero clam hoc commiserit, gravius punitur ». La publicité emportait présomption de bonne foi (1).

Puis on admettait toujours cette présomption de bonne foi en faveur de la femme, chez qui l'ignorance de la loi était toute naturelle (2).

Quant à l'inceste du droit des gens, il valait pour le mari (assimilé à un complice d'adultère) la déportation dans une île et la confiscation de moitié de ses biens — pour la femme, la confiscation de sa dot (3).

Sous les empereurs chrétiens, les peines s'aggravèrent : on ne s'en tint pas, pour la femme, à la confiscation de sa dot : toutes les donations entre époux, *ante ou post nuptias,* furent confisquées au profit du fisc (4). Puis interdiction fut faite aux deux époux de laisser aucune donation testamentaire à d'autres que leurs parents venant en rang utile (5).

Enfin voici ce que décida Justinien : « Si quis illicitas et contrarias naturæ contraxerit nuptias.... Sit ei pœna non

---

(1) D. 23, 2, 68.
(2) D. 48, 5, 38, 2.
(3) Paul, *Sent.*, 2, 19, 5 ; 2, 26, 14, 15.
(4) C. 5, 5, 4.
(5) C. 5, 5, 6.

confiscatio tantum sed etiam cinguli privatio et exilium :
et si vilis fuerit, etiam corporis verberatio quatenus discat
caste vivere et intra naturam se continere (1) ».

Quant aux biens, il y avait ouverture de la succession de
l'époux incestueux, au profit de ses descendants autres que
ceux nés de l'union criminelle (2) et, en leur absence, au
profit du fisc. (Il est à remarquer que des dispositions tran-
sitoires sont prises pour l'application de la constitution
nouvelle 12 : un délai de deux années était accordé aux
époux pour se séparer, ch. III) (3).

* *

2° L'alliance.

L'alliance est le lien qui existe entre un époux et les
parents de son conjoint. Comme la parenté, elle est directe
ou collatérale.

Pour une raison de convenances sociales — car l'histoire
nous apprend que les législations ont fort varié à ce sujet,
suivant les peuples qu'elles régissaient, — l'alliance peut
être un empêchement de mariage.

En ligne directe, elle constitue un obstacle à tous les degrés. En collatérale, il faut distinguer suivant les époques :
jusqu'au christianisme, les mariages entre beaux-frères
et belles-sœurs étaient fort usités et absolument admis par

---

(1) Nov. 12, 1.
(2) Nov. 12, 2.
(3) Justinien ne craignit pas de prononcer la peine de mort contre les
habitants de la Mésopotamie et de l'Osroëne, qui, ne voulant pas rompre
avec leurs anciennes coutumes, continuaient à contracter des unions illi-
cites aux yeux de la loi romaine, nov. 154, 1.

les mœurs : mais, avec la religion nouvelle, s'établit un principe nouveau, à savoir que de pareilles unions étaient incestueuses. C'est pourquoi Constance et Constant les prohibèrent (1). Mais on eut de la peine à faire admettre ce droit nouveau, que rien ne justifiait : on n'y parvint qu'à l'aide de peines excessives (2).

Ajoutons qu'ici comme pour la parenté, les mêmes raisons militaient pour faire prendre en considération non seulement les liens nés de *justæ nuptiæ*, mais encore d'un concubinat, d'un *matrimonium non justum* et même d'un *contubernium*.

L'influence chrétienne s'est perpétuée de nos jours, mais amendée : on sait en effet que si, encore maintenant, il est interdit aux beaux-frères et belles-sœurs de s'épouser, du moins une dispense du chef de l'État peut venir lever cette prohibition. On a prétendu qu'il y avait un danger social à permettre ces mariages dans une législation admettant le divorce : mais le remède sera précisément le refus de la dispense dans les cas où la morale paraîtra devoir être offensée.

* *

3° Du défaut de consentement des parents.

On a coutume d'écrire que la puissance paternelle était organisée à Rome *dans l'intérêt du père* : c'est inexact. Car ce n'est pas l'intérêt du père qu'on recherchait, mais celui de l'association, de *la famille* : le *paterfamilias* n'était si

(1) C. Théod., 3,12, 2.
(2) C. Théod., 3, 12, 3-4 ; C. Just. 5, 5, 5-8-9.

4

puissant que parce qu'il était le représentant de la famille.
— Toute autorité étant concentrée en ses mains, tous les
membres de la famille étant placés sous sa dépendance,
aucun de ces derniers ne pouvait rien faire que de son consentement. La nécessité pour l'*alieni juris*, qui voulait se
marier, d'obtenir quel que fût son âge, le consentement du
paterfamilias se justifiait donc par cette idée de dépendance,
d'asservissement légal à un chef unique.

∴

Dans quelles formes ce consentement devait-il être
donné ? en existait-il de sacramentelles ? en aucune façon.
« Si nuptiis pater tuus consentit, nihil oberit tibi quod ins-
trumento ad matrimonium pertinenti non subscripsit (1). »
On admettait donc un consentement verbal ou écrit, voire
tacite. Mais s'il était exprès, on exigeait qu'il fût spécial.

A quel moment le consentement des parents devait-il
intervenir ? avant le mariage : « Jussus parentis præcedere
debet » (Just. Inst. 1, 9. pr.) Donné après, il ne rétroagissait pas et ne produisait d'effet que pour l'avenir. On l'a
nié, et, s'appuyant sur un passage des Fragments du Vatican (§ 102) on a prétendu que le consentement une fois
accordé, même tacitement, rétroagissait à la date du mariage : il n'en est rien. Et un texte d'Ulpien ne laisse place
à aucune hésitation à cet égard :

« Si quis uxorem suam velit accusare. dicatque eam adulterium commisisse, antequam sibi nuberet, accusationem
instituere non poterit quia non, cum ei nupta est, adulte-

(1) C. 5, 5, 2.

rium commisit. Quod et in concubina dici potest quam uxorem quis postea habuit, vel in filiafamilias cujus conjunc-
tioni pater postea concessit. » Jusque-là en effet la femme
n'était qu'une concubine. ce qui excluait la possibilité d'un
adultère légal : ce fragment prouve donc surabondamment
que le consentement du père ne rétroagissait point.

Qui devait autoriser ? nous avons dit que l'autorisation
était exigée dans l'intérêt de la famille : cette prérogative
appartenait donc à son représentant, c'est-à-dire au *paterfamilias*. Si donc le futur époux, au moment de son mariage, avait son père et son grand-père vivants, c'était au
grand-père de consentir ; mais, parce qu'il était dans l'ordre naturel des choses que le père succédât un jour à son
tour à la puissance paternelle. pour ne pas compromettre
à toujours ses pouvoirs futurs sur ses enfants, on décida
qu'il devrait, lui aussi, donner son avis au sujet du mariage
de son fils, et c'est cette idée générale qu'on traduisait dans
le dicton connu : « *Nemini invito heres suus agnascitur.* »
— Aussi, lorsqu'il s'agissait du mariage d'une fille, se
dispensait-on de consulter son père : il n'y avait pas ici
d'accroissement de famille paternelle possible, puisque la
future épouse quittait les siens, leur devenait étrangère,
pour entrer dans la famille de son mari.

Quant aux parents du sexe féminin, n'ayant aucune autorité officielle, ils n'étaient pas consultés.

Du refus paternel. — Le père pouvait-il refuser indéfiniment son consentement au mariage de ses enfants ? pendant longtemps il en eut le droit. Mais le fragment 19 *de
ritu nuptiarum*, nous apprend que la loi Julia organisa une
sorte de tribunal tutélaire. présidé par les proconsuls ou

présidents de province et chargé de vaincre les résistances des pères de famille, qui, sans motif plausible, voulaient ainsi condamner leurs enfants au célibat. Cette réforme était bien dans l'esprit de cette loi, du reste. — Les *Divi Fratres* ajoutèrent pour le père l'obligation de doter ses enfants.

.·.

De quelques situations spéciales :

De l'enfant en tutelle. — Tandis que l'*alieni juris* devait être autorisé tant que durait cet état, l'homme *sui juris* n'avait besoin, au contraire d'aucun consentement. En effet, le mariage n'était permis qu'à la puberté, or, à cette époque aussi, se terminait la tutelle. Il est vrai qu'au sortir de la tutelle le jeune homme pouvait être pourvu d'un curateur : mais on sait que ce dernier ne s'occupait que *des biens* de son protégé. Il était donc incompétent pour toute autre chose.

Folie du paterfamilias. — Une situation délicate était celle de fils de *furiosus*. Comment, dans ce cas, obtenir le consentement paternel ? — Nous avons un texte d'Ulpien examinant deux aspects de la question et permettant, dans ces deux cas, de suppléer au défaut de consentement : « Si nepos uxorem velit ducere avo furente, omnimodo patris auctoritas erit necessaria sed si pater furit, avus sapiat, sufficit avi voluntas (1) ». Mais *quid* si c'est le père furieux qui est *paterfamilias* ? il est probable qu'on tournait, en pratique, la difficulté à l'aide de la théorie des intervalles

(1) D. 23, 2, 9.

lucides. Car, en droit, on continua la discussion jusqu'à l'époque de Justinien. C'est ce prince qui y mit fin : en effet il autorisa les enfants du *furiosus* à se passer de son consentement, mais à la condition d'entourer le mariage de solennités destinées à en garantir l'honorabilité, par la publicité qu'elles lui donnaient (1).

Captivité du paterfamilias. C'était une hypothèse fréquente aux premiers temps de Rome. — On sait que, par suite de la fiction du *postliminium*, le prisonnier, qui, rendu à la liberté, revenait à Rome, était réputé, en droit, n'avoir jamais été captif, ni avoir perdu ses droits de puissance ; s'il mourait chez l'ennemi, sa mort était fictivement placée au moment de son entrée en captivité. De sorte que, jusqu'à l'arrivée de l'un de ces deux événements, régnait la plus grande incertitude pour déterminer le statut de ses enfants *interea* : étaient-ils *alieni* ou *sui juris* ? Dès les débuts on ne fit aucune difficulté pour leur permettre de se passer du consentement de leur père quand ils voulaient se marier. L'intérêt particulier s'inclinait devant celui de la société. — Il est vrai que nous trouvons dans les textes quelques réticences. Ulpien ne permet au fils de se marier que si le père n'est pas de retour *dans les trois ans* (2). Même délai de 3 ans à attendre, suivant Julien. Mais, comme on l'a remarqué fort justement, fixer des délais n'est pas l'œuvre de la doctrine : ce n'est pas ainsi que procèdent les jurisconsultes, simples commentateurs. Seul, le pouvoir législatif a ce droit : or, on ne trouve aucun monument attestant l'exercice de ce droit. La création de ce délai doit

(1) C. 1, 4, 28 ; C. 5, 4, 25.
(2) D. 23, 2, 9, 1.

donc être attribuée, sans crainte de se tromper, aux compilateurs de Justinien.

Revenons à l'étude générale de la question, et voyons quelle était la sanction de la loi.

La sanction de la loi était la nullité du mariage. Cependant on ne l'a pas toujours admis, et, sur la foi de Cujas, longtemps des auteurs ont prétendu que le défaut de consentement du *pater familias* ne constituait qu'un empêchement prohibitif (au sens moderne du mot) et non dirimant. Cujas, pour le soutenir, s'appuyait sur un fragment isolé des Sentences de Paul où il est dit : « Eorum qui in potestate patris sunt, sine voluntate ejus matrimonia jure non contrahuntur; *sed contracta non solvuntur* : contemplatio enim publicæ utilitatis privatorum commodis præfertur. » (1). Mais il est reconnu depuis fort longtemps (2) que ce texte n'a point la signification qu'on se plaisait à lui attribuer : le « contracta non solvuntur » fait allusion en effet à la faculté (alors abolie) qu'avait primitivement le père de famille de rompre *ad nutum* le mariage de ses enfants encore qu'il y eût consenti, et non à un prétendu empêchement prohibitif. Ajoutons, pour tout dire, que cet attribut exorbitant de la *paterna potestas* fut retranché par Antonin le Pieux ainsi qu'il résulte de cet autre passage des Sentences : « Bene concordans matrimonium separari a patre divus

(1) 2, 19, 2.
(2) Cf. Pothier, *Contrat de mariage*, n° 17.

Pius prohibuit, itemque a patrono libertum a parentibus
filium filiamque » (1).

Par conséquent, encore une fois, il n'était pas question
d'empêchement prohibitif : le défaut de consentement emportait la nullité du mariage. C'est ce qui résulte bien du
texte suivant : « Paulus respondit eum qui vivente patre
et ignorante de conjunctione filiæ conceptus est licet post
mortem avi natus sit, justum filium ei ex quo conceptus
est [esse] non videri. » (2). C'est d'un rigorisme de jurisconsulte romain, que je ne comprends d'ailleurs pas : car
le mariage se trouvant validé (sans rétroactivité, c'est vrai)
par la mort du père, qui rend la fille *sui juris*, l'enfant n'a
pas intérêt à voir sa condition fixée avant sa naissance : or,
quand il naît, il est légitime, puisque c'est après la mort de
son grand-père que se place sa naissance et que cette mort
a rendu légitime le mariage.

*
* *

APPENDICE : *Des femmes.*

Pendant longtemps, les femmes ne furent jamais *sui juris*. Elles étaient ou en puissance paternelle ou en tutelle.
Par conséquent toujours existait pour elle la nécessité de
se faire autoriser à contracter mariage.

_____

(1) 5, 6, 10.
    Toutefois l'abolition ne fut pas entière : c'est ce que montre une consti-
tution de Dioclétien : « Dissentientis patris qui initio consentit matrimonio, cum marito concordante uxore filiafamilias, ratam non haberi voluntatem divus Marcus pater noster constituit, nisi magna et justa causa
interveniente hoc pater fecerit. » C. 5, 17, 5.
    (2) D. 1, 5, 10.

Bientôt la tutelle des femmes tomba en désuétude ; on connaît ce passage du *Pro Murena* : « Mulieres omnes propter infirmitatem consilii, majores in tutorum potestate esse voluerunt : hi (jurisconsulti) invenerunt genera tutorum quæ potestate mulierum continerentur ». Ch. XII, XXVII.

Il ne resta que la tutelle des patrons sur leurs affranchies, et des pères sur les filles émancipées (L. Claudia). C'était donc la liberté pour toutes les autres femmes *sui juris* : il y a toute apparence qu'elles en abusèrent, car nous voyons intervenir une série de mesures législatives, restrictives de cette capacité matrimoniale.

C'est d'abord une constitution des *Divi Fratres* : « Cum de nuptiis puellæ quæritur, ne inter tutorem et matrem et propinquos de eligendo futuro marito convenit ; arbitrium præsidis provinciæ necessarium est (1) ». Des jeunes filles, on étend aux veuves de 25 ans l'obligation de rapporter le consentement de leurs parents, père ou proches. En cas de désaccord, l'autorité judiciaire ouvre une enquête :

« Viduæ intra quintum et vicesimum annum degentes, etiamsi emancipationis libertate gaudent, tamen in secundas nuptias sine patris sententia non conveniant. Quod si in conventionis delectu mulieris voluntas patris repugnat sententiæ et propinquorum : placet admodum (ut in virginum conjunctionibus sancitum est) habendo examini auctoritatem quoque judiciariæ cognitionis adjungi ut si pares sint genere, ac moribus competitores is potior existimetur quem sibi consulem mulier approbaverit (2) »..... (Suit

(1) C. 5, 4, 1.
(2) C. 5, 4, 18.

l'indication des précautions à prendre pour composer d'une façon impartiale cette sorte de conseil de famille).

Enfin une constitution d'Honorius et Théodose II qui résume le droit :

« In conjunctione filiarum in sacris positarum, patris expectetur arbitrium. Sed si sui juris puella sit : intra quintum et vicesimum annum constituta : ipsius quoque adsensus exploretur : Si patris auxilio destituta, matris et propinquorum et ipsius quoque requiratur adulta judicium. Si vero utroque orbata parente, sub curatoris defensione constituta sit et inter honestos competitores matrimonii oriatur forte certamen, ut quæratur cui potissimum puella jungenda sit, si puella cultu verecundiæ propriam noluerit voluntatem depromere, coram positis propinquis judici deliberare permissum est, cui melius adulta societur (1) »·

On a coutume de voir dans la loi 18, au Code, précitée, une difficulté au sujet du mot *patris*, répété deux fois ; et pour beaucoup cette difficulté est insoluble. Il nous semble quant à nous, que l'hypothèse visée au texte est celle où la fille, émancipée, est sous la tutelle de son père, conformément à la loi Claudia, (argument des mots : *emancipationis libertate gaudent*). Reste à expliquer cette sorte d'appel de la sentence paternelle devant une commission d'enquête : comment concilier cela avec l'ordinaire omnipotence paternelle ? Je répondrai simplement qu'à une situation spéciale (sorte de paradoxe, car comment concilier l'émancipation avec la tutelle) correspondaient pour le père des pouvoirs beaucoup moins étendus, destinés en vérité alors à

(1) C. 5, 4, 20.

protéger l'enfant. Pour moi, il n'avait en la circonstance qu'une sorte de *veto* suspensif, dont la fille pouvait appeler.

Reste la question de savoir si les divers consentements dont nous venons de parler étaient exigés à peine de nullité. Doneau est pour l'affirmative, et Cujas est pour la négative.

Nous remarquerons, pour terminer, que, c'est de ces constitutions que date la réhabilitation de la mère dans la famille. Alors est abolie l'ancienne famille agnatique : en l'absence du père, c'est la mère qui le remplace à la tête de la famille.

**

4° Tutelle ou curatelle.

« Ne tutor pupillam vel filio suo, vel sibi nuptum collocet ». Ainsi s'exprimait une *oratio* de Marc-Aurèle et Commode (1). Ces empereurs avaient voulu par là empêcher plusieurs choses: d'abord, qu'un tuteur, alléché par la fortune de sa pupille, ne profitât de l'autorité que la loi lui donne pour se l'approprier, en épousant cette pupille ; — ou encore, qu'un tel mariage ne fût le plus sûr moyen pour le tuteur d'échapper à la nécessité de rendre compte de sa gestion.

Ces motifs nous disent assez quelles personnes la loi écartera: ce seront, le tuteur, tout d'abord ; puis le curateur au ventre ou aux biens (2) ; leurs fils, à tous deux,

(1) D. 23, 2, 59.
(2) D. 23, 2, 67, 4.

tant naturels qu'adoptifs (1) et leurs petits fils *ex filio* (2) ;
il y a des personnes qui sans exercer en fait la tutelle sont
touchées néanmoins par le sénatusconsulte : il en est ainsi
du tuteur honoraire en raison de la responsabilité qu'il
encourt s'il laisse commettre des fautes dans l'administration de la tutelle (3). Même solution pour le tuteur qui sans
se faire excuser n'administre pas, car il est responsable
aussi de cette inaction (4), ou qui a allégué des excuses re-
connues fausses (5), ou enfin dont la pupille est prisonnière
chez l'ennemi (6).

En matière d'excuse, il se posait une question de droit
qui était diversement tranchée par les jurisconsultes romains. C'était celle-ci : un tuteur tente de se faire excuser ;
mais la procédure traîne en longueur, si bien que, sur ces
entrefaites, la pupille devient majeure. Ce tuteur pourra-
t-il épouser son ex-pupille ? les jurisconsultes subordon-
naient la solution de cette question à celle d'une autre,
préjudicielle, qui était de savoir si l'excuse pouvait être
reçue, après l'expiration de la fonction. « Si recipitur et
excusaverit, impune potest ducere », disait Paul. Il y avait
alors là une sorte d'anéantissement rétroactif : le tuteur
était réputé ne l'avoir jamais été. Mais tel n'était pas l'avis
de Papinien, qui déclarait que l'excuse n'ayant pu être
admise en temps opportun, le tuteur n'avait jamais cessé
de l'être et encourait comme tel toutes les responsabilités

(1) D. 23. 2. 60. 6.
(2) D. 23. 2. 59.
(3) D. 23. 2. 60.
(4) D. 23. 2. 60. 3.
(5) D. 23. 2. 60. pr.
(6) *Ibid.*

accoutumées (1) ; par suite il ne pouvait pas songer à épouser sa pupille pour s'en décharger.

Mais poursuivons l'énumération ; étaient encore dans
l'impossibilité d'épouser la pupille :

L'héritier externe du tuteur en raison de l'obligation où
il était de rendre compte de l'administration de son auteur ;
— l'affranchi du tuteur ou du curateur, car il eût manqué
d'autorité pour réclamer à son patron des comptes, au nom
de sa femme ; — le père du tuteur non *sui juris*, car, alors, il
répondait de la gestion de son fils, soit *in solidum*, soit seulement *de peculio* ; — le frère du tuteur, s'ils sont tous
deux sous la puissance du même *paterfamilias* (2).

La prohibition n'était que temporaire : elle durait aussi
longtemps que les fonctions qui l'avaient fait naître et une
année encore après leur cessation (3). Passé ce temps, il y
avait une présomption que le compte de tutelle avait été
rendu (4), et que quittance en était donnée, puisque la
jeune fille avait laissé ainsi passer les délais utiles pour se
faire restituer contre les actes de son tuteur. Ajoutons que
ce délai supplémentaire d'un an fut porté à quatre années
par Justinien (5).

La prohibition disparaissait quand le commandait l'intérêt de la pupille : c'était quand le père lui-même, de son
vivant, avait fiancé sa fille à son futur tuteur ou la lui avait
destinée par testament (6).

Le sénatus-consulte n'avait plus d'application quand il

(1) D. 23, 2, 60. 4.
(2) D. 23, 2, 67, 2.
(3) D. 23, 2, 66.
(4) C. 5, 6, 6.
(5) C. 2, 53, 7, pr.
(6) D. 23, 2, 66.

s'agissait d'un pupille (1). Il en était encore de même quand
c'était le fils du tuteur qui voulait épouser la fille de la pupille de son père, morte avant la reddition des comptes.
D'où venait cette tolérance ? On a contume de dire que, la
créance étant alors purement héréditaire, si on avait dû
leur refuser le droit de se marier, il eût fallu prohiber tout
mariage entre créanciers et débiteurs ; c'est la raison que
donnait Tryphoninus. Est-elle bien bonne? On en peut douter. En tous cas elle est bien conforme aux idées de ce jurisconsulte qui ne craignait pas d'admettre une solution
tout aussi tolérante à propos de la question suivante : un
tuteur peut-il adopter le mari de sa pupille ? Tryphoninus
distinguait et répondait : non, si la tutelle dure encore ; —
oui, si elle a cessé, alors même que les comptes ne sont
pas encore rendus (2). Les commentateurs ont proposé de
modifier le texte du fragment. Il est évident que nous sommes loin de Papinien qui maintenait la prohibition tant
que la pupille n'avait pas atteint 26 ans, fût-elle veuve et
le tuteur lui eût-il rendu ses comptes. Mais on ne peut
vraiment pas supprimer d'un trait de plume tous les textes
qui contiennent des inélégances de droit.

La sanction du sénatusconsulte de Marc-Aurèle et Commode était la nullité de toute union défendue, l'infamie
pour le tuteur et son fils (4) et des peines pécuniaires (5)
et corporelles, celles-ci en rapport avec la condition de la
pupille (6).

(1) D. 23, 2, 64, 2.
(2) D. 23, 2, 67, 3.
(3) D. 23, 2, 62, 2.
(4) D. 23, 2, 66.
(5) C. 5, 6, 7.
(6) D. 23, 2, 66.

EMPÊCHEMENTS NÉS DE LA POLITIQUE

> « L'esprit seul crée les distances sociales :
> le cœur les oublie à chaque instant. »

1° Différence de classe.

« La plèbe est une population méprisée et abjecte, hors
de la religion, hors de la loi, hors de la société, hors de la
famille... Aussi le patricien qui ne connaît pas d'autre
union régulière que celle qui lie l'époux à l'épouse en présence de la divinité domestique, peut-il dire en parlant des
plébéiens : *Connubia promiscua habent more ferarum* (1) ».

Aussi point n'avait-il été besoin aux premiers décemvirs
d'interdire aux familles patriciennes d'admettre des plébéiens dans leur sein : l'idée ne leur en était sans doute
même pas venue. Mais, dans leur œuvre complémentaire,
les dix nouveaux décemvirs, pour répondre à un mouvement marqué de l'opinion dont l'impulsion était partie de
la plèbe, crurent utile de spécifier le droit en la matière et
l'une des nouvelles Tables (la XIᵉ) porta expressément la
défense de pareilles unions (2).

Cet état de droit ne correspondait plus aux mœurs de
l'époque : à ce moment, la plèbe accomplissait son grand
mouvement d'affranchissement ; elle marchait à grands

---

(1) Fustel de Coulanges, *La Cité antique*, pp. 280, 281.
(2) Cf. Cic., *de Rép.*, II, 36, 37.

pas à la conquête de l'égalité politique et privée. Aussi la
question privée du *connubium* fut-elle liée à une autre
question, politique celle-ci, l'admission de la plèbe au con-
sulat et passa-t-elle avec cette dernière sous les efforts du
tribun Canuleius (310).

Il faut lire, dans Tite-Live, le récit des récriminations
des quelques rares patriciens encore fidèles aux antiques
traditions : « Quas, quantasque res C. Canuleium aggres-
sum ? colluvionem gentium, perturbationem auspiciorum
publicorum privatorumque afferre ; ne quid sinceri, ne
quid incontaminati sit ; ut discrimine omni sublato nec se
quisquam nec suos noverit. Quam enim aliam vim connubia promiscua habere, nisi ut ferarum prope ritu vulgen-
tur concubitus plebis, Patrumque ? ut qui natus sit, igno-
ret cujus sanguinis quorum sacrorum sit : dimidius Pa-
trum, dimidius plebis, ne secum quidem ipse consors.
Parum id videri quod omnia divina humanaque turbentur :
jam ad consulatum vulgi turbatores accingi... (1) ».

Oui, c'était bien le renversement de toutes les prétendues
lois divines et humaines : mais les mœurs tendaient à l'é-
galité, et, une fois sur cette pente, on ne put se retenir.

La proposition de Canuleius une fois adoptée, les mariages entre les deux ordres se multiplièrent d'une façon
inattendue :

« Les riches plébéiens furent à tel point recherchés que,
pour ne parler que des Licinius, on les vit s'allier à trois
gentes patriciennes, aux Fabius, aux Cornélius, aux Man-
lius. On put reconnaître alors. dit Fustel de Coulanges,
que la loi avait été un moment la seule barrière qui sé-

(1) IV, 2-6.

paraît les deux ordres. Désormais le sang patricien et le
sang plébéien se mêlèrent (1) ».

* *

2° De la différence de condition.

> « *Utique ei* [*Feceniæ Hispalæ*]
> *ingenuo nubere liceret neu quid ei*
> *qui eam duxisset ob id fraudi igno-*
> *miniæve esset.* »
> Tite-Live, xxxix, 19.

L'esclave, au sortir de la servitude par l'affranchissement, ne devient pas aussitôt homme libre et citoyen : jusqu'à la seconde génération, il sera sous la dépendance de
son patron qui pourra le remettre en esclavage pour délit
d'ingratitude, car ce n'est qu'un affranchi.

Il ne pouvait donc pas convenir au citoyen romain, au
patricien de contracter mariage avec de pareilles gens.
Aussi pendant longtemps ne fut-il jamais question de se
mésallier ainsi. Il fallut même un sénatusconsulte, à ce
que dit Tite-Live, pour permettre à *Fecenia Hispala* d'é-
pouser un ingénu : et cette faveur était la récompense que
lui accordait le Sénat romain pour sa dénonciation des Bac-
chanales.

Mais bientôt, le sentiment de la dignité devint moins vif
à Rome : les lois caducaires aidant, l'ancienne prohibition
disparut. On ne pouvait en effet maintenir des obstacles
au mariage alors qu'on y poussait tant par ailleurs. Mais,
des anciennes idées de mésalliance, devait subsister quelque chose :

(1) *Loc. cit.*, p. 359.

« Si le *connubium* avec les affranchis fut accordé aux ingénus, il continua d'être refusé aux sénateurs, à leurs enfants au premier degré, et à leurs autres descendants *per masculos* (1).

β Enfin à tous les ingénus comme aux sénateurs il était interdit d'épouser une femme notée d'infamie : « Ceteri autem ingenui prohibentur ducere lenam et in adulterio deprehensam et judicio publico damnatam et quæ artem ludicram fecerit : adjicit Mauricianus et a senatu damnatam (2) item corpore quæstum facientem (3) ».

En ce qui concerne les sénateurs, dans la prohibition qui leur était faite d'épouser des comédiennes, on englobait toute la famille de celles-ci, en ce sens qu'il suffisait qu'un de ses membres fût acteur, pour que la honte de la profession rejaillît sur les autres parents, et empêchât le sénateur de pouvoir épouser une fille de cette famille (4). Si bien que la question pouvait se présenter de savoir si, le père ou la mère d'une ingénue venant à entrer au théâtre, le mariage de leur fille avec un sénateur subsistait quand même. Par humanité il fut maintenu : « Iniquissimum est dimittere eam debere cum nuptiæ honeste contractæ sint et fortasse jam liberi procreati sint (5) ».

---

(1) D. 23, 2, 44, pr. «Lege Papia cavetur omnibus ingenuis præter senatores eorumque liberos libertinam uxorem ducere licere. » D. 23, 2, 23.

(2) Ulp., *Reg.*, 13, 2.

(3) Ulp., *Reg.*, 13,1. Des textes nombreux nous indiquent ce qu'il faut entendre par ces derniers mots : « Palam quæstum facere dicemus, dit Ulpien, non tantum eam quæ in lupanario prostituit sed etiam si qua, ut adsolet, in taberna cauponia vel qua alia pudori suo non parcit.» 23, 2, 43. Adde D. 23, 2, 41 , D. 3, 2, 24.

(4) Ulp., *Reg.*, 13, 1. — *Adde* D. 23, 2, 44, 1.

(5) D. 23, 2, 44, 6.

Mais si c'était la femme elle-même qui se faisait comédienne elle devait être répudiée (1).

Inversement une autre situation pouvait se présenter : c'était l'arrivée aux honneurs d'un homme marié honnêtement à une affranchie. Si l'on en croit Justinien, avant lui, le mariage était rompu (2). Il en était de même, suivant lui, du mariage de la fille d'un homme privé à qui l'on conférait la dignité de sénateur. Ce droit fut aboli par l'empereur Byzantin pour que, dit-il, « la félicité de l'un ne fût pas une infortune pour l'autre (3) ».

Cette constitution 28 (C. 5, 4) que nous venons d'analyser nous indique quelle était la sanction de ces prohibitions : c'était la nullité de toute union infâme. On l'a contesté en se basant sur ce qu'un sénatus-consulte rendu sous Marc-Aurèle prononçait précisément cette nullité (4). Si déjà c'était la sanction existante, à quoi eut-il servi, dit-on, de la rééditer ? On ajoute que le § 168 des fragments du Vatican parle de deux sortes d'enfants légitimes, les uns *justi secundum Legem Juliam Papiamve*, les autres *justi secundum jus civile*. Donc le mariage nul pour les Lois Nouvelles, ne l'était pas pour le droit civil. On tire un argument du même genre d'un fragment de Paul (5). Mais il est facile de répondre que ces arguments ne seraient décisifs que si les seuls mariages dont il pourrait être question dans ces textes, étaient les nôtres : or chacun sait qu'il n'en est rien.

(1) D. 23, 2, 44, 7.
(2) C. 5, 4, 28.
(3) *Eod. loc.*
(4) D. 23, 2, 16.
(5) *Mos. et Rom. leg. coll.*, 16, 3, 4.

Du reste les termes dans lesquels s'exprime Justinien dans la constitution 28 (C. 5, 4) ne laissent aucun doute à cet égard : « Lex Papia… stare connubia non patitur… Papiæ legis crudelissima sanctio… severitas ». La nullité fut donc prononcée bien avant Marc-Aurèle. Ce nous est confirmé par le fragment suivant d'Ulpien : « Si quis in senatorio ordine agens libertinam habuerit uxorem, quamvis interim uxor non sit, attamen in ea conditione est ut, si amiserit dignitatem uxor esse incipiat (1) ».

Donc c'était la nullité ; restait l'indulgence du Prince : un rescrit pouvait lever la prohibition et valider l'union (2).

La rigueur de ces prescriptions fut singulièrement accrue par Constantin, qui, dans une constitution de l'an 336, multiplia le nombre de ces unions abjectes en étendant le cercle de l'antique prohibition, d'une part, à des personnages éminents autres que des sénateurs, et, d'autre part, à des femmes de condition vile ou humble simplement, laissées dans l'ombre jusque-là (3).

La première atténuation qui fut apportée à cette législation fut l'œuvre de Justin : On sait que pour complaire à Justinien, son neveu et son fils adoptif, qui souhaitait épouser la comédienne Théodora, l'empereur supprima la prohibition entre les ingénus et les comédiennes retirées du théâtre (4).

Par la suite, Justinien, monté sur le trône, fit disparaître la prohibition entre toutes les personnes précédemment in-

(1) D. 23, 2, 27.
(2) D. 23, 2, 31.
(3) C. 5, 27, 1.
(4) C. 5, 4, 23, 1.

diquées. Ainsi était rapportée cette législation aristocrati-
que (1).

*
* *

3° Du commandement dans les provinces.

« Si quis officium in aliqua provincia administrat, inde
oriundum vel ibi domicilium habentem uxorem ducere
non potest, quamvis sponsare non prohibeatur : ita scilicet
ut, si post officium noluerit mulier nuptias contrahere,
liceat ei hoc facere, arrhis tantummodo redditis, quas ac-
ceperat.

« § 1. Veterem sponsam in provincia quam quis administrat, uxorem ducere potest : et dos data non sit caduca.

« § 2. Qui in provincia aliquid administrat, in ea provincia filias suas in matrimonium collocare et dotem constituere non prohibetur (2) ».

Cette prohibition fut portée vers le IIᵉ siècle de l'ère
chrétienne, dans des *mandata* impériaux dont il est difficile de déterminer plus précisément la date.

Quels fonctionnaires visait-on ? les importants, tels que
le *præfectus cohortis*, le *præfectus equitum*, le *tribunus*, et
en tête, le gouverneur ou proconsul, à moins naturellement qu'ils ne fussent originaires de la province où ils
avaient été envoyés (3).

Il est facile dès lors de saisir les motifs de ces *mandata* :
Quand Rome plaçait un de ses citoyens à la tête d'un

(1) Nov. 117, 6.
(2) D. 23, 2, 38.
(3) D. 23, 2, 65.

pays, elle faisait de ce pays « la province » de ce citoyen :
par l'*imperium* qu'elle lui conférait, elle se dessaisissait
en sa faveur de la souveraineté qu'elle possédait sur le
pays. Dès lors, cette province devenait *la chose* du gouverneur, qui, tout puissant, maître absolu, ne relevant de
personne que du Sénat romain, rendait la justice, fixait le
chiffre de l'impôt, exerçait le pouvoir militaire suivant sa
seule volonté, ne reconnaissant de lois entre ses administrés et lui, que celles qu'il avait faites lui-même.

Armé d'un pouvoir si puissant, il était à craindre que le
gouverneur ne le mît au service de la famille provinciale
dans laquelle il serait entré : alors même qu'il n'eût pas
dû arriver aux collusions coupables, on devait redouter
de le voir du moins abdiquer ainsi son indépendance au
profit de quelques-uns seulement de ses administrés, au
lieu de maintenir la balance égale entre tous, comme le
voulait le bon renom de Rome. Enfin, plus tard, quand le
pouvoir central s'affaiblit, et que la pourpre impériale fut
à la merci d'une poignée de prétoriens, c'est sa propre cou-
ronne et l'unité de l'empire que le Prince songeait à protéger, quand il empêchait les gouverneurs de se rendre in-
dépendants dans leur province avec l'appui d'une famille
toute puissante.

Tant que le droit de cité n'eut pas été universellement
concédé, il y eut, dans le défaut possible de *connubium*,
une entrave au mariage des fonctionnaires avec des étrangères. Mais, de jour en jour, l'obstacle tendait à disparaître, et il vint un moment, sous Caracalla, où il n'exista
plus.— Il pouvait se faire également que le gouverneur fut

marié ; s'il ne l'était pas, Alexandre Sévère voulait qu'une
concubine lui fût fournie aux frais du Trésor (1).

Mais déjà l'on avait été obligé de recourir à l'énergique
mesure que nous avons indiquée, à l'interdiction absolue
du mariage de tout haut fonctionnaire avec une femme
originaire ou domiciliée dans la province qu'il adminis-
trait (2).

Même interdiction pour les fils du fonctionnaire (3), car
mêmes motifs ; mais rien de semblable pour ses filles (4).

Nous avons vu précédemment que le fonctionnaire qui
était déjà fiancé avant d'entrer en charge, était libre d'é-
pouser sa fiancée, et que, pareillement, quoique cela ne se
comprît pas, le fonctionnaire pouvait conclure de simples
fiançailles avec une de ses administrées, sauf le droit pour
celle-ci de reprendre sa liberté entière si le mariage ne lui
souriait plus à la sortie de charge de son fiancé (5).

La sanction de cet empêchement était la nullité du mariage : *matrimonium non erit*, dit Papinien (6). Cette nullité pouvait être couverte, mais sans rétroactivité, par la
continuation, d'un commun accord, de la vie commune à
la sortie de charge du fonctionnaire : « Etsi contra mandata
contractum sit matrimonium in provincia post depositum
officium si in eadem voluntate perseverat justas nuptias

---

(1) Lamprid. *Alex. Sev.*, 42.
(2) Cujas et Pothier (*Just. ad. tit. de ritu nupt.*, n° 54) pensent que la
prohibition ne s'étend qu'à cette dernière femme : mais cette interprétation restrictive du fr. 38 cité *supra* est inadmissible à notre avis.
(3) D. 23, 2, 57,
(4) D. 23, 2, 38, 2.
(5) D. 23, 2, 38, 1.
(6) D. 23, 2, 63.

effici : et ideo postea liberos natos ex justo matrimonio legitimos esse (1) ».

L'empereur Léon étendit le cercle de la prohibition à tous les parents mâles, puis, ne voyant aucune raison d'en affranchir les filles, à toutes les parentes du gouverneur et enfin à sa suite (2). Mais l'histoire ne dit pas si cette mesure produisit tout le bon effet qu'on en attendait.

(1) D. 23, 2, 65.
(2) Léon, Const. 23.

IV

EMPÊCHEMENTS NÉS DE L'INFLUENCE CHRÉTIENNE.

1° Du rapt.

Jusqu'aux empereurs chrétiens il n'avait jamais été question de considérer le rapt comme un empêchement de mariage. Une pareille théorie eût été en contradiction avec les légendes qu'on rapportait de la fondation de Rome, et sans remonter si loin, eût renversé toutes les traditions du mariage. Dans la *deductio in domum uxoris*, il fallait voir en effet la représentation symbolique de l'enlèvement de la femme. Arrivé devant sa demeure, le mari simulait le rapt de sa fiancée : celle-ci poussait quelques cris, les femmes l'accompagnant feignaient de la défendre. Après ce simulacre de lutte, l'époux soulevait la jeune fille dans ses bras et lui faisait franchir le seuil de la porte.

Mais avec le christianisme les idées changèrent : et ce qu'on avait pu admettre dans une législation primitive ne convenait plus à un peuple dont la civilisation était aussi avancée que celle des Romains sous l'Empire.

Constantin prohiba donc le mariage du ravisseur avec sa victime, qu'elle fût fille ou femme mariée, esclave ou libre, consentante ou non. Le ravisseur était soumis aux derniers supplices : et pareil sort attendait les parents ne montrant pas assez de zèle dans la poursuite du coupable (1).

(1) C. Théod., 9, 24, 1.

Constance, tout en adoucissant les peines, ajouta à la liste le rapt de la veuve et celui de la religieuse (1).

Gratien décida qu'une prescription de cinq ans couvrirait le crime. Si donc la victime laissait passer ce délai sans se plaindre, elle était désormais irrecevable à demander la nullité de son mariage.

Justinien bouleversa tout, et revenant en arrière de deux siècles, édicta des lois absolument draconiennes : « Raptores virginum honestarum vel ingenuarum, sive jam depensatæ fuerint, sive non, vel quarum libet viduarum fæminarum, licet libertinæ, vel servæ alienæ sint, pessima criminum peccantes, capitis supplicio plectendos decernimus : et maxime si Deo fuerint virgines vel viduæ dedicatæ : quod non solum ad injuriam hominum sed etiam ad ipsius omnipotentis Dei irreverentiam committitur : maxime cum virginitas vel castitas corrupta restitui non possit (2) ».

Donc la mort, sans appel, pour le ravisseur et ses complices (3), la confiscation de leurs biens au profit de la victime si elle est ingénue (4) et enfin, la déportation pour le père si son zèle est trop tiède, si par exemple, apprenant la nouvelle, « filiolæ vitiationem parvi pendat, reoque judicium remittat, aut istiusmodi matrimonium approbet (5) ».

L'empereur Léon porta quelque adoucissement à cette législation et, changeant de point de vue, pour légitimer l'énormité des peines, il envisagea les circonstances du fait

(1) C. Theod., 9, 24, 2.
(2) C. 9, 13, 1.
(3) C, 9, 13, 1, pr.
(4) C. 9, 13, 1, 12.
(5) Léon, Const. XXXV.

et distingua suivant que l'enlèvement avait eu lieu à main
armée ou non : au premier cas, c'était la mort pour le ravisseur, car « *non homicidio immunis sit* » — quant aux
complices, « *naso mutilentur, verberentur, et cute tenus
tondeantur* ». — Mais dans la seconde hypothèse, celle du
rapt sans violence armée, on se contentait de couper la
main au ravisseur, et de déporter les complices non sans
les avoir soumis aux mêmes châtiments corporels que devant (sauf la mutilation du nez) (1).

* * *

2º Le divorce.

« Prius natæ sunt cupiditates quam leges quæ iis modum
facerent ». Tite-Live. — Pendant longtemps, cinq siècles
s'il en faut croire les historiens de Rome, le divorce fut inconnu. Mais depuis, une fois usité, il prit une telle extension que force fut d'essayer d'en réprimer les abus.

On essaya de divers moyens. Un des premiers, employé
par Constantin, consista à restreindre la faculté de divorcer
à des cas limitativement déterminés : la femme ne le pouvait que si son mari était homicide, empoisonneur ou vio-
lateur de sépultures. — Quant au mari qui voulait répudier sa femme, il devait avoir pour cela de justes griefs,
non déterminés restrictivement. — Qu'il s'agît de mari ou
de femme, celui qui divorçait témérairement était puni de
peines pécuniaires et civiles (entre autres la déportation
dans une île) auxquelles venait s'ajouter pour la femme

(1) Imp. Leonis. Const. XXXV.

(c'est là l'intéressant pour nous) l'interdiction de se remarier (1).

Cette législation était bien rigoureuse, aussi une constitution de Théodose et Honorius (2) vint-elle essayer de mitiger quelque peu ce qu'elle avait de trop draconien : la femme put dans certains cas échapper à la déportation, quelquefois même aux peines pécuniaires, mais toujours elle fut contrainte soit de ne plus se remarier, soit de demeurer quelque temps avant de le faire ; dans ce dernier cas, pour bien montrer, disait la loi, qu'elle avait agi en haine de son mari et non dans le désir d'épouser un autre homme.

Malgré ces adoucissements, la loi ne produisit pas l'effet qu'on en avait espéré ; elle était trop sévère encore, et force fut de revenir à l'ancienne liberté du divorce (3).

Cependant un retour aux restrictions édictées par Constantin fut ordonné par les empereurs Théodose II et Valentinien III, mais avec une augmentation notable des causes légitimes de divorce (4). La femme, qui désormais divorçait sans un de ces motifs, perdait sa dot, la donation *ante nuptias*, et ne pouvait se remarier avant un délai de 5 ans, sous peine d'infamie et de nullité du second mariage : c'était donc bien encore là un empêchement de mariage. « Æquum est enim eam interim carere connubio quo se monstravit indignam (5) ». Si elle avait de justes motifs elle

(1) L. 1, *De repudiis*, C. Théod.
(2) L. 2, *Ibid.*, C. Théod.
(3) Nov. XVII, de Théodose.
(4) C. 5, 17, 8, 2 et 3.
(5) C'est l'idée chrétienne que nous retrouverons au moyen âge où le droit canon organisera toute une série d'empêchements de mariage basés sur cette sorte de talion. Cf. le ch. intitulé « *Crimen* ».

devait néanmoins attendre encore un an : mais c'était alors un délai de viduité, le texte le déclare, de reste : *ne quis de prole dubitet.* — Quant au mari qui répudiait sa femme témérairement, il n'était frappé que de peines pécuniaires. Il pouvait donc librement se remarier.

Anastase réduisit dans tous les cas le délai d'attente à un an. C'était l'unité de législation, mais elle était obtenue au détriment de la morale.

De la première refonte des lois sur la matière à laquelle se livra Justinien, il ne résulta que des aggravations : En outre des peines pécuniaires qui la frappaient et dont l'Empereur augmentait le chiffre, la femme, qui avait divorcé sans motif légitime, se vit condamner à un internement perpétuel dans un monastère (nov. CXVII). — Par la suite, Justinien n'autorisa plus le divorce qu'au cas où les époux voudraient finir leur vie dans la chasteté.

C'étaient là les prodromes de la réforme radicale à laquelle on devait forcément aboutir : la règlementation du divorce étant impossible, il n'y avait qu'à le supprimer. C'est ce à quoi se décida Léon le Philosophe.

V

DE CERTAINS EFFETS DE L'ANNULATION DU MARIAGE SUR LES PERSONNES.

Nous avons vu en détail dans chaque chapitre la sanction qui accompagnait la violation de chaque empêchement. Il est donc inutile d'y revenir. Ce que nous voulons examiner maintenant, c'est la situation faite aux deux époux qu'on vient de séparer en rompant leur mariage.

En vérité, cette situation est bien incertaine, car, si, d'une part, le mariage est formellement annulé, d'autre part, il ne laisse pas, l'empêchement venant à disparaître, de produire certains effets incompatibles avec une annulation à toujours : dans ces hypothèses, les effets ordinaires de l'union conjugale ne semblent que paralysés, sauf à se produire dans toute leur force et leur vigueur — plus tard — mais alors sans rétroactivité. L'on a donc le spectacle assez équivoque d'époux, dont le mariage, quoique annulé, reste en suspens pour revivre peut-être un jour, sans qu'une nouvelle célébration soit utile.

Tout cela choque nos idées actuelles pour diverses raisons, dont la plus importante est que, pour nous, le mariage est un contrat formel. Nous sourions aujourd'hui quand nous songeons aux mariages de Gretna-Green, et nous sommes tentés de nous exclamer : Comment peut-on se croire marié, dans de pareilles conditions ? Nous ne

trouvons dans nos lois rien d'analogue : et nous sommes si
formalistes là-dessus qu'après le divorce. la réconciliation
des époux n'a d'effet que si elle est consacrée par une nouvelle célébration (295, C. civ.).

Et encore, ce n'est pas tant cette réunion des époux re-
vivifiant *solo consensu* l'ancien mariage nul qui nous étonne,
que l'obligation où ils semblent se trouver de renouer des
liens brisés. Les textes sont formels : des époux, qui ne le
sont plus légalement, ne paraissent pas libres de ne pas reprendre la vie commune, une fois disparu l'obstacle qui
avait dissous leur mariage : « Si quis in senatorio ordine
agens libertinam habuerit uxorem, quamvis interim uxor
non sit, attamen in ea conditione est ut si amiserit dignitatem uxor esse incipiat ».

Peut-être faut-il rattacher cette règle au culte de la parole donnée, du serment : on interdit les fiançailles là où
le mariage n'est pas permis. Mais une fois les consentements
de mariage échangés, peut-être doit-on tout faire pour tenir sa promesse ?

VI

Les Romains n'ont jamais dégagé une théorie du mariage putatif, mais, en l'état des textes, il est permis de dire qu'ils l'ont parfaitement connu.

Nos articles 201 et 202 du Code civil s'expriment ainsi :

201. « Le mariage qui a été déclaré nul produit néanmoins les effets civils tant à l'égard des époux qu'à l'égard des enfants lorsqu'il a été contracté de bonne foi.

202. « Si la bonne foi n'existe que de la part de l'un des deux époux, le mariage ne produit les effets civils qu'en faveur de cet époux et des enfants issus du mariage ».

Voyons donc si nous ne retrouverons pas des textes au Digeste ou au Code inspirés par des principes analogues.

Et d'abord qui ne se souvient de toute la théorie de l'*erroris causæ probatio* ; du citoyen romain qui, ayant épousé une latine ou une pérégrine en la croyant citoyenne romaine, était admis à prouver son erreur pour faire changer en *justæ nuptiæ* ce mariage du droit des gens. Voilà donc bien un cas où la bonne foi faisait produire au mariage des effets inusités.

Autre exemple de bonne foi couvrant des époux : c'est dans la constitution 4 (C. 5, 5). Les empereurs Valentinien, Théodose et Arcadius prononcent la confiscation de toutes les donations que des époux incestueux s'étaient faites, mais il ajoute que leur bonne foi peut les exempter de ces déchéances et les protéger contre elles : « Exceptis tam fœminis quam viris qui aut errore acerrimo non affectato insimulatove neque ex vili causa decepti sunt, aut ætatis lubrico lapsi : Quos tamen ita demum legis nostræ laqueis eximi placuit, si aut errore comperto aut ubi ad legitimos pervenerint annos, conjunctionem hujusmodi sine ulla procrastinatione diremerint ». Voilà donc l'erreur profitant même à l'homme.

Autre texte, tout aussi probant :

« Si tutor pupillam suam contra senatusconsultum uxorem duxit illa quidem ex testamento ejus capere potest, ipse autem non potest et merito : delinquunt enim hi qui prohibitas nuptias contrahunt et merito puniendi sunt quod imputari non potest mulieri quæ a tutore decepta est (1) ».

Voilà pour les biens. — Quant aux personnes, on trouve des monuments les concernant qui sont tout aussi concluants ; en voici un, de Marcien, rapportant un rescrit relatif aux enfants issus d'une union nulle.

« Novemur et temporis diuturnitate quo ignara juris in matrimonio avunculi tui fuisti et quod ab avia tua collocata es et numero liberorum vestrorum : idcirco cum hæc omnia in unum concurrunt confirmamus statim liberorum vestrorum in eo matrimonio quæsitorum quod ante annos quadraginta contractum est perinde atque si legitime concepti fuissent » (2).

Nous ne disons pas qu'il y eût à Rome une théorie générale du mariage putatif : loin de nous cette pensée. Trop

(1) D. 34, 9, 2, 1-2 ; — C. 5, 16, 7.
(2) D. 23, 2, 57. 1.

de textes nous contrediraient quand ce ne seraient que ceux qui si longtemps firent porter aux enfants la peine de la faute de leurs parents.

Mais les empereurs, justement frappés des inconvénients que pouvait avoir une pareille rigueur entreprirent de modifier le droit peu à peu, sans secousse, à propos d'espèces particulières, et c'est ainsi que nous avons pu trouver les fragments que nous avons cités, fragments n'ayant entre eux aucun lien juridique, mais traduisant une même pensée, qui était de parer à la nullité absolue et *sans réserve*, que prononçait toujours la loi, de toute union incestueuse, au sens large du mot, c'est-à-dire illégale.

Et encore *ici*, le droit romain, s'il ne laissait pas comme exemple aux générations futures un monument achevé, — en avait, du moins tracé les contours et esquissé l'ébauche.

DROIT FRANÇAIS

LES EMPÊCHEMENTS PROHIBITIFS

DE MARIAGE

EN DROIT CANONIQUE ET EN DROIT MODERNE

1

DROIT CANONIQUE

> *Nec tamen dico quod contra in-*
> *terdicta copulanda sint conjugia;*
> *sed si copulata sunt propter has*
> *causas non esse disjungenda.*
>
> Ives, de Chartres, *Ep.* cxlv.

INTRODUCTION

HISTOIRE DE L'ÉVOLUTION DES POUVOIRS DE L'ÉGLISE
EN MATIÈRE DE MARIAGE.

Le principe moderne est que le mariage est un contrat essentiellement civil ; il est parfait par les seules conditions civiles ; il ne peut exister sans elles ; seuls les officiers de l'état civil peuvent le célébrer, seuls les juges séculiers peuvent connaître des causes matrimoniales ; enfin, seule la puissance séculière peut légiférer sur cette matière.

Telle est la doctrine à laquelle on est arrivé de nos jours : fut-elle toujours appliquée ? Il n'en est rien.

A Rome pendant longtemps le mariage fut religieux et civil : cela s'explique par le double caractère qu'avait la loi : encore que civile, elle était religieuse. « Le droit n'était pas né de l'idée de justice, mais de la religion et il n'était pas conçu en dehors d'elle » (1). Si bien que l'on put dire : « Jurisprudentia est rerum divinarum atque humanarum notitia, justi atque injusti scientia » (2). Il en fut ainsi aussi longtemps que dura la religion païenne : mais le jour où surgit le christianisme, il fut en désaccord avec les lois existantes ; la religion nouvelle était un progrès sur ses devancières : « Aliæ sunt leges Cæsarum, aliæ

(1) Fustel de Coulanges, *la Cité antique*, p. 226.
(2) Inst. Just., 1, 1, 3.

Christi » (1), disaient avec fierté ses adeptes. Il n'est donc pas étonnant que ses prêtres, dans leur œuvre d'épuration morale, aient songé tout d'abord au mariage, base de la famille et de la société.

« Dès l'origine, le mariage est tombé dans le domaine de l'Eglise : il a été par excellence entre chrétiens matière de conscience, soumise aux décisions et à la juridiction de l'Eglise » (Viollet).

Donc, à côté du pouvoir civil romain fonctionna un pouvoir purement spirituel qui ne régissait que les chrétiens. Cette intervention de l'Eglise dans la matière du mariage eut, il faut le dire, les meilleurs résultats. Elle la justifia en donnant à cet acte le caractère religieux et sacramentel et par là, l'éleva à une incomparable hauteur, bien au-dessus de tous les autres contrats. Ses lois visant toutes à la sainteté de l'union conjugale, il se forma dans l'association des chrétiens comme une coutume de mariage, beaucoup plus pure que la législation séculière.

L'affirmation théorique du caractère essentiellement religieux du mariage s'appuya sur les textes de l'Écriture (la grande source à laquelle allaient puiser les Canonistes) : « Sacramentum hoc magnum est, ego autem dico in Christo et in Ecclesia » (St Paul) (2). Ce point une fois admis, la matière devait devenir fief d'Eglise.

Avant Constantin, l'Eglise légiférait déjà en matière de mariage. Assurément sa législation n'avait aucune valeur officielle mais elle obligeait tous ceux qui s'honoraient du nom de chrétien. — A partir du règne de ce prince, l'Eglise

_____

(1) Hieronym., *Epist ad Oceanum*, I, 72. Ed. Colon., I, 616.
(2) *Epist. ad Ephes.*, V, 32.

désormais triomphante, vit son influence et sa législation pénétrer de plus en plus la législation officielle. Les empereurs, c'est vrai, ne cessaient point pour cela de se considérer eux aussi comme législateurs, en sorte que deux puissances parallèles fonctionnaient au sein de l'Empire romain et qu'on avait alors le spectacle que présentent la plupart des états modernes, c'est-à-dire deux législations distinctes sur le mariage, ne se contredisant pas toujours, cependant. — Telle était donc la situation qu'avait su, si rapidement, conquérir la religion nouvelle.

Si nous passons en l'ancienne France, nous voyons que ce rôle de conseiller et d'inspirateur de la puissance impériale que l'Eglise avait joué sous l'empire romain, se développe singulièrement sous les rois de la première et de la deuxième race. Car, comme l'a dit un philosophe, « chez les peuples barbares, les prêtres ont ordinairement du pouvoir parce qu'ils ont et l'autorité qu'ils doivent tenir de la religion et la puissance que chez des peuples pareils donne la superstition (1) ».

Sous les Mérovingiens et les Carolingiens, la législation civile, nouvelle et incertaine, tend constamment en matière de mariage, à se fondre dans la législation canonique : les prohibitions se multiplient qui sentent l'influence ecclésiastique, et même, nombre de capitulaires interviennent, après la réunion d'un concile, qui n'ont pour but que de donner force obligatoire à ses décisions. Le rôle de la puissance séculière semble donc bien se réduire à faire passer les décisions de l'Eglise dans le domaine officiel et public.

(1) Montesquieu.

Cependant il n'en est pas moins vrai, et cette promulgation *civile* des lois *religieuses* le prouve bien, que c'était le pouvoir séculier qui demeurait encore le législateur. En matière de juridiction, il en est tout de même : c'est le bras séculier qui punit, et il en sera ainsi jusque vers le X° siècle.

Mais à côté du tribunal séculier, l'Église continuait d'exercer son action disciplinaire. Puis, petit à petit, tout en restant disciplinaire, cette juridiction prend un caractère nouveau pour s'exercer *avec la connivence des rois francs*. La juridiction ecclésiastique se combine alors avec la juridiction séculière et va même jusqu'à se substituer à elle. La raison en est que la monarchie franque se sent de plus en plus incapable d'assurer partout l'ordre et la justice. Dès lors elle s'en décharge sur l'Église. Pour tout acte contraire aux lois il y a dorénavant une double répression : deux procédures fonctionnent indépendamment, souvent cumulativement : la loi, d'un côté, et le *judicium publicum* ; la règle canonique, d'autre part, et le *judicium ecclesiasticum*. Une cause pouvait donc donner lieu à deux instances, l'une devant le juge laïque, l'autre devant l'ordinaire. Quand les deux législations, la civile et la canonique, concordaient, le pouvoir royal allait même jusqu'à désirer n'intervenir qu'en cas d'impuissance de l'autorité religieuse.

De cet état de choses, devait naître inévitablement la confusion : « Les bornes de la juridiction ecclésiastique et de la séculière étoient dans ces temps-là très peu connues : il y avoit des gens (1) qui plaidoient indifféremment dans

(1) Beaumanoir, ch. XI, p. 58.

les deux cours (1) ; il y avoit des matières pour lesquelles on plaidoit de même. Il semble que la juridiction laie ne se fût gardé, privativement à l'autre, que le jugement des matières féodales et des crimes commis par les laïcs dans les cas qui ne choquoient pas la religion. Car, si pour raison de conventions et de contrats il fallait aller à la justice laie, les parties pouvoient volontairement procéder devant les tribunaux clercs qui, n'étant pas en droit d'obliger la justice laie à faire exécuter la sentence, contraignaient (3) d'y obéir par voie d'excommunication (4) ».

Au X⁰ siècle, la situation change ; nous entrons en pleine nuit du moyen-âge ; c'est la confusion générale des pouvoirs : l'Église seule est debout. Trop forte désormais pour laisser se perpétuer ce dualisme, elle profite de l'affaiblissement du pouvoir central pour s'ériger en seul juge du mariage.

Cet accaparement exclusif par l'Église de la juridiction matrimoniale fut un épisode du morcellement de l'autorité royale en France ; ce que l'Église avait fait, d'autres le firent. Jusque-là, toute justice avait émané vraiment du Roy. Mais dès lors, les autorités indépendantes qui, en certaines matières ou à l'égard de certaines personnes, avaient reçu par délégation le droit de la rendre, ou l'avaient usurpé, dorénavant nièrent cette subordination et revendiquè-

---

(1) Les femmes veuves, les croisés, ceux qui tenaient les biens des Eglises à raison de ces biens.

(2) Les tribunaux clercs, sous prétexte du serment, s'en étaient même emparés comme on le voit par le fameux concordat passé entre Philippe Auguste, les clercs et les barons, qui se trouve dans les ordonnances de Laurière.

(3) Beaumanoir, ch. XI, p. 60.

(4) Montesquieu, *Esprit des lois*, XXVIII, ch. XL.

rent comme propre ce droit. Ce fut l'émiettement du pouvoir royal et l'on s'en partagea les morceaux (1).

De reste, dans ce partage entre la féodalité et l'Eglise, il pouvait alors passer pour naturel de laisser le mariage à celle-ci, en raison du caractère sacramentel attribué à cet acte : « Matrimonium est unum de septem sacramentis, merito non laicus sed Ecclesia habet de eo judicare. Item matrimonium fuit inductum de jure divino et non civili, ideo ad vicarium instituentis seu deputatum per eum (ut est episcopus) pertinet cognitio ejus » (2).

Ce fut un bien. Car d'abord, comment le soumettre aux coutumes qui devaient être si bigarrées. Beaumanoir, du reste, si porté à résister à tout empiétement sur les droits des seigneurs, est le premier à reconnaître que les puissances temporelles n'ont plus à intervenir pour nouer ou dénouer le lien conjugal : tout ce qu'elles peuvent faire, à son avis, c'est d'en limiter les effets civils. Si la souveraineté de l'Eglise eut pour résultat d'introduire des empêchements trop nombreux, elle n'en conserva pas moins pour toute la France l'unité de législation.

A une situation nouvelle correspondaient des besoins nouveaux : en s'adjugeant sans partage la juridiction proprement dite en matière de mariage, l'Eglise avait acquis du même coup le droit de légiférer en toute indépendance sur la matière. Tant qu'elle n'avait eu que des pouvoirs restreints de juridiction, elle s'était contentée de régler

---

(1) C'est ainsi que les juridictions des *potentes* et celles des immunités qui représentaient des succédanés de la justice publique devinrent les justices seigneuriales hautes ou basses.

(2) Panormitanus, sur c. III X, II, 10, n° 3.

certains points lui paraissant plus particulièrement importants et où le triomphe de ses idées lui tenait à cœur : pour
le surplus, elle s'en tenait à la loi civile. Mais aujourd'hui
qu'elle était seule à statuer sur les mariages, elle devait
avoir un système juridique complet.

Pour l'élaborer, elle puisa un peu partout : à la loi séculière d'abord ; c'était assez naturel, car on ne change jamais brusquement de coutumes ; — puis au droit romain,
qui, dans le mouvement scientifique des XIᵉ et XIIᵉ siècles,
reprenait une vie nouvelle ; — enfin aux textes de l'Ecri-
ture. Mais ces emprunts n'étaient pas faits sans des modifications souvent profondes ; les textes sacrés notamment
pour ne parler que de ceux-là, étaient soumis à des inter-
prétations quelquefois étranges : assez ordinairement on
les appliquait sans discernement, à la lettre, ou on en tirait
des conséquences purement logiques : ce qui n'était pas
sans amener parfois des complications et des contradictions
inextricables (1).

Cet épanouissement de la puissance ecclésiastique fut

_____

(1) On sait quelles transformations subit la théorie canonique du divorce. L'Eglise voyait cette institution d'un mauvais œil. Mais elle était forcée de surmonter ses répugnances, car les paroles du Christ étaient for-
melles : « Dico autem vobis quia quicumque dimiserit uxorem suam, *nisi
ob fornicationem* et aliam duxerit, mœchatur (*B. Matth.* XIX. 9). Force
fut donc d'autoriser le divorce au moins au cas d'adultère. C'est l'avis de
Tertullien (IV, contre Marcion), de St Epiphane (*adversus hœreses*, nᵒ 59),
de St Astère, évêque d'Amasie. Mais la doctrine de l'indissolubilité complète du mariage devait l'emporter et, pour la justifier, on morcela le discours du Christ aux Pharisiens : laissant la fin, le *Dico autem vobis*, on
s'en tint au commencement, à ce verset : « Itaque jam non sunt duo,
sed una caro. *Quod ergo Deus conjunxit, homo non separet*. Et voilà
comment de deux versets d'un même chapitre on était arrivé à extraire
deux théories contraires. (Cf. . Jérome, St Jean Chrysostome, et St Augustin).

loin d'avoir, en notre matière spéciale des empêchements prohibitifs, les conséquences qu'on aurait pu en espérer. — Ce fut pour des raisons tenant à la théorie générale du mariage telle qu'elle existait avant le Concile de Trente. Tandis qu'en matière d'empêchements dirimants, l'Eglise, en acquérant ces pouvoirs nouveaux, changea ses antiques peines disciplinaires (basées sur des pénitences morales) en des moyens de coercition civile, et, par conséquent, donna aux nullités de mariage une sanction autrement effective que l'excommunication usitée jusque-là comme dernière ressource, elle continua d'être désarmée devant les violations d'empêchements prohibitifs. En effet rien n'était changé aux règles de célébration du mariage : or nous verrons que les fiancés n'avaient besoin du concours de personne pour se prendre mutuellement pour époux : le mariage était un contrat purement consensuel, et les parties étaient elles-mêmes « les ministres du sacrement » comme on disait. Par conséquent, en cas d'existence d'un empêchement prohibitif à leur union, les futurs époux n'étaient retenus que par les scrupules de leur conscience. Il est vrai que s'ils y passaient outre, ils encouraient des peines religieuses, sanctionnées au besoin par l'excommunication. Mais cette sanction n'était que du domaine de la conscience : dans le *forum externum* elle n'existait pas.

A partir du XVIe siècle, cette situation prépondérante de l'Eglise tendit à se modifier notablement : et cela, en raison de deux causes : la première, générale, la Réforme, qui mit en question dans toute l'Europe l'autorité de l'Eglise en montrant que ses lois ne pouvaient plus régir toutes les consciences; — la seconde, spéciale, le refus de l'Eglise de consentir à toutes les réformes réclamées dans la législation du mariage.

Le Concile de Trente fut assemblé pour répondre à toutes les protestations que soulevait cette omnipotence de l'Eglise. Nous verrons quel nouvel ordre de choses en sortit; contentons-nous ici d'indiquer le rôle accidentel qu'il joua dans l'évolution du droit au moyen âge: il est capital.

Les Rois de France par la voix de leurs ambassadeurs avaient demandé au Concile de Trente de proclamer, d'une part, la nécessité d'une célébration publique du mariage, et, d'autre part, la nullité du mariage contracté par des enfants sans le consentement de leurs parents. La première réforme fut accordée, mais sur la deuxième, le Sénat catholique se montra intraitable et refusa nettement de rien innover. Après des discussions nombreuses et passionnées, on aboutit au fameux décret... *Eos sancta synodus...* qui maintenait les antiques coutumes dont l'esprit paraissait plus conforme aux idées d'affranchissement et d'égalité qu'avait toujours défendues et propagées le christianisme (1).

Au refus de l'Eglise, le roi de France répondit non par une opposition directe qui eût équivalu à un schisme mais par une série de lois dont la première, l'Edit de Blois (1579) allait inaugurer une théorie nouvelle dont la discussion devait durer jusque de nos jours (2).

Jusque-là on avait admis assez généralement, les théologiens du XVIe siècle tout les premiers, que le pouvoir

(1) Pour les détails, cf.
(2) Cf. les lettres et encycliques citées.

séculier avait, en principe, le droit de légiférer sur le mariage et qu'il ne lui était interdit d'user de ce droit que par déférence pour l'Eglise (c'est une opinion fréquemment produite au Concile de Trente). A plus forte raison, les jurisconsultes séculiers devaient-ils professer que le prince — maintenant qu'il allait falloir justifier son ingérence, — pouvait légiférer sur le mariage *sans restriction aucune* puisque c'était un contrat civil avant tout. — Ce point de droit fut longuement controversé. Les canonistes, menacés, revendiquèrent le mariage comme sacrement et contrat indivisibles. — On aboutit à une transaction qui partagea le mariage entre l'Eglise et l'Etat : sacrement il relevait de l'Eglise ; contrat civil, du pouvoir temporel.

En fait, toute une législation importante, contenue dans les Ordonnances, Edits et Déclarations des rois de France, vint, du XVIᵉ au XVIIIᵉ siècle, statuer sur des points concernant le mariage (1). Sans doute, la plus grande partie des dispositions qu'elle contient avaient pour but de faire passer dans les lois séculières les réformes opérées quant à la célébration du mariage par le Concile de Trente qui n'avait point été reçu en France pour ce qui concerne la discipline et le temporel. Mais cette législation ne se borna point à reproduire et à copier le droit canon : elle le compléta sur certains points et sur d'autres (comme sur la question du mariage des mineurs) elle se mit nettement en contradiction avec lui, et par là le Roi montra nettement qu'il entendait ne pas être à la merci d'un refus de l'Eglise.

Cet essai de restauration du pouvoir royal bien que ti-

_____

(1) Edit de 1606, Ordonnance de 1629, Déclaration de 1639.

mide à ses débuts (Ord. 1556) devait aboutir à un plein succès, et avoir les conséquences les plus heureuses. Du jour
où le Roi eut recouvré le plein exercice de ses pouvoirs
législatifs, c'en fut fait de la puissance de l'Église.

En séparant, dans le mariage, le sacrement du contrat
civil, on ouvrait la voie au progrès : du jour où l'on vit
dans le curé le mandataire, le délégué de la puissance civile, on posa par là même les prémisses de la théorie moderne. Car, de là à révoquer le mandat et à séculariser le
mariage, il n'y avait qu'un pas : sous l'influence des jurisconsultes et des philosophes du XVIIIe siècle il fut fran-
chi, et la constitution du 3 septembre 1791 déclara dans
son article 7 (titre II) que : « La loi ne considère le mariage
que comme contrat civil.... » Et ainsi était renouée, par
dessus les siècles du moyen âge, la chaîne de la pure tradition romaine.

***

CHAPITRE I

ORIGINE DE LA DISTINCTION DES EMPÊCHEMENTS.

« Le mariage doit son institution à la nature, sa perfection à la loi... »

Mais les conditions exigées pour se marier par le droit naturel et le droit écrit varient d'importance : « Les unes sont tellement essentielles au mariage qu'elles ne peuvent jamais en être séparées. Elles sont générales pour tous les lieux, pour tous les temps, pour toutes les personnes.....Les autres, au contraire, sont introduites plutôt par une loi positive et arbitraire que par un droit naturel et immuable. Elles ne sont nécessaires que dans un certain temps, à l'égard de certaines personnes et dans certaines circonstances.... Ce sont plutôt des précautions salutaires que des formalités essentielles. » D'Aguesseau (1).

C'est en s'inspirant de cette distinction que le droit canon arriva à créer deux classes d'empêchements, correspondant chacune à une catégorie de conditions.

Les Romains ne firent jamais ce départ entre les conditions : à leurs yeux, toutes étaient assez importantes pour que leur violation entraînât pour le moins la nullité du mariage et, s'il y eut des degrés entre elles, ils furent mar-

_____

(1) 9ᵉ plaidoyer.

qués par les peines qui, en sus de la nullité, frappaient les contrevenants.

Le droit canon au contraire, faisant intervenir en législation un facteur nouveau, la morale individuelle, multiplia, — dans un but louable, mais par des moyens irrationnels, — les conditions que devaient remplir les futurs époux. Aussi, tandis que le droit romain, en matière d'empêchements de mariage, avait toujours été en augmentant les peines qui frappaient les contrevenants, le droit canon fut obligé de rétrograder et d'inventer, pour ces nouveaux cas, des sanctions moins fortes que la nullité : alors, à côté des anciens empêchements qu'on nomma *dirimants*, parce qu'ils opéraient la rupture du mariage, on créa une classe d'empêchements, qu'on appela *prohibitifs*, parce qu'ils n'avaient sur le mariage qu'un effet préventif et que leur violation n'allait pas jusqu'à en entraîner la nullité. Ce n'est pas à dire qu'ils fussent vains : étant de conscience, leur sanction ressortissait du tribunal de la pénitence.

Mais comment opérer, *en doctrine*, cette distinction entre les diverses conditions requises pour se marier, comment reconnaître que celle-ci était nécessaire, essentielle, et non celle-là ? Les canonistes trouvèrent un critère dans le caractère sacramentel du mariage. Pour mesurer le degré de nécessité de l'empêchement, on compara son utilité au scandale qui résulterait de l'annulation d'un sacrement, et, suivant que l'un parut l'emporter sur l'autre, on décréta la rupture ou le maintien du lien conjugal.

Si le droit romain, toujours, prononça la nullité du mariage, c'est que les conditions qu'il exigeait chez les futurs époux étaient fort peu nombreuses au début et essen-

tielles, vraiment. Au contraire, quand on envisage le droit
canon, on reste étonné du nombre d'empêchements qu'on
y trouve, et, malgré soi, l'on pense qu'il était impossible,
assurément, qu'il eussent tous la même valeur et que l'É-
glise attachât à tous la même importance. Et c'est utile-
ment que l'idée du sacrement intervint ici pour justifier
des scrupules : grâce à elle, on recula devant des annula-
tions qui eussent été trop nombreuses si on avait dû mettre
sur le même rang la défense de se marier avant le lever
du jour (1) et la prohibition de l'inceste et de la bigamie.

Ce n'est pas tout ; cette crainte d'annuler un sacrement
eut un autre résultat non moins important : Parce qu'il ne
pouvait appartenir au premier théologien venu de poser
des règles entraînant une sanction aussi retentissante, l'on
posa ce grand principe, qui aujourd'hui encore éclaire la
matière : « Pas de nullité sans texte émanant de l'autorité
compétente. » On se remettait alors du soin de préciser ce
point à celui qui seul pouvait avoir autorité pour déclarer
quelle importance il fallait attacher à telles et telles prescriptions, *au Législateur*, que ne devaient pas tarder à per-
sonnifier ici le Pape et les Conciles.

Ce principe n'était alors qu'une digue opposée au flot
montant des coutumes canoniques : les Docteurs, de jour
en jour, allongeant dans leurs Traités la liste des empêchements, il était nécessaire de leur refuser le droit d'en faire
découler la nullité du mariage : voilà ce qui explique qu'en
l'absence de texte officiel émanant du Pape ou des Conciles
l'empêchement était toujours présumé simplement prohibitif.

(1) « *Nisi post illucescentem diem* » c. xxxix du Conc. de Sens.

Mais aujourd'hui, le « pas de nullité sans texte » est le fil conducteur du jurisconsulte dans les dédales du Code civil ; c'est la pierre de touche qui seule permet de distinguer des autres l'empêchement dirimant ; et c'est sur ce principe que repose tout le système interprétatif du titre *Du Mariage.*

Aucun lien ne s'imposant entre la plupart de ces divers empêchements, et leur réunion n'étant que la conséquence de leur caractère prohibitif, nous les exposerons dans l'ordre suivant:

Nous étudierons tout d'abord ceux de ces empêchements qui correspondent aux conditions de publicité du mariage : Les *Banna* ou publications de mariage, la *Denunciatio* ou opposition, l'*Interdictum Ecclesiæ*.

Puis les autres, en les groupant quand ce sera possible.

Nous arriverons alors à la sanction des empêchements et nous essayerons de montrer les progrès réalisés en cette matière par le décret du Concile de Trente.

Enfin, nous dirons quels nouveaux empêchements naquirent à la suite de ce décret *de Clandestinis* (*impedimentum mixtæ religionis* — défaut de consentement des parents des mineurs).

Et nous terminerons par la théorie de la *dispensatio*.

CHAPITRE II

LA PUBLICITÉ DU MARIAGE.

Les bans de mariage et la *denunciatio*. — *L'interdictum Ecclesiæ*. — Les publications de mariage et l'opposition.

« Le mariage avant que d'être célébré, doit être précédé de bans. Le terme de bans signifie publication, proclamation..... L'usage de faire précéder les mariages par des publications de bans est très ancien dans l'Eglise ». Pothier.

Voici comment on y procédait dans les premiers temps : les fiancés devaient aller trouver le prêtre de leur paroisse, et lui déclarer leur projet d'union : celui-ci ouvrait une enquête, et ce n'était que lorsqu'il s'était assuré qu'il n'existait aucun obstacle, qu'il procédait à la célébration du mariage. C'est la législation des capitulaires : nous la trouvons indiquée tout au long dans *Benedictus Levita* : « Prius conveniendus est sacerdos in cujus parochia nuptiæ fieri debent, in Ecclesia coram populo. Et ibi inquirere una cum populo ipse sacerdos debet si ejus propinqua sit aut non, aut alterius uxor, alii sponsa vel adultera. Et si licita et honesta omnia pariter invenerit, tunc per consilium et benedictionem sacerdotis et consultu aliorum bonorum hominum eam sponsare et legitime dotare debet (1) ».

(1) VII, 179.

Comme publicité, c'était rudimentaire; aussi bientôt l'E-glise trouva mieux : au lieu de charger de l'enquête le curé seul, on y intéressa toute la communauté religieuse dont les futurs époux faisaient partie. Le prêtre, prévenu par les fiancés, annonçait, au prône, la promesse de mariage des futurs époux : « Deit estre criés par treis jors à la pre-mière messe et dict en ceste manière le prestre : A nous seigneurs et dames, fait assaver Sainte Yglise que le tel home deit prendre ytel feme jusque à tel jor, et se nul ou nule y sait riens que dire por quei ce mariage ne deit es-tre, si veigne avant et le die (1) ».

Les fidèles, ainsi avertis, étaient mis en demeure de dé-noncer les empêchements qui, à leur connaissance, pou-vaient exister.

Cette procédure, c'était la *denunciatio evangelica*, dont le prototype et le fondement juridique se trouvent dans un passage de l'Evangile selon Saint Mathieu.....

« Si autem peccaverit in te frater tuus, vade et corripe eum inter te et ipsum solum... Si te non audierit, adhibe tecum adhuc unum, vel duos ut in ore duorum vel trium testium stet omne verbum. Quod si non audierit eos, dic ecclesiæ (2) ».

Par conséquent, la *denunciatio*, loin d'être restreinte aux

(1) Assises de Jérusalem, Cour des Bourgeois. ch. 162 (Éd. Beugnot II, p. 112). — c. III, X, IV, 3 : « Ut intra illum (terminum) qui voluerit et valuerit legitimum impedimentum obponat et ipsi presbyteri nihilominus investigent utrum aliquod impedimentum obsistat. Cum autem adparue-rit probabilis conjectura contra copulam contrahendam, contractus inter-dicatur expresse donec quid fieri debeat super eo manifestis constiterit documentis.... Sane si parochialis sacerdos tales conjunctiones prohiberi contempserit..... per triennium ab officio suspendatur. » — *Adde*, Duran-tis, p. 454, n° 6.

(2) S. Matth. XVIII, 16, 17.

seuls intéressés ou ayants droit, était, au contraire, à cette époque, obligatoire pour tous. Si l'on se souvient du degré d'intensité de la vie religieuse au sein des paroisses du moyen âge, on se convaincra facilement qu'un tel système de publicité était bien plus efficace que celui usité de nos jours.

Il convient cependant d'ajouter que longtemps ce système n'exista qu'à l'état de coutume particulière à l'Église gallicane (*secundum consuetudinem Ecclesiæ gallicanæ*, dira plus tard Innocent III) adoptée, il est vrai par la plupart de ses évêques, mais comme coutume, et que c'est seulement en 1215, qu'il fut, au concile de Latran, érigé en loi pour toute la France et la catholicité. Sa réglementation ayant été assez négligée par le concile, son application uniforme fut difficile. C'est ainsi qu'on discutait sur le nombre des bans, puis, sur la question de savoir où ils devaient être publiés quand les futurs époux appartenaient à des paroisses différentes — ou sur ce qu'il fallait faire quand le fiancé était originaire d'un pays éloigné — et sur d'autres points encore. Aussi n'est-il pas étonnant d'apprendre, comme cela résulte d'une enquête faite à ce sujet en l'an 1300, qu'en raison de ces incertitudes de doctrine, « le sentiment public, dans le midi de la France, était manifestement contraire à cette réglementation des bancs ».

Mais poursuivons l'étude du système :

A supposer qu'une *denunciatio* eût eu lieu, quel effet avait-elle ? — le curé devait surseoir aussitôt à la célébration du mariage et attendre que la juridiction ecclésiastique, avertie par lui et agissant d'office, ou saisie par les parties intéressées elles-mêmes, eût statué sur la possibilité du mariage. — Mais si l'on se souvient qu'à cette période du droit le mariage était purement consensuel, on pensera peut-être que les parties devaient assez souvent passer outre : c'est pour cela que le juge, dans le but de mieux assurer le respect de son intervention, se hâtait de lancer un « *interdictum* » — Qu'était-ce au juste ?

L'*Interdictum ecclesiæ* était la défense faite à telle personne déterminée d'en épouser telle autre, également déterminée. Il ne faut pas confondre cette prohibition avec les autres empêchements canoniques de mariage ; un trait la distingue : tandis que ces derniers ont un caractère général et s'adressent à tous, l'*interdictum ecclesiæ*, au contraire, est, si l'on peut dire, un « décret particulier » rendu dans une hypothèse spéciale et ne frappant qu'une personne. Il ne créait qu'une incapacité relative et temporaire, car son but était de permettre à l'autorité ecclésiastique à qui l'on avait signalé chez le futur époux l'existence d'un empêchement dirimant ou prohibitif, d'ouvrir une enquête à ce sujet. Suivant les résultats de cette enquête, la défense était levée ou maintenue.

L'*interdictum* constituait-il un empêchement dirimant ? certains le soutinrent, entre autres Bernard, de Pavie, en sa *Summa*. Mais on recula devant cette sévérité en considération du sacrement : le motif pouvant manquer et l'*interdictum* ne reposer sur rien, on ne crut pas indispensable d'annuler le mariage *ipso facto*. Il en résulta que l'*interdictum* ne constitua qu'une mesure simplement préventive, qu'un empêchement prohibitif, sauf à l'empêchement qu'on avait soupçonné et qui se réalisait, de produire ses effets particuliers et distincts. Si donc il était dirimant,

c'est par sa vertu propre qu'il annulait l'union déjà contractée ; s'il n'était que prohibitif, son impuissance s'ajoutait à l'inefficacité de l'*interdictum*.

Mais parce que l'autorité ecclésiastique ne pouvait souf-
frir de voir ainsi transgresser ses défenses, elle infligeait
une pénitence aux époux qui avaient passé outre : « Pœnitentia injungi debet de inobedientia ne præceptum Ecclesiæ illusorium videatur » (1). Et Hostiensis, qui nous dit
cela, ajoute que la peine consistait le plus souvent en une
séparation temporaire des époux avec interdiction de la
carnalis copula.

Tel fut le point de départ canonique de la théorie de
l'opposition. Avant de la suivre dans ses transformations
successives, c'est peut-être ici le lieu de dire auparavant les
modifications qu'on apporta à l'antique système des *banna*.

Nous avons vu qu'aux époques primitives, l'Eglise, bon
gré mal gré, se contenta, pour gouverner les hommes,
de moyens purement spirituels. — Mais dès les XIIIᵉ,
XIVᵉ, et XVᵉ siècles, ces moyens parurent insuffisants :
l'excommunication n'effrayait plus tout le monde. Il fallut donc trouver autre chose. Maintenant qu'on ne pouvait plus compter absolument sur le zèle religieux des
fidèles pour respecter la loi, maintenant que le refus du
curé de bénir une union illégale projetée, n'affectait plus
autant qu'avant et n'empêchait pas de passer outre, force
fut de chercher aux empêchements prohibitifs des sanctions plus énergiques, des moyens de contrainte plus géné-
raux. On les trouva dans la refonte générale de la théorie

(1) *Summa*, p. 380. *Adde* c. final, *X De cland. desp.*, IV, 3.

du mariage. On avait cru pouvoir jusqu'ici laisser les époux
être seuls juges de la légalité de leur union : un pareil état
de choses était trop abusif pour être maintenu : aussi à
l'antique mariage consensuel, substitua-t-on le mariage
formel, à l'antique union célébrée par les seuls époux, substitua-t-on une célébration publique avec intervention des
pouvoirs établis. De cette révolution — œuvre du Concile
de Trente, adoptée par le pouvoir séculier et par lui pro-
mulguée dans une série d'ordonnances, — date une ère
nouvelle pour la théorie du mariage. Dès lors, l'empêchement prohibitif cesse d'être une pure affaire de conscience,
et de morale religieuse, pour prendre corps sous la forme
d'un obstacle que le représentant délégué de l'Eglise et de
l'Etat ne peut laisser franchir qu'à ses risques et périls.

Le résultat d'un pareil système, c'était l'infusion d'une
vie nouvelle à l'antique théorie des *banna*, qu'on nommera
maintenant « publications » et qui seront la clef de voûte
de l'œuvre du Concile de Trente.

Nous avons dit les controverses qui s'élevèrent à raison
de l'insuffisante réglementation des bancs par le concile
de Latran (1215). Le Concile de Trente évita de commettre la même faute, et se montra au contraire fort précis ;
par voie d'interprétation des décisions du concile de Latran, il déclara qu'il fallait 3 publications, à l'église pa-
roissiale, par le propre curé des parties, trois jours de fête
consécutifs : « Idcirco sacri Lateranensis concilii sub
Innocentio III celebrati vestigiis inhærendo præcipit ut in
posterum antequam matrimonium contrahatur ter a proprio contrahentium parocho tribus continuis diebus festivis
in Ecclesia inter missarum solemnia publice denuncietur

inter quos matrimonium sit contrahendum (1) ». Pour le
cas où les parties appartiendraient à deux paroisses, on
décida par la suite, après controverse (le texte ne parlait
du *parochus* qu'au singulier) qu'il faudrait des publications
dans les deux. Enfin s'il y avait eu changement de domicile, suivant que ce changement était récent ou relativement ancien, on devait publier aux deux domiciles (l'ancien et le nouveau) ou au nouveau seulement. (Cpr. art. 75
et 174, C. civ.)

La dispense de publications pouvait être accordée, et ce,
par l'ordinaire. C'était une innovation : les anciens canonistes ne l'admettaient qu'en faveur des princes et grands
seigneurs dont la condition et la généalogie étaient suffi-
samment connues. L'usage, il est vrai, s'en était peu à peu
établi pour les gens du commun : c'est cette pratique que
l'on changea en loi. Mais pour obtenir dispense, il fallait
pouvoir arguer de l'une des justes causes limitativement
déterminées par l'Eglise (2). — Le pouvoir royal admit
également le principe de la possibilité d'une dispense, article 40 de l'Ordonnance de Blois de 1579 (*infra*), et délé-
gua à l'ordinaire le pouvoir de l'accorder, « pour quelque cause urgente et légitime, et à la réquisition des
principaux et plus proches parents communs des parties
contractantes ». On peut donner comme exemple de juste
cause, la nomination du fiancé à un poste éloigné et l'ordre donné par le Roy de le rejoindre en hâte.

Il nous reste à voir quelle fut la sanction du défaut de
publications. Mais ici, le pouvoir séculier qui avait adopté

---

(1) c. I, Schulte et Richter, p. 217.
(2) Sanchez, *de sacr.matr.*, III. disp. 9.

l'œuvre de l'Eglise, qui lui avait délégué ses pouvoirs pour
présider à l'accomplissement des publications, maintenant
qu'il s'agissait de sanctionner cette obligation, reprenait
toute son indépendance et, en cas d'inexécution, prononçait
en toute liberté. — Il y a donc à envisager séparément la
législation civile et la canonique.

Droit canon. — Sous l'empire de la législation sortie du
Concile de Latran et des statuts synodaux postérieurs qui
renforcèrent ses canons, la seule sanction du défaut de
publications consistait en des peines et des déchéances,
telles que l'inadmission du mariage putatif (1). Mais, le
Concile de Trente prohibant dorénavant les mariages clandestins et les annulant, la question se posa de savoir si,
précisément, l'absence de publications ne rendait pas le
mariage clandestin, *hoc sensu.* La question fut longtemps
controversée. La négative, cependant, finit par prévaloir et
c'est cette opinion qu'adopta en 1587 la Congrégation du
Concile. On décida ainsi pour deux raisons, savoir, d'une
part, qu'avant le Concile un pareil mariage était valable,
et qu'aucun texte nouveau n'était venu en prononcer la
nullité : n'était réputé « clandestin » au sens strictement
légal et canonique du mot, que le mariage contracté hors
de la présence du curé ; — puis, que, d'autre part, le droit
largement concédé à l'ordinaire de dispenser des publications empêchait d'y voir une formalité essentielle, indispensable. Tout concourait donc pour ne faire du défaut de
publication qu'un empêchement prohibitif.

Droit civil. — Il n'en devait pas être absolument de
même ici. On sait que ce fut l'Ordonnance de Blois de 1579,

_____

(1) c. fin. X, IV, 3.

qui donna force de loi à l'usage adopté par le Concile de
Trente. L'article 40 est ainsi conçu :

« Pour obvier aux abus qui adviennent des mariages clandestins, Ordonnons que nos sujets, de quelque estat, qualité et condition qu'ils soient, ne pourront valablement
contracter mariage sans proclamation précédente de bans
faits par trois divers jours de festes, avec intervalle compétent dont on ne pourra obtenir dispense, sinon après la
première proclamation faite, et ce seulement pour quelque
cause urgente et légitime, et à la réquisition des principaux
et plus proches parents communs des parties contractantes ; après lesquels bans seront épousés publiquement
et pour témoigner de la forme qui aura été observée esdits
mariages, y assisteront quatre personnes dignes de foy
pour le moins, dont sera fait registre, le tout sur les peines
portées par les Conciles ».

A s'en tenir au texte, c'eût dû être la même sanction que
celle portée par le droit canon, c'est-à-dire un empêchement prohibitif. Et cependant, dans l'opinion qui tout d'a-
bord triompha, on jugea que le défaut de publications entraînait la nullité du mariage (1). Mais bientôt reculant
devant cette rigueur, par une transaction, on distingua
entre les mariages des majeurs et ceux des mineurs, les
seconds devenant seuls nuls (comme clandestins) quand le
défaut de publications avait été pour cacher le refus de consentement des parents du mineur.

« On a changé cette jurisprudence peu de temps après
et l'on a prétendu que la nullité prononcée par l'Ordon-

---

(1) Arrêt du Parlement de Paris, 1584. (Louet, *Lettre* M, n° 6) suivi de
beaucoup d'autres en ce sens.

nance de Blois (1) contre les mariages faits sauf cette
solennité ne regarde que les mariages des enfants de famille, qui sont en la puissance des pères, mères, tuteurs
ou curateurs. C'est une opinion commune que l'Ordonnance de 1639, article 1, lui donne cette interprétation et
même c'est un sentiment reçu dans les cours même séculières que si le mariage des enfants de famille avait été
célébré du consentement de leurs parents, le défaut de publication de bans n'y serait pas considéré comme une nullité, parce que l'esprit de l'ordonnance est d'apporter des
précautions afin que les enfants de famille ne puissent pas
contracter mariage sans le consentement de leurs parents (2) ».

Ce fut là, comme on l'a remarqué, une des façons dont
on obtint cette annulation du mariage des mineurs que le
Concile de Trente avait refusé, avec tant d'opiniâtreté, de
prononcer.

Il n'y avait donc nullité que lorsqu'il s'agissait de mariages de mineurs: dans tous les autres cas, l'empêchement
n'était que prohibitif. Il n'était pas pour cela dépouillé de
tout effet, car, nous le verrons, le prêtre qui, dorénavant,
devait présider à la célébration du mariage était tenu de
refuser son ministère, toutes les fois, en général, qu'il connaissait l'existence d'un empêchement prohibitif, et ici, en
particulier, s'il procédait à la célébration du mariage sans
s'être fait représenter ou le certificat de proclamations de
bans donné par ceux qui avaient dû les publier, ou la dispense de bans accordée par l'Evêque ou son grand vicaire,

(1) Inexact, cf. *suprà* le texte, cité tout au long, de l'art. 40.
(2) *Mémoires du Clergé de France*, V, col. 1119.

il pouvait être poursuivi tant devant son official que devant le juge laïque, pour être condamné à des peines canoniques et civiles (Cpr. art. 68, C. civ.).

Telle fut la base sur laquelle s'édifia l'opposition, cette institution que nous avons vue précédemment naître à l'ombre de l'Évangile et que nous allons suivre maintenant dans sa lente transformation.

J'ai signalé la caractéristique du système canonique de la *denunciatio* : c'était l'obligation morale *pour tous* de dénoncer, et la possibilité de l'anonymat pour le dénonciateur. Pour des causes assez naturelles, on aboutit à un second système qui était précisément le contre-pied de celui-là: non seulement le droit de faire opposition fut réservé à quelques-uns seulement, mais encore ces ayants droit furent responsables de l'obstruction qu'ils faisaient, en ce sens qu'ils durent soutenir devant les tribunaux le bien fondé de leur intervention. On sépara donc nettement la *denunciatio* de l'opposition, les deux institutions continuant toutefois de fonctionner côte à côte, comme de nos jours où l'on distingue, en la matière, la dénonciation, avis simplement *officieux* donné à l'officier de l'état civil, de l'opposition, voie *officielle* et légale ouverte à certaines personnes limitativement déterminées (Cf. *infra*).

« Révéler un empêchement dirimant (ajoutons : ou prohibitif) qu'on sait être entre deux époux, disent les Conférences de Paris (1), et s'opposer à leur mariage, sont deux choses bien différentes. La révélation d'un empêchement

_____

(1) I, p. 269.

8

dirimant est une simple déclaration qu'on fait de vive voix ou par écrit, sans aucune formalité de justice. Il y a des personnes qui la font sans se faire connaître ; il y en a d'autres qui se contentent d'indiquer les preuves et indices qu'on en peut avoir..... L'opposition se fait par un acte juridique, l'opposant la signe et se déclare partie opposante à ce mariage. » Cela se continue par un procès en bonne et due forme devant l'officialité, procès où l'opposant est nécessairement partie.

Ce système se dégagea vers le XVᵉ siècle. En présence du grand nombre d'oppositions faites simplement « par malice » (comme on disait alors) le besoin se fit sentir de restreindre cette faculté dont l'exercice intempestif et malveillant pouvait avoir des conséquences si fâcheuses pour les futurs époux. — Mais la tradition était contraire à cette évolution, aussi ce ne fut que par un long travail qu'on arriva à écarter les précédents.

Les docteurs avaient nettement conscience que l'on ne pouvait ainsi permettre au premier venu de mettre obstacle, par pure méchanceté, au mariage de deux personnes. C'était si vrai que l'*interdictum* destiné à cesser l'empêchement n'était pas accordé sans de justes motifs. — Donc la restriction s'imposait. Restait à en donner la justification. On la trouva dans une institution voisine, les fiançailles. On remarqua que chaque fiancé avait, contre l'autre fiancé qui aurait voulu, au mépris de la foi jurée, se marier par ailleurs, le droit, d'une part, de le dénoncer à l'Eglise et de demander contre lui un *interdictum*, et d'autre part, d'agir en justice pour le contraindre à tenir ses engagements. On expliqua cette double faculté qu'avait le fiancé en disant qu'il la tenait de l'engagement contracté mutuellement, et, de là, généralisant, on en conclut que désormais on ne devrait ouvrir la voie officielle qu'à ceux qui auraient un *droit* à faire valoir contre le futur époux, droit qui, sinon, serait violé par la célébration du mariage. Et ainsi était dégagé le grand principe moderne de l'opposition, instituée seulement dans le but de protéger un droit préexistant chez l'opposant. — Telle était déjà la conception ancienne : et s'il est vrai qu'au début on ne paraît pas avoir circonscrit le cercle des ayants droit, du moins, par la suite, il le fut singulièrement : C'est ainsi qu'on voit dans Pothier (n° 81) que cette voie n'était guère ouverte qu'à l'époux d'une union encore existante, qu'au fiancé délaissé, et enfin aux parents (père, mère, tuteur ou curateur) « prétendant avoir droit d'empêcher le mariage de l'une des parties. »

Pour terminer, disons quelles formes on suivait pour faire opposition et quelle était la sanction de cet empêchement : L'opposition était signifiée par voie d'huissier ou de sergent, au curé qui avait publié les bans et qui devait surseoir au mariage jusqu'à ce qu'il eût été donné mainlevée ou par l'opposant ou par le juge (1). On pouvait interjeter appel de la main-levée et le curé devait encore surseoir. — S'il passait outre, il pouvait être puni par le juge d'Eglise d'une suspense de trois ans et condamné par le juge séculier à des dommages-intérêts (Cpr. art. 68, C. civ.). — Mais, alors pas plus qu'aujourd'hui, le mariage n'était annulé.

(1) Le juge ecclésiastique, quand il s'agissait de fiançailles, ou de mariage encore existant, — le juge séculier, dans les autres cas, notamment quand l'opposition provenait des parents.

*
* *

Nous verrons qu'en matière de publicité de mariage le
droit moderne n'a rien innové et s'est borné à transporter
purement et simplement les formalités ecclésiastiques dans
l'ordre civil, en les transposant, c'est-à-dire en remplaçant
l'Eglise par la mairie.

Le législateur a cru qu'il suffisait de séculariser ainsi le
système pour qu'il continuât de bien fonctionner. Mais cela
a été une erreur : ce système était basé sur la nécessité ou
étaient les chrétiens de se réunir à certains jours dans
l'Eglise : quand le prêtre faisait alors des proclamations de
bans, il avait chance d'être entendu par la majorité au
moins des habitants de la paroisse.

Pour l'Etat séculier, la mairie ayant remplacé l'Eglise,
on a décidé que ces publications se feraient à la porte de
la maison commune. *Mais rien n'attire en cet endroit les
citoyens*. Si bien, qu'aujourd'hui, faute d'auditeurs, on ne
proclame plus rien et qu'on se contente de dresser acte de
la déclaration des futurs époux qu'ils comptent se marier
prochainement, et d'en afficher un extrait à la porte de la
maison commune.

La publicité qui résulte de ce système est donc absolument insuffisante : jadis on était averti presque malgré soi,
aujourd'hui, pour l'être, il faut aller aux renseignements.

*
* *
*

CHAPITRE III

Incorruptio facit esse proximum Deo
Sap. VI, 20.

Les Anciens ont toujours eu le culte de la virginité. Ils en faisaient le symbole de la pureté (1).

Avec le christianisme, le point de vue change : de symbole radieux et éphémère, la pureté de la vierge n'est plus que de la continence, et comme telle, devient une fin, un but à atteindre, car elle représente maintenant l'état parfait par excellence.

Comment en était-on arrivé là ? C'est ce que je vais essayer de montrer ; mais parce que cette conception fut la phase dernière de l'évolution de la théorie de l'Église sur l'union de l'homme et de la femme, force nous est de commencer par exposer très brièvement celle-ci.

(1) A ce titre, la vierge constituait l'offrande chère entre toutes aux dieux : et de fait, quelquefois on l'immolait comme victime suprêmement expiatoire. Pour conjurer les fléaux, pour apaiser les monstres qui parfois dévastaient les campagnes, — à bout d'expédients, on sacrifiait quelque vierge, dans l'espoir que les dieux ou le monstre ne pourraient demeurer insensibles à une pareille offrande. — L'histoire primitive est pleine de ces légendes (que l'on voit reparaître aux époques chevaleresques du moyen-âge).

Un rôle moins périlleux mais aussi illustre était encore réservé aux vierges : c'était de servir d'intermédiaire entre l'homme et la Divinité : elles seules étaient jugées dignes d'être en rapport avec les Dieux, et parfois d'être consacrées au service de leurs autels. On sait quels honneurs leur étaient alors rendus.

Pour diverses bonnes raisons les Pères de l'Église en étaient arrivés à cette conclusion que « non est uxor ducenda sapienti. » (1)

Mais c'était aller contre le vœu le plus impérieux de la nature : appliquer ce système, c'était tarir le genre humain en sa source. Ce qu'on ne pouvait empêcher, on le toléra donc, — en y apportant toutefois le plus d'entraves possibles. Mais comment présenter la chose au peuple ? les considérations philosophiques n'étaient pas pour le toucher : alors le christianisme fit, de l'œuvre de chair, *un péché.*

De cette conception devait découler toute une série de conséquences :

Et d'abord, puisque, à moins de voir le monde disparaître, on est bien obligé d'admettre l'union de l'homme et de la femme, comme une sorte de « mal nécessaire », on autorisera « l'œuvre de chair » — mais « en mariage seulement ». Et même dans le mariage, elle n'ira pas sans une certaine dose de péché (2).

De cette idée il résultera que momentanément l'homme

---

(1) « Qui carni deditus est terræque affixus, nec magnum atque excelsum quidpiam animo concipere unquam potest ». Chrysost. *De non iterando conjugio*, 1, p. 429 (éd. Gaume). — « Qui sine uxore est sollicitus est quæ Domini sunt, quomodo placeat Deo, — Qui autem cum uxore est, sollicitus est quæ sunt mundi, quomodo placeat uxori et divisus est. — Et mulier innupta et virgo, cogitat quæ Domini sunt, ut sit sancta corpore et spiritu. Quæ autem nupta est cogitat quæ sunt mundi quomodo placeat viro ». B. Paul. I. *Cor.* 32-34.

(2) Pierre Lombard, *Sent*, lib. IV, D. XXXI, F. « Quando enim, servata fide tori, causa prolis conjuges conveniunt, sic excusatus coitus ut culpam non habeat ». *Adde* c. VII, C. XXXIII, q. 4, (lettre attribuée à Grégoire Ier) et la glose sur ce texte, v° *voluptate* : « Et ita coitus non potest fieri sine peccato. Hic applaudit sibi Hugutio et sumit opinionem quod nunquam opus conjugale sine peccato potest exerceri, unde etiam qui debitum reddit peccat venialiter ».

ne pourra s'approcher des autels, ni même prier (1). Et
comme, à certaines époques, la prière est obligatoire, à ces
moments l'homme devra s'abstenir de sa femme. Ce sera
aux temps de jeûne et d'abstinence (2) ou à certaines grandes fêtes : la *copula carnalis* étant interdite, le mariage ne
pourra pas être non plus célébré. Ce sera l'empêchement
dit du *Tempus feriarum*.

Puisque, pour se livrer à la prière, il faut être pur, le
prêtre, dont c'est l'occupation journalière, devra se sur-
veiller plus que les simples fidèles ; déjà Moïse l'avait dit :
« Dic ad filios Aaron et ad posteros eorum : Omnis homo
qui accesserit de stirpe vestra ad ea quæ consecrata sunt,
et quæ obtulerunt filii Israël Domino, in quo immunditia
erit, peribit coram Domino » (3). C'est de là que découlera
plus tard l'obligation perpétuelle de chasteté.

Le couronnement de cette théorie fut l'exaltation de la
virginité et de la continence (4). Cette conception essentiellement chrétienne trouva son origine dans ces paroles du
Christ :

« Sunt enim eunuchi, qui de matris utero, sic nati sunt ;
et sunt eunuchi qui facti sunt ab hominibus ; *et sunt eunuchi qui seipsos castraverunt propter regnum cœlorum.* Qui
potest capere, capiat (5) ».

---

(1) c. 1, C. XXXIII, q. 4.
(2) Cpr. c. vi. C. XXXIII, q. 4.
(3) *Lev.* XXII, 3.
(4) « Licet ergo nubere, sed pulchrius est abstinere ». Amb., *de Viduitate* ; — « Qui se non continent nubant » B. Paul. — « Dico autem non
nuptis et viduis : bonum est illis si sic permaneant, sicut et ego ». B. Aug.
De bona vid.; — « Beatior autem erit si sic permanserit », B. Paul. 1 *Cor.*,
VII, 8, 40 ; « Incorruptio facit esse proximum Deo ». *Sap.* VI, 20.
(5) Matth. XIX, 12.

On entendit ces paroles au sens que nous leur donnons, et les premiers chrétiens, toujours en quête de mortifications nouvelles, accueillirent celle-là avec l'enthousiasme de néophytes. — De toutes parts se fondèrent des monastères où, après avoir renoncé au monde, on venait se consacrer au seigneur et vivre en état de chasteté. Les femmes pouvaient même, sans sortir du siècle, se fiancer au Christ. Ce furent les « sanctimoniales virgines, viduæ Deo sacratæ, dicatæ (1) ». — Les gens mariés eux-mêmes, d'un commun accord, faisaient vœu de continence.

Enfin, le dernier avatar de cette théorie, mais non le moins original, fut de faire de la continence, cette mortification chère au Seigneur, une punition absolument appropriée à certains crimes, les crimes de la chair. Le célibat ou la continence dans le mariage seront ordonnés à titre de peine civile pour frapper, comme une sorte de talion, ceux qui auront profané le mariage ou abusé de la chair. Et ainsi on obtiendra, à la fois, la punition du coupable et son amendement. Cette punition sera temporaire ou perpétuelle suivant les circonstances et même, quand les coupables seront des jeunes gens, la crainte de les voir outrepasser la défense fera l'Eglise la rapporter d'elle-même.

.°.

Tempus feriarum.

En vertu « d'une discipline dont on ne voit pas le commencement, dit Pothier, et qui remonte vraisemblablement aux temps apostoliques », il était interdit, dans l'an-

(1) Cf. le chapitre qui leur est consacré, p. 131.

cien droit, de célébrer les mariages durant certaines périodes de l'année consacrées à la pénitence. Nous avons indiqué la raison d'être de cette discipline.

Le premier monument qui en fasse mention est le canon 52 du concile de Laodicée (368) : « Non oportet in quadragesima aut nuptias vel quælibet natalia celebrare.» Par la suite, les traces de cette coutume abondent. Il en est question dans la réponse de Nicolas aux Bulgares (1) et un canon, attribué à un concile d'Ilerda, va même jusqu'à étendre la prohibition : « Non oportet septuagesima usque in octavas Paschæ et tribus hebdomadibus ante festivitatem sancti Joannis Baptistæ et abventu Domini usque post Epiphaniam nuptias celebrare. Quod si factum fuerit, separentur » (2). L'addition de la fête de St Jean Baptiste provient de ce que cette fête était précédée d'un temps de jeûne.

C'est donc bien qu'on ne peut se purifier par le jeûne et la prière sans garder la continence : or de nouveaux mariés auront beaucoup de peine à y arriver : on préfère leur enlever l'occasion de succomber. La sanction de cet empêchement se ressentit des idées qui l'avaient dicté : d'abord, contrairement à la coutume, on n'entendit jamais le « *separentur* » d'Ilerda que comme une séparation temporaire, à titre de peine. Puis l'on se demanda si ce n'étaient pas seulement les réjouissances accompagnant le mariage et sa consommation qu'on devait interdire et non sa seule célébration : « In summa notandum est quod tempore feriarum non interdicitur contractus matrimonii quod solo

(1) c. xi, C. XXXIII, Q. 4.
(2) c. x, C. XXXIII, Q. 4.

consensu contrahitur..., sed interdicitur solemnitas nuptialis : interdicitur et traductio solemnis. Addit frater Raymundus in sua summa de copula carnali forte inhærens canonibus dicentibus quod *tempore orationis non debet quis cognoscere uxorem suam* (1) ».

La controverse n'avait pas grande importance quand le mariage se concluait par le seul consentement. Mais elle en prit dès que les mariages clandestins furent prohibés. Qu'allait devenir l'*impedimentum* maintenant que l'Église intervenait à la célébration du mariage? le prêtre fermerait-il les yeux et bénirait-il les époux malgré l'antique défense? ce n'était guère possible : en effet il ne pouvait pas protester de sa bonne foi comme dans les autres cas puisque ce n'étaient pas certains mariages seulement qu'on interdisait alors, mais *tous*.

D'autre part, il était imprudent de mettre obstacle aux bonnes volontés pendant si longtemps, un tiers de l'année : « Daretur enim ansa tunc admittendi plurima carnis peccata cum non possint homines tunc matrimonio copulari, quod in concupiscentiæ remedium est introductum ».

Aussi arriva-t-on à tout concilier : Tout d'abord, on réduisit sensiblement la durée de l'interdiction: elle n'allait plus que de l'Avent à l'Epiphanie et du mercredi des Cendres à l'octave de Pâques (2) — Puis, on déclara que selon l'antique usage (nous avons dit qu'il était controversé), la prohibition, dont la durée était ainsi diminuée, ne viserait que les réjouissances. — Enfin, ajoutons que des dispenses

(1) Godofredus, *Summa*, p. 188.
(2) Sess. **XXIX**, *De reform. matr.*

pouvaient en être accordées : au sentiment de Pothier, elles l'étaient même trop facilement.

Le croirait-on ? malgré toutes ces facilités, les époux passaient outre et se mariaient sans seulement demander de dispense. L'Eglise fermait prudemment les yeux par crainte de voir tomber les fidèles dans la *fornicatio* : « Passim enim his temporibus matrimonia ineuntur conniventibus prælatis, nec punientibus parachos qui intersunt..... » (1). Et ainsi, l'Eglise, de plusieurs maux, regardait comme le moindre, le mépris de ses lois.

Ordo sacer.

> « Le prêtre est plus qu'un homme ; marié,
> ce n'est plus qu'un homme »
> Michelet, *Hist. de France*, II, p. 168.

Du principe exposé dans l'Introduction devait découler comme conséquence, la continence, la chasteté du prêtre. Si le simple fidèle devait, pour se livrer aux pratiques religieuses, être pur, de quelle exigence ne pouvait-on pas se montrer vis-à-vis du prêtre, dont la vie devait s'écouler en prière.

Et cependant, le principe était si contraire à la nature des choses, il en était une telle violation, que l'on ne songea pas tout d'abord à l'appliquer avec toute sa portée. — Je sais qu'on l'a nié bien souvent : mais, les textes sont là qui le prouvent, il fut un temps où *le prêtre se mariait*. Je ne dis pas que ce fût toujours absolument licite, non : mais l'ordination ne valait alors que comme empêchement prohi-

---

(1) Sanchez, *De sacr. matr.*

bitif de mariage, ce qui montre bien le peu d'importance
qu'on attachait alors à la question. Le prêtre en était quitte
pour se conformer à la règle générale et n'approcher des
autels qu'en état de pureté. — Par la suite, le principe de
continence continuant à rayonner et à pénétrer de plus en
plus dans les masses, on imagina une sanction spéciale à
l'empêchement prohibitif : toujours sans dissoudre le mariage, on invitait le prêtre à ne pas user de sa femme. Mais
il parait que cette défense restait le plus souvent sans effet : quand l'autorité ecclésiastique en avait la preuve, elle
punissait le coupable soit en s'opposant à son avancement,
soit en le déposant de ses fonctions, soit même en le reje-
tant du sein de l'Eglise. — A la fin, ces sanctions demeurant vaines encore, devant le flot montant de la corruption, on recourut à la mesure radicale, et on déclara l'*ordo sacer* empêchement dirimant de mariage.

C'est au XIIe siècle seulement qu'on établit cette règle ;
aussi est-ce un usage chez certains polémistes de passer
sous silence les deux premiers siècles pour arriver de suite
aux conciles de Latran et de Trente. Nous ne pouvons les
imiter. Et parce que la question n'a pas perdu de son intérêt au point de vue historique, nous insisterons sur ses
prolégomènes avant d'arriver à sa fixation au Concile de
Trente. Cet exposé canonique une fois terminé, nous pour-
rons alors nous demander, dans la IIIe partie de cet Essai,
quelles dispositions restent encore en vigueur aujourd'hui
de cette législation sur le mariage du prêtre.

« Dic ad filios Aaron et ad posteros eorum : Omnis homo

qui accesserit de stirpe vestra ad ea quæ consecrata sunt,
et quæ obtulerunt filii Israël Domino, in quo est immunditia peribit coram Domino ». *Lev.* XXII, 3.

Moïse, conformément au principe des religions, recom-
mandait la pureté aux Lévites : quant au célibat, il ne pouvait en être question, puisque, le sacerdoce étant réservé
aux seuls descendants d'Aaron, leur interdir de se marier
eût été en éteindre la race.

Le christianisme n'innova rien sur la loi juive : Jésus
recommanda bien, nous l'avons vu, la chasteté en général,
mais rien dans le Nouveau Testament n'est écrit pour interdire spécialement le mariage des prêtres ou *seulement
le désapprouver.* Il en était alors si peu question que nous
trouvons ces prescriptions de St. Paul à Timothée sur le
choix des évêques :

« Oportet episcopum irreprehensibilem esse, unius uxoris virum, sobrium, prudentem.....

..... filios habentem subditos cum omni castitate ». (I,
2, 4) A Tite, il écrit la même chose, au sujet des prêtres,
cette fois :

« Hujus rei gratia reliqui te Cretæ ut ea, quæ desunt,
corrigas et constituas per civitates presbyteros, sicut et ego
disposui tibi.

« Si quis sine crimine est, unius uxoris vir, filios habens
fideles, non in accusatione luxuriæ aut non subditos.

« Oportet enim episcopum sine crimine esse sicut Dei
dispensatorem..... » (I, 5, 6, 7).

Donc, aux débuts du christianisme, le mariage des prêtres était non seulement permis, mais encore regardé comme une preuve de bonnes mœurs.

Mais bientôt le sentiment chrétien, cette exaltation de la continence, exerça son influence. Si les gens mariés de_ vaient s'abstenir des relations sexuelles pour se livrer à la prière, à plus forte raison les ministres du sacerdoce devaient-ils être continents : c'est le raisonnement qu'on trouve dans les textes : « Si laicus et quicunque fidelis orare non potest nisi careat officio conjugali, sacerdoti, cui semper pro populo offerenda sunt sacrificia, semper orandum est : si semper orandum est, ergo semper matrimonio carendum ». — Telle fut la règle, voyons comment on l'appliqua.

Et d'abord, à qui s'adressait cette interdiction de se marier ? La série des ordres ecclésiastiques était, suivant une échelle ascendante : portier, lecteur, exorciste, acolyte, sous-diacre, diacre, prêtre, évêque. Or les constitutions que nous allons rapporter ne visèrent que les clercs des ordres supérieurs, c'est-à-dire les évêques, les prêtres, les diacres ; à la liste, les conciles ajoutèrent, après controverse, les sous-diacres.

Puis l'interdiction de mariage n'était pas absolue, dirimante : on admettait que la prohibition ne frappait que les clercs célibataires lors de leur ordination. S'ils étaient déjà mariés, on respectait pleinement leur mariage (1), mais, d'autre part, on ne leur permettait pas de continuer les relations conjugales (2). La règle pouvait donc se résu-

(1) Episcopus, vel presbyter, vel diaconus uxorem suam ne ejiciat, religionis prætextu ; sin autem ejecerit segregetur et si perseveret, deponatur (5ᵉ Canon apost., Labbe, I, p. 26). — *Adde* : c. xiv. D. XXVIII.
(2) Placuit in totum prohibere episcopis, presbyteris et diaconis vel omnibus clericis positis in ministerio abstinere se a conjugibus suis et non generare filios ; quicunque fecerit ab honore clericatus exterminetur (c. xxiii, Conc. d'Elvire, 306).

mer ainsi : à partir de l'ordination célibat ou continence.

Quelle en était la sanction ?

Pour le prêtre qui se mariait, c'était la déposition : « Ab ordine suo illum deponi debere » (1).

Etait-il déjà marié, quand il parvenait aux ordres supérieurs, il devait se comporter comme s'il n'avait pas de femme : « Oportet eos non dimittere uxorem et quasi non habeant sic habere, quo et salva sit charitas et cessent opera nuptiarum » (2). Et diverses mesures étaient prises pour s'en assurer : c'est ainsi qu'un Concile de Girone (Catalogne) de 517, exigeait la présence d'un frère de l'un ou l'autre époux comme témoin de leur continence (3).

Mais il paraît que les prêtres ne tenaient pas compte de la défense ; le plus souvent alors on les déposait. C'est ce que nous avons vu dans le canon xxx déjà cité du Concile d'Elvire (305) (Cf. note 3). La même sanction est édictée par le Concile d'Arles (314) en son canon xxix (4). Mais quelquefois on se contentait simplement de leur interdire l'accès des grades supérieurs : « Hi qui in ministerio filios genuerunt ne ad majores gradus ordinum permittantur synodi decrevit auctoritas », c'est ce que déclarait le concile de Turin (398) en son canon viii (5).

De toutes façons, le mariage subsistait donc ; une constitution de l'empereur Honorius, de l'année 420, reprodui-

---

(1) c. ix, D. XXXVIII.

(2) c. x, D. XXXI.

(3) Labbe (IV, p. 1568). Cf. c. iii du 2ᵉ Conc. d'Arles, (452), Labbe (IV, 1011).

(4) Bruns, p. III. — *Adde* : Decret S. Syrice, c. vii, (Labbe, II, p. 1019 — et une Epitre du même (Labbe, II, 1029).

(5) c. viii (Labbe, II, 1157) *Adde* : Concile de Tours (460) c. ii, Bruns, p. 140.

te dans la *Lex romana wisigothorum*, ordonne au clerc de
subvenir à l'entretien de sa femme. Et au cours du VI⁰ siècle, c'était chose normale en Gaule que le prêtre et l'évêque fussent mariés et vécussent avec leur femme dans la
même maison, pourvu qu'ils fissent chambre à part...,
« ut non habeant communem lectum et cellulam, ne propter suspicionem carnalis consortii religio maculetur (1) ».

Il ne nous appartient pas de rechercher les résultats que
devait amener au cours des siècles une pareille discipline :
cette tolérance a-t-elle dégénéré en licence et le prêtre put-
il à partir du IX⁰ siècle, librement se marier ? On l'a soutenu, on l'a nié. Peu nous importe à nous : pour rester
dans le cadre de notre sujet, il nous suffit de dépouiller
les textes. Or ils déclarent bien qu'il y a un empêchement à
son mariage, mais un empêchement simplement prohibitif.

La campagne entreprise « *contra clericos intemperan-
tes* » par les papes et notamment Grégoire VII, ne changea rien à l'état du droit tel que nous l'avons exposé. Il
n'était question, même alors, que d'appliquer les règles anciennes, c'est-à-dire de prononcer la déposition des prêtres
qui ne voulaient pas se passer de leurs femmes : « Quod
si quis eorum ordinum qui sacris altaribus administrant,
presbyter, scilicet, diaconus et subdiaconus uxorem vel
concubinam habet, nisi illis omnino dimissis, dignam pœnitentiam agant, sacris altaribus penitus administrare de-
sistant, nec aliquo Ecclesia beneficio ulterius potiantur sive potitis fruantur (2) ».

(1) II⁰ Conc. d'Arles, c. xvii (Bruns, p. 204).
(2) Monumenta Gregoriana, II, 62, 67.

La preuve que jusque là le mariage n'était pas rompu est dans cette lettre d'Ives, de Chartres, en réponse à Gualo, évêque de Paris, qui l'avait consulté à propos du mariage récent d'un chanoine de son église : « Consilium quod mihi ipsi darem, si aliquem de commissis mihi fratribus uxoria compede adstrictum deprehenderem, tutum esse intelligo : videlicet ut sacramentum conjugii maneat, clericus vero qui posposita clericali continentia, de superiori ordine ad inferiorem descendit stipendia militiæ clericalis amittat » (1).

Mais à partir du XII⁰ siècle s'opéra un revirement dans la doctrine, et désormais on vit dans *l'ordo sacer* un empêchement dirimant de mariage. Déjà on trouve en ce sens un *caput incertum* inséré par Gratien dans sa *Concordia* et à qui il attribuait cette portée. Mais le monument le plus sûr est la décrétale d'Innocent II, promulguant la décision prise sur la matière par le 2ᵉ concile de Latran (1139) : « Statuimus quatenus episcopi, presbyteri, diaconi, subdiaconi... qui sanctum transgredientes propositum, uxores sibi copulare præsumpserint, separentur. Hujusmodi namque copulationem, quam contra ecclesiasticam regulam constat esse contractam, matrimonium non esse censemus » (2). Deux décrétales d'Alexandre III (1159-81) donnèrent à la théorie sa consécration définitive (3) et quand se réunira au XVIᵉ siècle le concile de Trente, il ne fera que confirmer dans son canon « *si quis dixerit clericos* » une loi vieille déjà de plusieurs siècles.

(1) Ep. CCXVIII, p. 379.
(2) c. XL. C. XXVII, Q. 1.
(3) c. I et IV. X. III, 3.

9

Restait cependant à justifier la règle nouvelle. Il paraît qu'on éprouva quelques difficultés à ce sujet. Toujours est-il qu'on y arriva en profitant de l'évolution alors accomplie dans la théorie du *votum*. — Nous dirons ultérieurement comment le *votum*, à condition d'être *solemne*, avait fini par constituer un empêchement dirimant de mariage. — On fit tout simplement rentrer l'empêchement nouveau dans celui du *votum*. — A cela il y avait deux objections : c'est que le prêtre dans l'ordination ne prononçait pas de vœu de chasteté ; — par conséquent, ce vœu n'existant pas, était encore moins solennel.

On tourna la difficulté en disant que ce vœu s'impliquait forcément de la réception d'un ordre dans lequel l'Eglise interdisait le mariage — et on le déclara *solemne* en raison des solennités qui accompagnaient la collation des ordres majeurs.

« C'était fait du christianisme, si l'Eglise, amollie et *prosaïsée* dans le mariage, se matérialisait dans les soins de la famille. » Michelet.

Voilà ce qui empêchait de se montrer difficile sur les moyens à employer pour défendre absolument le mariage aux prêtres

⁎

Le Votum.

> « Les vœux solennels de religion forment dans le
> « religieux profès un empêchement dirimant de ma-
> « riage qui le rend absolument incapable de contrac-
> « ter aucun mariage. Cet empêchement dirimant est
> « de discipline ecclésiastique et il n'a pas toujours
> « été dirimant.
>
> « Il est vrai que e mariage la toujours été défendu
> « dans l'Eglise aux personnes consacrées à Dieu par
> « des vœux ; mais cette défense ne formait qu'un em-
> « pêchement purement prohibitif : ni la puissance
> « séculière ni l'Eglise, pendant plusieurs siècles n'en
> « avaient fait un empêchement dirimant ».
>
> Pothier, *du Contrat de mariage*, n° 108.

Au début, le vœu de chasteté, quel qu'il fût, ne constituait qu'un empêchement prohibitif. Plus tard, pour cor-
ser l'empêchement, on distingua le vœu solennel du vœu
simple, le premier devenant dirimant, le second continuant
à n'avoir que sa portée restreinte de jadis. — Voyons donc
les étapes de cette évolution.

Dans les premiers temps du christianisme, des femmes
comme des hommes, faisaient des vœux de chasteté ; mais,
tandis que de bonne heure des couvents de religieux s'élevèrent un peu partout, facilitant ainsi l'observation de
la discipline, ce n'est que beaucoup plus tard que les communautés de religieuses se fondèrent ; et, parce que ce
développement fut séparé et non parallèle, peut-être vau-
dra-t-il mieux le suivre séparément aussi.

A. *Sanctimonialis virgo*

> « Est sponsa Christi et sacrum cas
> « Domino dedicatum ».
>
> B. Bazil.

« Si quis, non dicam rapere sed vel adtentare tantum

matrimonii jungendi causa sacratas virgines vel viduas
volentes vel invitas ausus fuerit, capitali sententia ferie-
tur (1) ». — Quelles étaient ces vierges dont parle l'Empereur Jovien et qu'il protégeait avec tant d'ardeur ? —
c'étaient des vierges qui avaient fait vœu de chasteté, vœu
solennellement reçu par l'évêque qui leur donnait un voile
(flammeum) et les inscrivait sur les registres des Églises (2).
C'étaient « les fiancées du Christ ». — A côté d'elles, il y
avait les diaconesses ou veuves qui avaient fait vœu de
viduité (3). De grands honneurs leur étaient rendus : elles
étaient associées au service de l'Église. D'importantes fonctions leur étaient confiées : elles répandaient la doctrine
évangélique dans les familles païennes ; instruisaient les
jeunes personnes, se chargeaient du soin des pauvres et
des malades de leur sexe et allaient dans les prisons, en
temps de persécution, pour relever le courage des détenus.

Toutes ces femmes n'étaient point astreintes à quitter
les habits laïques ni à vivre dans les cloîtres ; lors des
fondations nombreuses de monastères, elles en profitèrent ;
mais celles qui ne voulurent point y entrer purent continuer à vivre dans le siècle et cela fut admis jusqu'au XII°
siècle, (époque approximative de leur disparition) (4). Ce
sont ces femmes que les textes désignent sous les noms de

(1) L. 2, C. Th. IX, 25.
(2) Zhisman, p. 485.
(3) B. August. *De bono viduitatis* ; B. Ambro., *de viduitate*.
(4) « Ut virgines sacræ, cum parentibus a quibus custodiebantur pri-
vatæ fuerint, in monasterio virginum, vel gravioribus feminis commen-
dentur. (Conc. de Carthage, c. xxiii Labb. II, p. 1171). — Conc. de Paris (614) c. vii = c. vii, c. XXXVII, q. 1 ; — Conc. Rome (826) c. xxxix =
c. xxxi C. XXVI, q. 1 ; — Conc. de Latran (1129), cc. xxvi, xxvii = c. xxv
C. XVIII, q. 2.

sanctimoniales, virgines, ou *viduæ Deo sacratæ, dicatæ*. »

L'Eglise, d'ailleurs, pour consentir à recevoir un semblable vœu de chasteté, exigeait un certain âge chez la femme, âge qui varia selon les temps ou le milieu (1).

Du temps de St Cyprien, ces vierges formaient déjà un corps distinct des autres fidèles, sorte de collège d'élite (2), si vénéré que, plus tard, l'impératrice Hélène, suivant Socrate (3), voulut servir de ses propres mains les vierges inscrites dans les dyptiques de l'église, à Rome.

Quelle était la portée d'un pareil vœu, et quelles peines en entraînait la violation? — Au point de vue ecclésiastique, les documents témoignent, pour les débuts, d'une certaine tolérance à l'égard des vierges qui, au mépris de leur vœu de chasteté, contractaient mariage : « Quod si ex fide se Christo dicaverunt, judicæ et castæ sine nulla fabula perseverent et ita fortes et stabiles præmium virginitatis expectent. Si autem perseverare nolunt vel non possunt, melius est ut nubant quam in ignem delictis suis cadant. » St Cyprien (4). — Le pape Innocent I, consulté par Victrice, évêque de Rouen, lui répond : « Quæ Christo spiritualiter nupserunt, velari a sacerdote meruerunt, si

_____

(1) Vidua eligatur non minus sexaginta annorum, quæ fuerit unius viri uxor (S. Paul, I *Tim.* V. 9).

(2) S. Cyprien, *De habitu virginum*.

(3) « Virgines etiam quæ inscriptæ erant in ecclesiarum canone ad epulas invitaret, ipsa illis ministraret, obsonia mensæ apponeret. » Socrate, *Hist. eccles.* 1, 17. — Le nombre des *sanctimoniales* augmente chaque jour : « Hæc ecclesia (d'Antioche)... cogita tecum quot viduis, quot virginibus quotidie succurrat : jam enim numerus eorum in catalogo ad tria millia pervenit » (St Crysosth, *homil.* 67 *in Matth*, VI, p. 658. — « Extant infinita numerumque excedentia istiusmodi philosophiæ (virginitatis) gymnasia non in regione tantum sed per totum etiam Orientem... »_(Theodoret, *Religios. hist.* c. 30.)

(4) *Epist. ad Pomp.* c. II.

postea vel publice nupserint, vel se clanculo corruperint,
non eas admittendas esse ad pœnitentiam agendam nisi is
cui se junxerant, decesserit. » On assimile ces parjures à
des adultères et on leur en applique les peines (1). Mais
St. Augustin n'est pas partisan de cette façon de considérer les choses, elle est trop pernicieuse : « Fit autem per
hanc minus consideratam opinionem (qua putant lapsarum
a sancto proposito feminarum, si nupserint, non esse conjugia) non parvum malum ; ut a maritis separentur uxores quasi adulteræ sint, non uxores ; et cum volunt illas
separatas reddere continentiæ, faciunt maritos eorum adul-
teros veros, cum, suis uxoribus vivis, alteras duxerint » (2).
Voici ce qu'il propose : « Non ipsæ nuptiæ vel talium
damnandæ judicantur ; sed damnatur propositi fraus, damnatur fracta voti fides quia continentiæ primam fidem ir-
ritam fecerunt » (3).

Mais par ailleurs on se montre plus sévère : aux décisions des Conciles succèdent les Décrétales des Papes frappant de la peine de l'excommunication la violation du vœu :
« Si quæ virgo se dedicavit Deo, similiter monachus, non

_____

(1) Quæ virginitatem professa, a voto suo ac professione lapsa est, pec-
cati adulterii tempus in suæ vitæ dispensatione complebit (S. Bazile, c. LC,
Labb. II, p. 1350). Virgo si post promissam virginitatem se violari sive-
rit, facinus adulterio gravius perpetravit (S. Chrysosth. De non iter.
conj. I, p. 431). — Virgines quæ se Deo dicaverint, si pactum perdide-
rint virginitatis, atque eidem libidini servierint, non intelligentes quid
admiserint placuit, nec in fine eis dandam esse communionem. Quod si
semel persuasæ, aut infirmi corporis lapsæ vitiatæ, omni tempore vitæ
suæ hujusmodi feminæ egerint pœnitentiam ut abstineant se a coitu, eo
quod lapsæ potius videantur, placuit, eas in fine communionem accipere
debere. (Conc. d'Elvire, c XIII, Labb. I, p. 972).
(2) c. LI, § 5, C. XXVII, q. 1.
(3) De bono viduit, VI, p. 375.

licet eis nuptiis jungi ; si vero inventi fuerint hæc facien-
tes, maneant excommunicati ; statuimus vero eis posse
fieri humanitatem, si ita probaverit episcopus loci » (1).
C'est à ce moment de répression sévère que correspondent
dans l'ordre séculier les mesures prises par Jovien dont
nous avons cité déjà la constitution.

L'excommunication, à cette époque, correspondait à
une annulation du mariage ; c'était la sanction d'un empêchement dirimant (2).

Les collèges des sanctimoniales ne devaient pas tarder
à disparaître : on ne rivalise ainsi de zèle qu'au début des
religions ; il vient un temps où l'enthousiasme se refroi-
dit. C'est ce qui arriva. Mais si l'institution disparut, les
règles qui l'avaient gouvernée demeurèrent et formèrent
comme nous l'allons voir, ci-après, un corps de doctrine.

B. *Le Moine*

« A l'origine, le simple moine est laïque, s'il n'est pas
entré dans les ordres..... Mais peu à peu l'état monacal devient un état *sui generis* bien distinct de la cléricature et
de la laïcité, de telle sorte que le moine qui n'est pas clerc
ne peut plus être qualifié de laïque, il n'est ni clerc, ni laïque : il est moine. » Viollet.

C'est cette distinction qu'il était bon de faire tout d'abord

---

(1) Conc. de Chalcéd (451) c. xvi — Conc. Elib. (306) = c. xxv, C.
XXVIII, q. 1. ; Conc. de Carthage (398) c. iv, Labb. II, p. 1208.

(2) Décrétale de Gélase : Hi ergo qui sanctimonialibus scientes matrimonio ad injuriam Christi copulati sunt, juxta censuram zeli christiani separentur et nunquam eis concedatur conjugali vinculo relegari, sed in pœnitentiæ lamentis se vehementer, dum vivunt, afficiant (c. xiii, C. XXVII,
q. 1).

sentir, cette distinction entre le clerc et le moine. Tandis
que le clerc était contraint à la chasteté en vertu de l'*ordo*,
le moine s'y soumettait par état, si j'ose ainsi dire; ce n'est
que beaucuup plus tard que la *professio* contint le vœu
de chasteté.

C'était donc la condition du moine qui lui imposait cette
continence (avant qu'il n'en fît solennellement le vœu) et
lui interdisait tout mariage. Mais quelle était la nature de
cet empêchement, c'est ce qui nous reste à dire : toutefois,
les détails que nous avons longuement donnés dans le précédent paragraphe nous permettront d'être très bref ici ;
car les deux institutions n'en formant vraiment qu'une, le
monachisme, se développèrent parallèlement et les textes
sont nombreux au décret qui visent à la fois la *monacha*
et le *monachum*.

Donc même marche de la théorie : on part de l'empêchement prohibitif: « Monacho orarium in monasterio vel zonas
habere non liceat. Etsi postea uxori fuerit sociatus, tantæ
prævaricationis reus nunquam Ecclesiastici gradus officium
sortiatur » (Conc. d'Orléans, 511) (1). Puis on semble ordonner la séparation des époux : « Nam si supra dictum est
uxorem duxerit, excommunicetur » (2). Enfin au concile de
Latran, 1139, il n'y a plus de doute : l'empêchement est
nettement dirimant: « Hujusmodi namque copulationem
quam contra ecclesiasticam regulam constat esse contractam matrimonium non esse censemus (3) ».

---

(1) c. xxxii, C. XXVII, q. 1. Et déjà ce. xii, xxii, C. XXVII, q. 1, (conc.
de Chalcédoine) ; c. i, C. XX, q, 3.
(2) c. xv, Bruns, p. 228. Conc. de Tours, 567.
(3) c. xl, C. XXVII, q. 1.

*
. .

Nous avons vu que l'on était arrivé à réputer le vœu de chasteté contracté par les *virgines sacræ* ou les moines comme un empêchement dirimant de mariage. — Les *virgines sacræ* ayant disparu, et l'usage pour des particuliers de contracter ces vœux tout en demeurant dans le siècle, tendant à se perdre, seules étaient astreintes à l'obligation de chasteté les personnes entrées dans les ordres.

Cette obligation créait, avons-nous dit, un obstacle dirimant : restait à justifier cette transformation du droit et à expliquer comment, jusque-là, on avait pu déclarer valables les mariages contractés en violation de ce vœu.

On crut y arriver en distinguant le vœu solennel du vœu simple et en déclarant que le premier seul avait des effets dirimants sur le mariage, tandis que le second ne constituait qu'un empêchement prohibitif (1) ; dans les mariages validés jusqu'ici, ajoutait-on, il ne s'était agi que du vœu simple.

Toutefois comment reconnaître que de ces deux vœux l'un était solennel et l'autre simple ? serait-ce à ce que l'un aurait été contracté *in conspectu ecclesiæ* et l'autre autrement ? Mais pourquoi attacher plus d'effet à celui-là qu'à celui-ci ? au surplus quelle plus grande valeur la solennité donne-t-elle à un vœu ? (2)

Ces objections ne furent pas prises en considération :

(1) *Sic* Gratien, D. XXVII, *in fine* ; Pierre Lombard, *Sent.* lib. IV, D. XXXVIII, B.

(2) Glose sur C. XXVII, Q. I. V⁰ *voventes* : « Hugutio dicit quod non refert an sit simplex votum an solemne quia utrumque dirimit matrimonium : solemnitates enim non sunt de substantia voti ».

l'Eglise poursuivait son but : elle l'atteignit sans se soucier des moyens qu'elle employait : ce qu'elle voulait, c'é-
tait créer un empêchement dirimant dans certains cas ;
elle le fit en déclarant finalement que l'empêchement résulterait de la *professio religiosa* accompagnant l'entrée
en religion. Dans tous les autres cas le *votum* n'était que
simple et ne constituait qu'un empêchement prohibitif.

Cette théorie, définitivement admise au temps d'Hostiensis (1), fut consacrée législativement par une Décrétale de Boniface VII (2).

Le crimen.

Il ne nous reste plus à voir que les cas où l'on faisait de
la continence forcée, — perpétuelle ou temporaire — l'accessoire d'une pénitence publique ou de la peine prononcée contre ceux qui avaient profané le mariage ou commis
les crimes de la chair.

Celui qui était soumis à une pénitence solennelle comme, par exemple, le meurtrier d'un prêtre (3), devait,
comme nous l'avons vu, s'abstenir de la *copula carnalis*,
sinon, disait-on, son abstinence n'eût pas été complète. Il
en résultait, comme conséquence, une impossibilité au moins

(1) *Summa*, p. 363 : Hoc etiam teneas incunctanter quod sola professio
vera vel praesumptive solemnizat votum.

(2) c. un. VI° De voto, III, 15 : Nos igitur attendentes quod voti solemnitas ex sola constitutione est inventa... praesentis declarandum duximus
vinculo sanctionis, illud solum votum debere dici solemne quantum ad
post contractum matrimonium dirimendum quod solemnizatum fuerit...
per professionem expressam vel tacitam factam alicui de religionibus per
sedem apostolicam approbatis. Reliqua vero vota... non tamen rescin-
dere possunt matrimonia post contracta.

(3) c. ii, *De paenit.*, V, 38.

temporaire de se marier. L'Église alla plus loin et interdit le mariage non seulement pendant la pénitence mais même après : « De pœnitentibus quoque quæritur an eis generaliter post peractam pœnitentiam conjugia concedantur. Generaliter enim canonica auctoritate prohibentur pœnitentes ad sæcularem militiam redire vel matrimonia contrahere (1) ». — Mais cette discipline était trop sévère et on la faisait fléchir, ici comme en bien d'autres cas, en faveur des jeunes gens, par crainte de la fornication : « Si tamen tales sint qui non possunt continere, de licentia episcopi possunt contrahere ».

On finit par ne plus distinguer, au point de vue du mariage, la pénitence du crime qu'elle avait effacé, en ce sens que, tandis que, jadis, c'était la pénitence publique et solennelle, ordonnée en raison de quelque crime que ce fût, qui entraînait l'incapacité de se marier, maintenant, le plus souvent (argument des mots : *vel nisi injunctum...* du texte suivant) elle ne produira plus cet effet propre, qui appartiendra alors à certains crimes seulement.

« Hugutio vero dicit quod pœnitens potest contrahere nisi tantum in tribus casibus, puta pro uxoricidio, vel nisi injunctum hoc sit ei nomine pœnitentiæ vel pro raptu sponsæ alterius, vel pro incestu. Adhuc tamen excepit adolescentes qui, ut dicit, de jure communi possunt contrahere. Ideo autem in tribus his casibus prohibetur, quia in his contaminatur matrimonium » (2).

Nous avons cité ce texte en entier parce qu'il est la con-

---

1) Dictum sur c. xi, C. XXXIII, Q. 2. V° *Pœnitentibus* (in fine). *Adde* c. xii et ssq., id.

(2) Dictum sur c. xi, *Ibid.*

firmation probante de la théorie que nous avons exposée,
surtout en ses derniers mots. — D'autres textes ajoutent
aux trois crimes énumérés, la possession d'une religieuse
(*concubitus cum moniali*) et le meurtre du prêtre. Ce dernier crime, toutefois, sort absolument du cadre indiqué.
Le laissant de côté nous n'examinerons que les autres.

α. *Uxoricidium.*

Le mari qui tuait sa femme ne devait plus contracter
mariage : cette interdiction était la peine du crime commis ;
aussi était-elle levée par une dispense quand le meurtre était
excusable, comme au cas d'adultère (1). — Les mœurs, en
effet, donnaient au mari le droit de s'ériger en juge (domestique) de sa femme : sur de simples soupçons (à condition qu'ils fussent graves) il pouvait la condamner à
mort.

« Si cujus uxor constuprata fuerit et propterea maritus
capitali sententia delere illam machinaverit : ipsa vero,
urgente mortis periculo ad episcopum confugerit et auxi-
lium quæsiverit, operosiori, si potest, episcopus labore
desudet ne occidatur. Si vero non potest, nullo modo liceat
ei requirenti eam reddere viro ad occidendum quæ se ei
obtulit ad defendendum : sed solerti cura transmittet eam
ad locum, quem ipsa delegerit, ut secura vivere possit, Si
vero interdum maritus eam invenerit et repetierit, secundum seculum potestatem habuerit quid agere ei velit (1).

C'est contre cette « potestas secundum seculum » que
fulmine Hincmar, de Reims, quand il s'écrie : « Defendant

_____

(1) c. v, viii, Dictum sur c. ix, C. XXXIX, Q. 2, — c. i, X, IV, 19.

se quantum volunt qui ejusmodi sunt, sive per leges, si ullæ sunt, mundanas, sive per consuetudines humanas. Tamen si Christiani sunt, sciant se in die judicii nec Romanis nec Salicis, nec Gundobadis, sed divinis et apostolicis legibus judicandos. Quanquam in regno Christiano etiam ipsas leges publicas oporteat esse Christianas, convenientes videlicet et consonantes Christianitati » (1).

Aussi, les mœurs s'adoucissant et se purifiant peu à peu, ce facile moyen de tourner la règle de l'indissolubilité du lien conjugal devait disparaître, et l'*uxoricidium* devenant rare, avec lui disparaissait la question de la possibilité de contracter un nouveau mariage.

β. L'Inceste.

L'inceste a, de bonne heure, répugné aux législations (cf. pp. 8, 42). Le droit canon devait lui aussi le proscrire, mais en imprimant à la règle un cachet tout particulier. Et d'abord, le crime était pris en considération dès qu'il existait, alors même qu'il ne résultait que de relations sexuelles extramatrimoniales. Ensuite, et c'est ici où le droit canon se montrait vraiment original, les coupables une fois séparés (cf. page 146) par une sorte de talion, on leur interdisait à jamais de se remarier : « nec aliam conjugem accipies, nisi forte post peractam pœnitentiam tibi licentia data fuerit ab Episcopo tuo aut ejus misso. Sic te Deus adjuvet et istæ sanctorum reliquiæ, » était-il dit dans le *juramentum separationis* (2).

L'inceste, *sous ce point de vue*, constituait au IXe siècle

---

(1) Conc. de Tribur, c. xlvi (Labbe, IX, p. 462).
(2) De divortio Lotharii et Tetbergæ (Migne, Patrologie, t. cxxv, p. 658).

un empêchement dirimant. C'est ce que déclare Hincmar, de Reims, qui précisément avait eu à examiner le cas du roi de France Lothaire, lequel pour divorcer, prétendait son mariage nul parce que sa femme Tetberge avait eu des relations avec son propre frère (à elle) (1).

Mais cette rigueur se tempéra par la suite et l'inceste ne constitua plus qu'un empêchement purement prohibitif. C'est ce que l'on voit dans une glose sur une Décrétale de Grégoire IX : « Nota quod incestuosi contrahere non possunt.... tamen si contraherent tenet matrimonium et etiam si essent juvenes, dispensaretur cum eis » (2).

γ. *Raptus sponsæ aut uxoris alterius.* — *Concubitus cum moniali.*

Encore ici il y avait empêchement prohibitif au mariage qu'aurait voulu contracter le ravisseur de l'épouse ou de la fiancée d'autrui :

« Statutum est a sacro conventu ut si quis sponsam alterius rapuerit publica pœnitentia mulctetur et sine spe conjugii maneat... Quod si post hæc conjungere se præsumpserint (raptor et rapta) utrique usque ad satisfactionem anathemizentur (3).

La même punition était réservée à ceux qui enlevaient au Christ « ses fiancées » : « Hi ergo, qui sanctimonialibus scientes matrimonio ad injuriam Christi copulati sunt, juxta censuram zeli Christiani separentur et nunquam eis concedatur conjugali vinculo relegari, et in pœni-

(1) c. xx. C. XXXII, Q. 7.
(2) Dictum sur c. xxxii. C. XXVII. Q. 2.
(3) Sur c. i X. IV, 13. *Adde*, c. xx. C. XXXII, Q. 7.

tentiæ lamentis se vehementer dum vivunt, afficiant (1) ».

δ. *Turpitudo mulieris.*

Conformément au principe de chasteté que nous avons exposé, l'Eglise était pleine de réprobation pour la femme adultère, la concubine, la courtisane et la femme *præ-gnans ex fornicatione.* Aussi fut-on amené à se demander si la souillure de leur corps ne devait pas mettre ces femmes en interdit et empêcher de se marier avec elles. — La difficulté est signalée dans la correspondance d'Ives, de Chartres : elle est traitée par Pierre Lombard, enfin des textes y sont consacrés dans le Décret de Gratien.

De tous ces documents, il résulte qu'après des hésitations, (2) on s'accorda à ne voir dans ces diverses hypothèses qu'un empêchement prohibitif : « Dico tamen sine præjudicio melioris sententiæ, quia si ante celebrationem sacramenti conjugalis cognita fuisset mulieris turpitudo, secundum legum severitatem non esset honestanda matrimonio... Verum postquam simpliciter præcedente consensu contracta sunt fœdera nuptiarum, postquam matrimoniales tabulæ datæ sunt, et cætera conjugii sacramenta completa sunt, vir et mulier unum corpus per carnis commixtionem facti sunt, non intelligo posse dissolvi conjugium (3) ».

La situation de la femme adultère appelle quelques dé-

(1) c. xxxiv, C. XXVII, Q. 2.
(2) c.xiii. C. XXVII, Q. 1. — « ... De qua re vobis respondemus quia super hoc diversas habemus sententias ». Ives, de Chartres, *Ep.* XVI, p. 30.
(3) Ives, de Chartres, *Ep.* CLXXXVIII, p. 324.

veloppements. De tout temps, l'adultère a préoccupé le législateur par sa gravité. Nous avons vu que les lois ro-
maines mettaient la femme coupable en interdit : personne
(et non : seulement son complice) ne pouvait l'épouser, son
crime constituait un empêchement dirimant de mariage.

L'Eglise admit bien l'empêchement dirimant, mais restreignit la prohibition au complice : « Marito mortuo cum
quo verum connubium fuit, fieri verum connubium non
potest cum quo prius adulterium fuit. » B. August. (De
nupt. et concub.) (1). Le concile de Tribur (895) ne s'exprime pas autrement dans son c. XL, et c'est si courant,
qu'un titre aux collections de Décrétales est ainsi intitulé :
« De eo qui duxit in matrimonium quam prius polluit per
adulterium ». Mais cette rigueur restreinte s'altéra elle-
même, sans doute en raison de l'indissolubilité du mariage,
et l'adultère, non accompagné de circonstances aggravan-
tes, ne constitua plus qu'un empêchement prohibitif :
c'est ce que décide le concile de Meaux, de 845, en son c.
LXIX :

« Is qui, vivente marito, conjugem alterius adulterasse
accusatur, et eo in proximo defuncto eamdem sumpsisse
dignoscitur, in omnimodis publicæ pœnitentiæ subigatur,
de quo etiam post pœnitentiam præfata servabitur regu-
la (2), nisi forte idem aut mulier virum qui mortuus fue-
rat, occidisse notentur, aut propinquitas vel alia quælibet
actio criminalis impediat ».

(1) Lib. I, cap. 10.
(2) Il faut entendre par là qu'on permettra aux époux d'habiter ensemble en leur faisant compenser cette indulgence par des aumônes ou
œuvres pies, canon LXIV.

CHAPITRE IV

DES DÉLAIS DE VIDUITÉ

Cet empêchement eut, au moyen-âge, des fortunes bien diverses. On sait que, en droit romain, défense était faite à la femme de se remarier avant l'année qui suit la dissolution du mariage (LL. 10, 11, D. III, 2).

Pour des raisons que l'on ne saurait guère déterminer, le droit canon n'adopta point ce sage principe. Il est vrai qu'on retrouve la prohibition dans les pénitentiaux, notamment dans celui attribué à Théodore, évêque de Cantorbery (1). Mais on sait que ces recueils de jurisprudence pénale n'avaient aucun caractère officiel et qu'ils furent, du reste, condamnés par les Conciles de Châlons (813) et de Paris (829).

Le Concile de Paris alla même jusqu'à effacer ce qui aurait pu survivre de l'antique usage en déclarant que la veuve n'avait que trente jours à attendre, après la mort de son mari, pour convoler à nouveau (2). Et par là il montrait que la question de filiation des posthumes l'avait laissé indifférent.

---

(1) Pœnitentiale Theodori, II, 12, § 9 : « Muliere mortua licet viro post mensem alteram suscipere ; mortuo viro, licet mulieri post annum alterum virum tollere ».

(2) Concile de Paris, c. xliv. — Reproduit avec addition d'une sanction par le capitularium d'Anségire (IV, 17) : « Qui viduam intra primos XXX dies viduitatis vel invitam vel volontem sibi copulaverit bannum nostrum id est LX solidos in triplo componat ».

Avec la renaissance du droit romain. la question revit le jour et l'empêchement fut reçu (1) ; mais une Décrétale d'Alexandre III vint étouffer cette résurrection : cette volonté constante qu'avait l'Église de favoriser le mariage, l'emporta encore ici. Et le pape, s'appuyant sur cette parole de l'Apôtre : « Mulier, viro mortuo suo, soluta est a lege viri sui : in Domino nubat, cui voluerit (2) », déclara que la veuve reprend sa liberté dès la mort de son mari et peut sans honte se marier, sans même attendre l'expiration des délais de deuil (1 mois) (3).

(1) Ainsi qu'il résulte du texte suivant attribué au concile de Worms et inséré dans la Compilatio prima,(c. 1, *De divort.* IV, 20) : « Mulieres vero cum pro aliqua licita causa a propriis viris fuerint separatæ, totam dotem præcipimus sibi reddi, et post expletum annum accipiant alios viros si voluerint ».

(2)-(3) I. *Cor.* VII, 39. Il y a quelques observations à faire sur cette citation : je l'ai transcrite telle qu'elle se trouve dans le chap. IV du Corpus (X. *De secund. nupt.* IV, 21). Mais ce n'est pas le texte exact de la Vulgate. — Quant à la portée à attribuer à la parole de l'Apôtre, elle est complètement nulle ici, la pensée de St-Paul se rapportant à l'adultère et non à autre chose, comme il résulte de la comparaison de ce verset 39 avec les versets 2 et 3, ch. VII de son épître aux Romains : « Nam quæ sub viro est mulier, vivente viro alligata est legi : si autem mortuus fuerit vir ejus, liberata est a lege viri ». — « Igitur, vivente viro, vocabitur adultera si fuerit cum alio viro : si autem, mortuus fuerit vir ejus, saluta est a lege viri : ut non sit adultera si fuerit cum alio viro ». — Si j'insiste là-dessus, c'est pour donner un exemple frappant de cette habitude déjà signalée (page 93) qu'avaient les canonistes de torturer, avec une sereine inconscience, les textes sacrés pour en tirer des conséquences absolument inattendues, et sûrement, en tous cas, imprévues de leurs auteurs.

CHAPITRE V

α Parenté naturelle

(Cognatio legalis).

La prohibition de mariage fondée sur la parenté a été étendue par le droit canonique dans des proportions inconnues avant lui : et cela, d'une part, en créant toute une série de liens de parenté nouveaux, et d'autre part, en tendant à voir dans la parenté un obstacle au mariage à quelque degré qu'elle se rencontrât.

Toutes les législations ont plus ou moins répugné à l'inceste, aussi les antécédents ne manquaient pas aux docteurs chrétiens. Tout près d'eux ils avaient la loi romaine, fort pure jusqu'à l'Empire, comme nous l'avons vu (1) ; et, avant toute autre, l'éternelle et inépuisable source, la loi de Moïse dont la longue énumération pouvait passer pour assez complète (2).

(1) Cf. la citation de Tacite relative aux mariages entre cousins germains, page 44.

(2) *Levit.* XVIII, 7-20. — On a prétendu, sur la foi d'un passage des Nombres (XXXVI, 6,7,8) que les Israélites avaient d'abord pratiqué l'eudogamie ; mais ce fragment ne me semble pas contredire du tout le principe d'exogamie posé au texte ; car, dans ce fragment, il s'agit de conserver dans une tribu un héritage de famille qui serait perdu pour la tribu lors du jubilé et alors, sur la plainte des intéressés, voici la solution qu'on adopte : « Voici, dit Mosché, ce qu'Iahvé commanda aux filles de Çelofhad :

Restait à justifier le principe : ici, scission complète de doctrine. Ce qu'avait recherché Moïse, c'était la pureté du foyer ; les frères et les sœurs, les pères et les filles, les mères et les fils, les oncles et les tantes, vivant sous le même toit, il importait de mettre un frein à la promiscuité, à la lascivité, à l'énervement qui seraient résultés nécessairement du rapprochement quotidien de ces personnes. On a même remarqué que longtemps le seul critère de l'inceste fut cette communauté d'habitation : si bien que Moïse ne distingue pas entre consanguins et alliés : belle-mère, belle-sœur (sœur de l'épouse ou veuve du frère), belle-fille (fille d'un autre lit), tante par alliance, et brus sont comprises sur la liste parce qu'elles sont venues habiter sous le même toit. C'est l'intérêt de la famille qu'on recherche, si bien que le principe fléchit quand cet intérêt est autre ; alors on autorise l'inceste, par exemple pour que la fortune ne sorte pas de la famille ou pour perpétuer une lignée (1). Les canonistes eux, obéirent tout d'abord à un sentiment d'horreur et de répugnance instinctives, car la prohibition de l'inceste ne semble pas avoir de base en morale : c'est inné plutôt que réfléchi. Mais, après coup, on inventa un principe supérieur, et on donna du mariage une conception

---

Qu'elles se marient à qui bon leur semble, pourvu que ce soit dans une famille de la tribu paternelle, afin que les possessions des Bené-Israël ne passent point d'une tribu à une autre et que chacun des Bené-Israël reste dans le bien de la tribu de ses pères. Toute fille possédant quelque patrimoine dans une tribu israélite se mariera dans la famille de sa tribu paternelle, afin que chaque Israélite possède le patrimoine de famille, qu'aucun héritage n'aille d'une tribu à une autre, mais que chaque tribu reste dans le sien. » Traduction Ledrain.

(1) Cf. l'esprit de la note précédente. *Adde* l'épisode de Ruth et Booz. — Cpr les mêmes préoccupations dans les lois de Sparte et d'Athènes.

absolument nouvelle et originale ; il n'était plus représenté comme devant seulement servir à propager l'espèce : un but plus élevé lui était assigné : en unissant les personnes entre elles il devait stimuler les sentiments de charité et d'amour entre les nouveaux parents et alliés. C'était le trait d'union universel : si bien que s'il intervenait entre personnes déjà parentes, c'était une superfétation, puisque ces personnes s'aimaient déjà ; même il y avait là pour la société une perte de forces bienfaisantes. Au contraire, étaient-ce deux étrangers qui s'unissaient, ils répandaient la semence d'amour, *seminarium charitatis* (1).

Les conséquences d'un pareil système étaient faciles à prévoir : elles ne tardèrent pas à se réaliser. Dès le VI⁰ siècle on considéra que toute parenté, si lointaine fût-elle, constituait un empêchement dirimant de mariage. Ce principe indiqué à Tolède (concile tenu en 527) fut législativement consacré au concile de Rome, de 721 : après une énumération, nom par nom, des parents qu'il était interdit d'épouser, nous trouvons cette clause, (c. IX) : « Si quis de propria cognatione vel quam cognatus habuit, duxerit in uxorem, anathema sit et responderunt omnes tertio : anathema sit. »

Mais, y avait-il une limite à la parenté où s'étendait-elle indéfiniment, c'est-à-dire en devait-on tenir compte toutes les fois qu'on la connaîtrait ? — les canonistes, s'inspirant de ce qu'ils croyaient être la règle romaine (2), déclarè-

---

(1) St Augustin. *La Cité de Dieu.*

(2) Si l'*edictum successorium* romain n'appelait à la *bonorum possessio unde cognati* que les parents du 6⁰ degré, et deux du 7⁰ (D. 38,8,1,3) c'était « quia ulterius per rerum naturam nec nomina inveniri nec vita succedentibus prorogari potest », dit Paul (*Sent.*, 4,11,8).

rent qu'au delà du 7ᵉ degré de computation romaine, la
parenté était sans effet et le mariage permis (1). — Mais il
vint une époque où le mode de computation changea :
au vıııᵉ siècle, l'Eglise, obligée de céder aux usages lo-
caux, commença de compter à la manière germanique,
c'est-à-dire par *parentèles* ou *genicula*, en attribuant le
même degré de parenté à chacun de ceux qui étaient séparés de l'auteur commun par le même nombre de générations. — La conséquence de ce mode de calcul était d'é-
tendre considérablement la portée de la parenté puisque
pour déterminer le degré de parenté entre collatéraux, on
se contentait de remonter de l'un des deux parents en question à l'auteur commun, sans redescendre à l'autre, comme
le faisaient les Romains.

Au début, ce fut sans inconvénient, car l'Eglise se contenta de transporter dans cette computation les résultats acquis au VIIᵉ siècle en calculant à la romaine : c'est ainsi que
les synodes de Compiègne et de Verberie, tout en inaugu-
rant le nouveau système par *genicula* n'étendent la prohibition absolue de mariage que jusqu'à la 3ᵉ génération
(6ᵉ degré romain) ; à la 5ᵉ génération (9ᵉ et 10ᵉ degrés romains) le mariage est licite. A la 4ᵉ (7ᵉ et 8ᵉ degrés romains)
il y a un empêchement prohibitif (2).

_____

(1) Covarruvias, *Opera*, I, 165.
(2) Verberie, (752), c. x : « In tertio geniculo separentur... in quarta
conjunctione si inventi fuerint, eos non separamus, sed pœnitentiam in-
dicimus ; attamen si factum non fuerit, nullam facultatem conjungendi in
quarta generatione damus ». — Compiègne, (757), c. ı : « Si in quarta pro-
genie reperti fuerint conjuncti, non separamus ; in tertia separantur et
eos qui unus in quarta et alius in tertia sibi pertinent et conjuncti inve-
niuntur, separamus. »

Mais on alla plus loin, et, revenant à l'ancien axiome
bien établi que le mariage était défendu au 7ᵉ degré, on appliqua la règle purement et simplement, et par là, on arriva à interdire le mariage entre parents jusqu'aux 13ᵉ et
14ᵉ degrés romains. — Quelle fut la raison d'un changement si considérable? il n'en est pas de bien précise ; cependant l'on peut dire que c'était bien conforme aux ten-
dances de l'Église. Il y eut aussi un motif de routine : on
était accoutumé à voir marcher de pair la vocation succes-
sorale et la prohibition de mariage : or les coutumes ger-
maniques ouvraient la succession aux parents jusqu'à la
sixième génération. Toujours est-il qu'au cours du IXᵉ siècle cette transformation si profonde du droit était complètement terminée (1).

Et parce que, pour diverses raisons, (dont l'une était que
pour quelques-uns le calcul des degrés commençait à partir non des frères mais des cousins germains), on discutait sur le point de savoir si la prohibition ne devait pas
s'arrêter à la 6ᵉ génération, — par une transaction, on
considéra que la parenté au 7ᵉ degré ne constituerait qu'un
empêchement prohibitif et non plus dirimant (2).

Le droit moderne a répudié un système de computation
aussi primitif, et l'exagération qui en était résultée —

(1) Cf. Jonas, d'Orléans, *De institut. laicali*, II, 8 (Migne, CVI, 184) ;
Benedictus Levita (VI, 130).
(2) « Inter laterales vero possunt (nuptiæ fieri) ultra septimum gradum,
id est secundum canones intra septimam generationem... Unum tamen
sapias quod si sunt ex una parte in sexto et ex alia in septimo vel ex
utraque in septimo, si ante conjunctionem noscatur, nullo modo postea
debent copulari ; sin autem post matrimonium cognoscatur, non dissol-
vitur, sed potius legitimum durat matrimonium ». *Petri exceptiones* (Ed.
de Savigny) I, 28.

Mais déjà le concile de Latran de 1215 y avait apporté des amendements : la nullité de mariage fondée sur la parenté était une menace perpétuelle contre la stabilité des mariages. Dans les petites communautés du moyen-âge on était toujours quelque peu parent : quand on songe qu'il suffisait d'être parent de son conjoint seulement au 12ᵉ degré actuel pour pouvoir faire casser son mariage, peut-on dire le nombre de ceux qui remplacèrent par cette facile annulation le divorce alors interdit. Les exemples célèbres abondent, de ces ruptures. Aussi une réforme s'imposait : ce fut le 4ᵉ concile de Latran qui la réalisa : supprimant trois des degrés interdits, il restreignit au 4ᵉ degré la prohibition de mariage fondée sur la parenté.

β Compaternitas ou Compérage.

(Cognatio spiritualis).

On nomme compérage le lien spirituel existant entre le père et la mère naturels de l'enfant baptisé, d'une part, et le parrain et la marraine, d'autre part.

« Une femme est ma commère, dit Pothier, lorsqu'elle a été la marraine de quelqu'un de mes enfants, ou lorsque j'ai été parrain de quelqu'un des siens ».

De bonne heure l'Église considéra la *compaternitas* comme un empêchement dirimant de mariage : « Si quis commatrem spiritualem duxerit in conjugium, anathema sit ; et responderunt omnes tertio » (1).

---

(1) c. iv, Concile tenu à Rome sous Grégoire II, (721). *Adde* le c. v. du Concile tenu également à Rome en 743 sous Zacharie.

On regardait cette alliance spirituelle comme si importante, qu'on allait jusqu'à décider que l'homme qui présenterait au sacrement de confirmation (1) l'enfant que sa femme aurait eu d'un précédent mariage, ne pourrait plus cohabiter avec son épouse, devenue sa commère spirituelle : « Si quis filiastrum aut filiastram ante episcopum ad confirmationem tenuerit, separetur ab uxore sua et alteram non accipiat. Similiter et femina alterum non accipiat » (2).

Le compérage alors avait pour vertu non seulement d'annuler le mariage contracté, mais encore, ce premier effet obtenu, de mettre obstacle à toute nouvelle union des anciens compères séparés : *Alterum non accipiat*. Sous ce nouvel aspect, le compérage ne constituait plus qu'un empêchement prohibitif. Mais il ne devait pas longtemps encore avoir cette vertu ; car l'abus que l'on fit de ses effets dirimants (exploités pour remplacer le divorce interdit) amena un revirement dans la législation.

C'est à quoi fait allusion le canon xxx du second concile de Châlons (813), ainsi conçu : « Dictum nobis est quasdam fœminas desidiose, quasdam vero fraudulenter, ut a viris suis separentur, proprios filios coram episcopis ad confirmandum tenuisse : unde nos dignum duximus ut si qua mulier filium suum, desidia aut fraude aliqua, coram episcopo tenuerit ad confirmandum, propter fallaciam

---

(1) Il résulte d'une lettre d'Etienne II que l'alliance spirituelle, et, par suite, l'empêchement de mariage, résultait tout aussi bien de la confirmation que du baptême : « Ut nullus habeat commatrem suam spiritualem, tam fonte sacro quam de confirmatione neque sibi clam in neutra parte conjugio sociatam, quod si conjuncti fuerint, separentur ».

(2) c. xii, conc. de Compiègne (370).

suam aut fraudem, quamdiu vivet, agat pœnitentiam ; a viro suo tamen non separetur ».

Mais, par la décrétale d'Alexandre III que nous allons citer, on verra que des vieux principes abrogés par ce canon il demeurait cependant quelque chose ; que tout effet n'était pas enlevé à l'ancienne ruse de l'époux et que, s'il n'atteignait plus au divorce, du moins il se déchargeait du devoir conjugal.

« Si vir vel mulier scienter vel ignoranter filium suum de fonte sacro susceperit, an propter hoc separari debeant ? Respondemus quod quamvis generaliter sit institutum ut debeant separari quidam tamen humanius sentientes, aliter statuerunt : ideo nobis videtur quod sive ex ignorantia sive malitia id fecerint, non sunt separandi nec alter alteri debitum debet subtrahere, nisi ad continentiam servandam possint induci ; quia si ignorantia factum est, eos ignorantia excusare videtur : si ex malitia, eis sua fraus non debet patrocinari vel dolus (1) ».

C'était l'abolition du passé ; car l'empêchement dirimant n'existant plus, le mariage, par suite, n'étant plus annulé, l'empêchement prohibitif ne se comprenait plus, puisqu'il supposait au préalable cette annulation du mariage des compères.

(1) c.ii, X, IV, 11.

γ Catechismus.

(*Cognatio spiritualis*).

Le parrain de catéchisme, c'est-à-dire celui qui avait présenté le catéchumène à l'instruction (*catechismus*) qui précède le baptême (1), contractait avec lui la même parenté spéciale, dite *cognatio spiritualis*, que le parrain de baptême ou de confirmation. On voyait l'origine de cette paternité spirituelle dans ce que le *tenens* ou *suscipiens* (parrain) en présentant le néophyte au baptême lui donnait une nouvelle vie, la vie chrétienne et spirituelle.

Ces trois sortes de parrainage constituaient un empêchement de mariage ; mais tandis qu'en cas de parrainage de baptême ou de confirmation l'empêchement était dirimant, dans le nôtre, au contraire, il n'était que prohibitif.

Telle fut la solution qu'après quelque hésitation (2) on finit par adopter en vertu d'une décrétale de Boniface VIII, ainsi conçue : « Per catechismum qui præcedit baptisma... cognatio spiritualis contrahitur, per quam contrahendum matrimonium impeditur ut ex prædecessoris nostri Clementis papæ tertii decretali colligitur evidenter ; dicendo enim quod talis res vix contrahendo matrimonio impedimentum afferat, velle videtur quod afferat, nam quod vix fit fieri tamen dubium non existit » (3).

---

(1) Parrain distinct de celui qui intervenait au baptême. Cf. *De cons.* D. IV, C. C. . « In catechismo et in baptismo et in confirmatione unus patrinus fieri potest si necessitas cogit. Non est tamen consuetudo Romana, sed per singulos singuli suscipiunt »,

(2) Cf. Glose sur c. i, C. XXX, Q. I, V° *Pabulo*.

(3) c. ii, VI, *De cogn. spir.*, IV, 3.

Cet empêchement était le produit d'une théorie trop subtile, trop raffinée ; aussi ne devait-il pas fournir une bien longue carrière et ne serons-nous pas étonné outre mesure de le voir disparaître après le Concile de Trente : à en croire Cabassut, cependant, il aurait été maintenu ; c'est le deuxième empêchement prohibitif de sa liste (Cf. p. 166). Mais Feije n'en parle pas (1) et Pothier nous dit formellement : « Cette alliance spirituelle et l'empêchement de mariage qui en résulterait sont abolis par le Concile de Trente, qui ne reconnaît pour parrain et marraine qui contractent l'alliance spirituelle que ceux qui, en cette qualité, tiennent sur les fonds la personne qu'on baptise : *baptizatum e baptismo suscipiunt tantum* (2). Et il ajoute plus loin, n° 205 : « Nous avons un statut synodal de notre diocèse d'Orléans qui a bien pris à cet égard le sens du concile. Il y est dit : Rectores doceant quod non ex catechismo seu ex cæremoniis quæ baptismum vel præcedunt vel sequuntur sed ex baptismo ipso nascitur cognatio spiritualis (tit. de baptismo, § 5) ».

Par conséquent, c'était bien là un de ces nombreux empêchements prohibitifs dont le Concile de Trente devait amener la désuétude.

§ Fiançailles.

Les fiançailles jouaient au moyen-âge un grand rôle dans la théorie du mariage. Elles symbolisaient l'accord des vo-

---

(1) *De impedim.*, n° 548.
(2) Pothier, *Du contrat de mariage*, n° 204.

lontés, le côté spirituel ; la *copula carnalis* n'avait qu'à intervenir et le mariage était réputé conclu. Par ce simple exposé on peut voir quelle portée on leur attribuait. Ce pouvait être un véritable contrat, créant des droits et des obligations pour les deux futurs époux. Aussi n'est-il pas étonnant qu'on ait trouvé, pour faire respecter ce contrat, une sanction absolument appropriée à l'institution : elle consistait à interdire aux fiancés de se marier avec une tierce personne.

Cet empêchement avait été primitivement considéré comme dirimant, au moins pour le cas où il s'agissait de fiançailles jurées (1). Mais par la suite, il devint simplement prohibitif : « Sic sponsus prohibetur cum alia quam sponsa contrahere matrimonium, et tamen, si contrahat, matrimonium tenet » (2). — Il subsista même au concile de Trente, car on le trouve sur la liste des empêchements dressée par Cabassut : Quinque sunt impedimenta... Tertium, sponsalia cum alio adhuc vivente conventa » (3).

Il est toutefois à remarquer que cet empêchement, tout prohibitif qu'il fût, ne laissait pas de produire des effets considérables : tandis que longtemps les empêchements de cette nature ne furent que des obstacles relatifs, celui-ci prenait une importance inusitée dans ce fait que l'obligationnée des fiançailles était sanctionnée en justice : chaque fiancé pouvait, par voie d'action, contraindre l'autre fiancé à contracter mariage. Il demandait au juge de lui adjuger son fiancé : « Quidam petebat quamdam sibi adjudicari

(1) En ce sens, Ives, de Chartres. Ep. CLXI, p. 277, CLXVIII, p. 286.
(2) Covarruvias, *Opera*, I, 156.
(3) *Theoria et praxis juris canonici*, III, XXI, n. 1.

in sponsam nitens ex solis sponsalibus et petebat eam
compelli, ut cum eo matrimonium contraheret et contractum solemnizaret » (1).

Ce droit d'action favorisa singulièrement la formation
de la théorie moderne de l'opposition, en donnant une
base certaine, l'obligation, le *vinculum juris*, à la demande de l'opposant (Cf. ch. II, page 114).

.•.

(1) *Liber practicus de consuetudine Remensi*, nº 149, p. 147.

CHAPITRE VI

SANCTION DES EMPÊCHEMENTS. — LE CONCILE DE TRENTE

Dans l'ancien droit canonique, le mariage était purement consensuel : la bénédiction nuptiale était bien conseillée aux fidèles, mais seulement *ad honestatem* : les parties étaient elles-mêmes les ministres du sacrement (1).

Mais il n'échappait à personne combien un pareil système avait d'inconvénients : il facilitait les unions hâtives, ou mal assorties (c'était un des grands griefs de la noblesse contre lui). Puis il rendait la preuve du mariage fort difficile, souvent même impossible : telles personnes qui avaient été mariées, soutenaient le contraire et devenaient bigames sans qu'on pût alléguer aucune preuve pour les empêcher de se remarier ; et, inversement, telles autres qui avaient vécu en concubinage, se prétendaient mariées depuis longtemps. — Si l'on ajoute que ces dangers étaient encore accrus par deux règles spéciales de l'Église, savoir : d'abord, qu'il suffisait que la *copula carnalis* intervînt sur des *sponsalia per verba de futuro* pour que le mariage fût réputé célébré (théorie des mariages présumés) ; — puis que, de deux mariages, l'un clandestin, l'autre public, le droit canon faisait prévaloir dans le *forum externum* le second, tout en reconnaissant la validité du premier dans le *forum*

(1) Cf. la réponse célèbre de Nicolas Ier aux Bulgares (IXe siècle).

internum, — on concevra aisément quel trouble de semblables principes devaient apporter dans la société.

Pour nous en tenir à notre matière, nous dirons que, de la conception du mariage comme contrat consensuel, il résultait cette conséquence que les empêchements prohibitifs n'avaient dans le *forum externum* que l'importance qu'on voulait bien leur accorder : dans le *forum internum,* au contraire, ils reprenaient toute leur valeur et les époux qui s'étaient mariés contrairement aux règles ecclésiastiques, ne pouvaient rentrer dans le giron de l'Eglise que moyennant le rachat de la faute par une pénitence préalable.

Le péché et toutes ses conséquences, telle était donc en *ces temps-là,* la seule sanction de la loi canonique : bien vaine, sera-t-on tenté de dire. Pas autant qu'on le pense, en réalité : il y en a qui reculent devant un péché, c'étaient alors la plupart ; quant aux autres, placés entre le refus d'absolution et la pénitence publique accompagnée d'interdiction de la *copula carnalis* (1), ils ne laissaient pas d'être dans une situation précaire (2) : le plus grand nombre faisaient « amende honorable ». Restaient les impénitents : *de minimis non curat prætor.*

(1) « Pœnitentia injungi debet de inobedienta et, ne præceptum Ecclesiæ illusorium videatur, ad tempus potest separari matrimonium et utrique interdici copula carnalis, si tamen uterque habuit malam fidem. » Hostiensis, *Summa,* p. 380.

(2) On ne se figure pas toujours tout l'effet que peut produire *même de nos jours,* dans les paroisses religieuses où les fidèles se connaissent, un confesseur qui diffère de huit jours, de quinze jours, l'absolution d'une faute : le paroissien coupable ne peut accomplir ses devoirs de chrétien en même temps que les autres et quand il vient communier, son retard est remarqué et ne manque jamais d'être commenté désobligeamment pour lui. — Qu'on juge donc de l'importance qu'avaient de pareilles mesures au moyen-âge, à ces époques de vie religieuse si intense.

Cela marcha bien pendant longtemps : mais il vint un moment où il fallut compter avec ces impénitents devenus légion. De toutes parts soufflait un vent d'indépendance. On ne pensait qu'à s'affranchir du joug trop de fois séculaire de la vieille Eglise : tout le monde lui donnait l'assaut. Son autorité, attaquée de tous les côtés, mise en doute, était méconnue. Le péché n'effrayant plus personne, il fallut trouver autre chose : c'est alors que fut décrété par le Concile de Trente le canon fameux : *Qui aliter...*

Le Concile de Trente fut la réponse officielle de l'Eglise à la Réforme : à la suite des grandes crises du XVe siècle, en face des « Protestants », l'Eglise sentit le besoin de préciser ses principes essentiels, ses dogmes, contestés, en les affirmant solennellement et en les mettant par là au-dessus de toute discussion, puis, aussi, de réformer son organisation et sa législation : le mariage était l'une des institutions qui réclamaient le plus l'un et l'autre. Aussi fut-il inscrit en tête des travaux du Concile.

L'une des réformes les plus instamment demandées était la nécessité d'une célébration publique, entraînant comme conséquence la nullité des mariages clandestins. Cette abolition des mariages clandestins était le vœu général, « le vœu des peuples et des princes ». Et cependant ce ne fut pas sans de grandes résistances qu'elle fut proclamée. L'objection, ici comme pour les mariages des mineurs, était qu'on allait abolir maintenant ce qui jusqu'ici avait passé pour un sacrement. On proposa toutes sortes de théories pour calmer les susceptibilités : après de longues hésitations, celle qui finit par l'emporter était basée sur

11

une prétendue *inhabilitatio personarum*: l'Eglise défendait
aux fidèles de se marier clandestinement sinon leur union
était nulle, non pas comme clandestine, mais parce que
les époux n'avaient pas réuni toutes les conditions requises, notamment celle de la publicité. Il paraît qu'il y en
eut que satisfit un pareil raisonnement! Il est vrai, toutefois, que c'était le petit nombre dans le Concile. Car la
plupart des docteurs, même les partisans du système, re-
connaissaient qu'il n'était qu'un leurre. Mais l'adoption
du principe de la publicité du mariage était pour l'Eglise
d'une portée sociale trop avantageuse, pour que l'on ne fer-
mât pas les yeux sur les objections. En prescrivant, à
peine de nullité, comme nous le verrons, la participation
du *proprius parochus* à la célébration du mariage, l'Eglise
introduisait son représentant dans l'acte le plus important
de la vie civile, celui qui est la base de la famille et de la
société et, se rendant nécessaire, indispensable, par là elle
consolidait sa suprématie chancelante sous les coups de la
Réforme, si bien qu'un jour ce moyen devait lui permettre d'étouffer quelque temps tout l'essor de la religion
nouvelle.

Le principe de la publicité une fois admis, comment lui
fut-il donné corps? On peut dire que les prescriptions du
concile de Trente concernant la publicité du mariage se
sont ramenées à exiger, à la célébration, la présence 1° d'un
curé (*Parochus*) et, 2° de deux ou trois témoins. Tout mariage contracté autrement était déclaré nul comme clandestin :

« Qui aliter quam præsente parocho vel alio sacerdote

de ipsius Parochi seu ordinarii licentia et duobus vel tribus testibus matrimonium contrahere attentabunt, eos S. Synodus ad sic contrahendum matrimonium omnino inhabiles reddit et hujusmodi contractus irritos ac nullos esse decernit » (1).

Étudions avec quelques détails ce canon qui devait avoir un tel retentissement : D'abord des difficultés s'élevèrent pour déterminer quel était ce *parochus* visé : on décida que ce serait le curé des époux, le *proprius parochus*, avec cette addition que si les époux appartenaient à deux paroisses différentes, les deux curés seraient compétents. — Mais comment déterminer le curé paroissial ? par une distinction, que le droit moderne devait reprendre (cpr art. 74 et 167 C. civ. et infra chap. I page 210) entre le domicile et la résidence, on déclara que le curé du domicile (quelque récent qu'il fût) avait toujours capacité tandis que le curé de la résidence ne l'avait que lorsque ce séjour s'était prolongé un certain temps (une année, environ) (2).

Quant au rôle que devait jouer le curé, c'était simplement celui de témoin spécial : les parties continuaient d'être comme ci-devant les ministres du sacrement. Il est vrai que la bénédiction nuptiale devait être donnée aux époux, mais elle n'était pas indispensable : si bien que l'on pouvait se contenter, pour se marier, d'échanger les consentements en présence du curé, sans se soucier outre mesure de la manière dont on était arrivé à se trouver en face de lui, car alors même que sa bonne foi était surprise, on

(1) Conc. Trident., sess. 24 *De reform.* cap.1.
(2) Sanchez. *de sacr. matr.*, III, disp. XXIII, nᵒˢ 2 et ssq. — Schulte et Richter, pp. 226, 227, 228.

pouvait dire qu'on s'était marié *in facie Ecclesiæ* (1). Tel
était le droit pur : mais tout passif que semblât ce rôle du
curé, il ne laissait pas d'être en réalité fort important car,
si, théoriquement, la bénédiction nuptiale n'était pas nécessaire, en pratique, on ne s'en passait point, et le prêtre
appelé à bénir l'union des époux, était juge de la légalité
de cette union.

Plus tard, ce qui n'était que l'usage devint le droit car
le Parlement, malgré les controverses, décida, sur les conclusions de l'avocat-général de Lamoignon, que la bénédiction nuptiale était essentielle (arrêt de règlement du
12 août 1692) (2).

On peut donc dire que, malgré son apparente insigni-
fiance, la présence du curé, exigée d'abord à titre de témoin
spécial, eut les effets les plus féconds, les conséquences les
plus profondes sur la théorie du mariage. De ce canon *Qui
aliter*, et de son admission par les lois séculières, date une
transformation complète dans la sanction des empêchements prohibitifs. Ces empêchements qui jadis n'étaient
qu'une barrière morale prennent une telle consistance
qu'ils deviennent parfois un obstacle infranchissable.

En effet le *parochus*, ministre de l'Église, est aussi le
représentant patenté de l'État : délégué de ces deux puissances, il a le devoir de faire respecter leurs lois et ne peut

(1) Des romans ont été écrits, dont la donnée repose précisément sur ce
thème de deux fiancés cherchant à échanger leurs consentements devant
un curé qui leur échappe toujours. Cf. *Les Fiancés*, de Manzoni. — C'est
cette conception spéciale du rôle du curé qui explique qu'il eût une com-
pétence personnelle et non territoriale.

(2) *Recueil de jurisprudence* de Guy du Rousseau de Lacombe. Paris
1769, Vº *mariage*, p. 451) — Et ce sera de doctrine courante au XVIIIᵉ siècle, lorsqu'écrira Pothier, Cf. note 1, page 165.

se prêter à la célébration d'un mariage d'abord qu'il y connaît, même de science privée et en dehors de toute opposition, l'existence d'un empêchement prohibitif (1). Dès lors, l'empêchement prohibitif avait dépouillé son caractère simplement comminatoire pour devenir vraiment « un empêchement de mariage ».

La conséquence de tout ceci était qu'un remaniement considérable s'imposait dans la législation canonique : tant que les empêchements de mariage n'avaient eu qu'une portée toute de conscience, les canonistes avaient pu, avec des raffinements subtils en allonger la liste comme à plaisir : et nous en avons compté plus de vingt ! C'était bien là l'esprit de l'Église, dont la tactique a toujours été de semer les obstacles et les difficultés sous les pas des fidèles : si bien qu'elle arrive à dire que le sage est celui qui ne pèche que sept fois par jour !! Et cela, non pas « qu'elle veuille la mort du pécheur » comme on dit vulgairement ; elle ne désire qu'une chose, *être toujours en contact avec lui*. Quel besoin a du prêtre le juste ? tandis que le pécheur, pour être tranquille, doit obtenir la remise de sa

---

(1) « Ce que nous avons dit que le prêtre qui célèbre le mariage n'est pas un simple témoin, et qu'il y exerce un ministère n'est pas contraire à ce qu'enseignent les théologiens, que les parties qui contractent mariage sont elles-mêmes les ministres du sacrement de mariage. Il est vrai qu'elles en sont les ministres quant à ce qui est de sa substance et qu'elles se l'administrent réciproquement par leur consentement mais le prêtre est, de son côté, le ministre des solennités que l'Église et le Prince ont jugé à propos d'ajouter au mariage pour sa validité ; et il est préposé par l'Eglise et par le Prince pour exercer ce ministère. » Pothier, n° 353.

Contre un refus mal fondé de la part du *parochus*, il y avait deux voies de recours: l'appel comme d'abus au Parlement ou le recours à l'officialité.

faute. Puis, celui qui pardonne a encore cet avantage de dominer le coupable de toute la hauteur de son pardon. En résumé, multiplier les occasions de succomber, et par suite rendre impossible la vie juste, puis tenir toujours prêt un indulgent pardon, une facile absolution, voilà comment l'Église a gouverné les consciences. Mais, après le concile de Trente, maintenant que la remise d'un empêchement de mariage par voie d'absolution après coup n'était plus possible, et que le *parochus* qui sachant l'existence de cet empêchement passait outre à la célébration du mariage, était passible de peines ecclésiastiques et séculières, force fut de faire un choix dans la liste des prohibitifs. Aussi dès le XVIIe siècle n'en compta-t-on plus que cinq : Cabassut ne voyait plus comme subsistant encore que le *votum simplex castitatis*, le *catechismus*, les fiançailles déjà contractées avec une tierce personne, l'*interdictum Ecclesiæ* et le *tempus feriarum* (1). Si l'on y ajoute l'*impedimentum mixtæ religionis* on aura la liste complète des empêchements prohibitifs telle que la conçoivent encore les contemporains.

On sait que le concile de Trente ne fut jamais reçu en France dans sa teneur originale : certaines de ses dispositions portaient une trop grave atteinte au pouvoir séculier pour qu'il pût l'être. Mais la plupart des règles introduites par lui en matière de mariage passèrent dans les Ordonnances des Rois de France, et tel fut le sort heureux du canon *Qui aliter*.

---

(1) *Theoria et praxis juris canonici*, III, 21, n° 1. — Feije, *De impedim.* n° 548. Toutefois il n'admet plus le *catechismus*.

Il est à remarquer toutefois que si les règles pour la célébration publique telle que l'avait organisée le concile de Trente en ce canon, furent adoptées en leur entier (et même avec addition d'un témoin de plus) par l'ordonnance de Blois en ses articles 40 et 44, il est à remarquer, dis-je, que l'article 40 (le capital) n'exigeait pas expressément la présence du *parochus*. Cette nécessité ne pouvait que s'impliquer de l'article 44 interdisant aux notaires de prêter leur office. — L'Édit de Henri IV de 1606, n'était pas plus explicite, et c'est seulement dans la déclaration de Louis XIII de 1639 qu'il est question pour la première fois du *parochus* et de son rôle : « A la célébration d'icelui assisteront quatre témoins avec le curé qui recevra le consentement des parties et les conjoindra en mariage suivant la forme pratiquée en l'Église, etc. ». — L'Édit de 1697 venait tout confirmer : « Voulons que les ordonnances des rois nos prédécesseurs concernant la célébration des mariages et notamment celles qui regardent la nécessité de la présence du propre curé de ceux qui contractent soient exactement observées ».

Et par là était civilement consacrée la grande œuvre du concile de Trente, la transformation du mariage de contrat consensuel en contrat formel.

CHAPITRE VII

CULTUS DISPARITAS

Le chrétien pouvait-il se marier avec un infidèle ? — la question s'était posée dès les premiers temps du christianisme mais n'avait pas reçu tout d'abord une solution ferme : on se contentait alors de déconseiller de pareilles unions : « Nolite jugum ducere, cum infidelibus ; quæ enim participatio justitiæ cum iniquitate ? aut quæ societas luci ad tenebras... Propter quod, exite de medio eorum et separamini, dicit Dominus et immundum ne tetigeritis ». St Paul (1). La vérité était que ces mariages pouvaient être une occasion de chute pour le chrétien qui avait tout à craindre des sollicitations de son conjoint infidèle, l'exhortant à renoncer au christianisme pour se soustraire aux persécutions.

Le droit était encore douteux de son temps, nous dit St Augustin (2) bien que déjà des conciles eussent interdit ces mariages : mais on n'allait pas jusqu'à la nullité, — on se contentait d'infliger une pénitence aux parents (3). Et

(1) II *Cor*. VI, 14, 17. *Adde* I *Cor*. VII, 12 à 16.
(2) *De fide et operibus*, XIX.
(3) Conciles d'Elvire (305) cc. xv, xvi ; — d'Arles (314), c. xi. *Adde* les conciles de Laodicée, de Carthage (397), de Chalcédoine (451) qui limitent la prohibition aux ecclésiastiques et aux enfants d'ecclésiastiques : « Placuit ut filii vel filiæ episcoporum vel quorumlibet clericorum, gentilibus vel hæreticis, vel schismaticis, matrimonio non jungantur ».

des exemples historiques célèbres sont là pour prouver que
la prohibition n'était pas bien ferme : c'est ainsi que Ste Mo-
nique, la mère de St Augustin, avait pu, chrétienne,
épouser un païen (qui se convertit, d'ailleurs) et qu'on vit,
un siècle et demi plus tard, en 493, Ste Clotilde, la fille du
roi des Bourguignons, s'unir à Clovis.

Mais au XIIᵉ siècle, cette tolérance disparut et la doctrine, s'inspirant des textes de l'Ancien Testament, interdisant le mariage des Juifs avec les femmes étrangères,
déclara que la condition préalable de tout mariage était
d'avoir reçu le baptême ; en conséquence empêchement
dirimant quant aux Juifs et païens. Mais que dire des hérétiques ? tout d'abord, on les écarta aussi : « Fidelis ali-
quis paganam, judæam vel hæreticam accipere in conjugium non potest : quod si acceperit, separantur » (1).

Mais, revenant bientôt à des sentiments plus logiques à
l'égard des hérétiques, on n'exigea plus l'identité de foi
entre les époux, que réclamait Pierre Lombard (2), et on
valida ces unions entre chrétiens et hérétiques, attendu
que la condition préalable du baptême se trouvait ici rem-
plie (3). Toutefois, pour ne pas rompre trop brusquement
avec la tradition, on décida qu'il y aurait à ces unions un
empêchement prohibitif (4).

(1) Bernard, de Pavie, Summa. De matrim, p. 291.
(2) Sent. IV, D. XXXIX, A.
(3) Panormit, sur c. VII, X. De cond. app. nº 5 : « Vult ergo glosa quod
matrimonium contractum cum judæa vel hæretica sit nullum : respectu
Judææ bene loquitur et idem in pagana ; nam ad hoc ut matrimonium
consistat oportet quod contrahentes sint ejusdem sectæ vel fidei. Sed respectu hæreticæ quæ suscepit jam baptismum, communiter tenetur oppo-
situm ; quia ex quo habet sacramentum baptismi non potest proprie dici
alterius sectæ ».
(4) Glose sur c. XVI. C. XXVIII, Q, 1, vº Hæreticis : « Hæreticus non

La question ainsi restreinte perdit toute son importance. Elle devait la retrouver, accrue par la formidable extension qu'avait prise la Réforme, le jour où la célébration du mariage fut confiée au prêtre catholique. La *disparitas cultus* fut alors envisagée sous l'aspect de la différence de confession : nous lui consacrons un chapitre spécial, le suivant, sous le nom nouveau d'*Impedimentum mixtæ religionis*.

**

Les mêmes variations de doctrine se produisirent au sujet de l'excommunié : comme pour l'hérétique, ce fut la doctrine tolérante qui l'emporta, ainsi qu'il résulte du texte suivant, d'Hostiensis : « Quid si quis non excommunicatus contrahat cum excommunicata ? aliqui dicunt quod non tenet matrimonium pro quibus facit quod excommunicatus, etiam minori, non potest eligi et est a sacramentis ecclesiasticis separatus et tali sunt omnes actus legitimi interdicti. H(ugutio) tamen scripsit quod licet non debeat contrahi a tali matrimonium, *contractum tenet tamen...* Quod secundum jura quæ currunt verius est » (1). C'est ce que pensait déjà Yves, de Chartres (2).

potest contrahere cum christiana. Dixit tamen H(ugutio) quod, si contrahit, tenet matrimonium ». Confirmé par une décrétale de Boniface VIII (c. xiv, X, V, 2).

(1) *Summa*, p. 343.

(2) *Ep.* CLV, p. 267 : « Sive sint raptores, sive excommunicati, sive quolibet alio vitio conjuges infecti, tamen hæc omnia toleranda sunt pro conservanda fide conjugii ».

CHAPITRE VIII

MARIAGES D'HÉRÉTIQUES. — IMPEDIMENTUM MIXTÆ RELIGIONIS.

Un des effets du nouveau système de célébration du mariage, inauguré par le concile de Trente et adopté par les Ordonnances royales, fut de donner un regain de vie à l'empêchement prohibitif provenant de la différence de confession (qu'il ne faut pas confondre avec la différence de religion, *disparitas cultus*, déjà devenue empêchement dirimant (1) depuis le XIIe siècle).

En effet le baptême rendant nécessairement le chrétien — en dépit de toute abjuration de foi — justiciable à jamais de l'Église, il en résultait que les mariages entre chrétiens et hérétiques (mariages « mixtes ») ou entre purs hérétiques devaient, — hérétiques comme chrétiens ayant été baptisés, — être célébrés suivant la loi de l'Église, c'est-à-dire *coram parocho* : or de tels mariages étaient prohibés par le droit canon : le *parochus*, ministre de l'Église, gardien de ses lois devait donc refuser de consentir à leur célébration.

Telle était la théorie canonique. L'Édit de Nantes (avril 1598) lui enleva momentanément son importance pour les mariages d'hérétiques purs : car, permettant aux protes-

---

(1) Cf. page 169.

tants l'exercice public de leur religion, il donnait par là
même un caractère absolument légal aux mariages qu'ils
contractaient devant leurs pasteurs.

Mais, sous Louis XIV, la persécution recommença et, la
puissance civile, renchérissant sur le droit canon qui ne
voyait dans la différence de religion qu'un empêchement
prohibitif, par les édits de novembre 1680 et août 1683,
fit défense aux catholiques de se marier « avec ceux de la
religion prétendue réformée », et déclara nulles les unions
contractées contrairement à la prohibition : c'était faire
de la *mixta religio* un empêchement dirimant. Quant aux
mariages des Huguenots entre eux, ils continuaient d'être
tolérés, à condition qu'ils fussent célébrés sans pompe ni
éclat, par leurs ministres en présence du principal officier
de justice de la résidence (Arrêt du Conseil, du 15 septembre 1685).

Mais, au mois d'octobre 1685 était prononcée la révocation de l'Édit de Nantes, qui privait les protestants de tout
état civil, révocation confirmée par la déclaration de
Louis XV du 14 mai 1724. — Donc, à partir de ce moment,
ils durent, pour se marier valablement, soit entre eux soit
avec des catholiques, prendre la voie que l'on suivait déjà
depuis les Édits de 1680 et 1683 pour contracter un mariage
mixte, c'est-à-dire, dissimuler leur foi véritable, et se présenter devant le *parochus* comme catholiques. — C'était la
fin, *en droit*, des mariages mixtes de l'ancien Régime (1).
Mais, outre qu'une pareille comédie pouvait répugner,
il était possible qu'elle ne pût même pas être jouée : en

---

(1) Ce n'est pas tout à fait exact, car après l'Édit de novembre 1787, qui
rendit l'état civil aux protestants, ils redevinrent possibles.

effet qu'allait-il advenir si le *parochus*, devant qui ils se présentaient, connaissait, en dehors de toute dénonciation ou opposition, leurs véritables sentiments religieux ? devait-il fermer les yeux et croire à cette conversion simulée ? bien que ce fût contraire aux principes (1), on en usa tout d'abord ainsi, par humanité : mais, sous l'influence du pape Benoît XIV, on exigea des gages certains des prétendues conversions : et, par là, on rendit impossibles les unions de protestants par devant le curé catholique.

Alors commença la pratique des « mariages au désert ». Les Huguenots s'adressaient à un notaire qui dressait acte de leur volonté de se prendre mutuellement pour mari et femme. Mais, légalement de tels mariages étaient nuls depuis l'ordonnance de Blois (1579) qui, dans son article 44, défendait « à tous notaires, sous peine de punition corporelle, de passer aucune promesse de mariage par paroles de présent ». C'est ce que confirmait, du reste, toute une série de dispositions législatives (2). Les Parlements avaient beau témoigner leur bienveillance aux protestants en déclarant que la possession d'état et la bonne foi des père et mère pouvaient suppléer, pour les enfants, à des actes réguliers (3), la situation était, en droit, intolérable (4) : on

(1) Cf. page 164.
(2) Déclaration de 1639, Arrêt de règlement du 5 septembre 1680, Édit de 1697, Déclaration du 13 décembre 1698.
(3) Notons en passant que c'est là l'origine de notre article 197 actuel ainsi conçu : « Si néanmoins, dans le cas des articles 194 et 195 (c'est-à-dire, en l'absence d'acte de célébration du mariage) il existe des enfants issus de deux individus qui ont vécu publiquement comme mari et femme et qui soient tous deux décédés, la légitimité des enfants ne peut être contestée sous le seul prétexte du défaut de représentation de l'acte de célébration, toutes les fois que cette légitimité est prouvée par une possession d'état qui n'est point contredite par l'acte de naissance ».
(4) Cf. Merlin, vº *Religionnaires*.

allait, parfois, jusqu'à condamner aux galères ceux qui s'étaient mariés au désert (1) !

Aussi, fut-ce avec une grande joie qu'on accueillit l'Edit de novembre 1787 par lequel Louis XVI réintégrait les non-catholiques dans l'exercice de leurs droits civils. « Nous avons considéré » dit le préambule, « que les protestants, ainsi dépouillés de toute existence légale, étaient placés dans l'alternative inévitable ou de profaner les sacrements par des conversions simulées, ou de compromettre l'état de leurs enfants en contractant des mariages frappés d'avance de nullité par la législation de notre royaume ». Aussi voici ce qu'il était décidé au sujet de leur mariage : « Les non-catholiques pourront contracter des mariages et ces mariages auront tous les effets civils à l'égard soit des parties qui les auront faits, soit des enfants qui en seront issus ». La célébration avait lieu par devant soit le curé du domicile soit le premier officier de justice royale ou seigneuriale du ressort. Pour tout le reste, on devait se conformer au droit canon et aux ordonnances.

Ainsi disparaissait cette sorte de mort civile dont étaient frappés les protestants en France.

* *

Signalons ce fait que, sous la Révolution, les catholiques demeurés fidèles aux prêtres réfractaires se trouvèrent au point de vue de l'état civil dans la même situation que jadis les protestants. Le fait est trop connu pour y insister, alors surtout qu'il sort de notre cadre.

(1) Anquez, *De l'état civil des réformés de France*, p. 78.

Après la Révolution, la question des mariages mixtes a revu le jour. Mais, la loi civile ne reconnaissant aucun effet au mariage religieux, cette question, de pur droit canon, est sans intérêt pour le jurisconsulte séculier. C'est un cas de conscience et par là elle est en dehors du cadre de cet Essai. Nous nous contenterons de dire que l'usage, aujourd'hui, est que le pape dispense de l'*impedimentum mixtæ religionis*, mais à la condition que les conjoints prennent les engagements suivants : l'époux catholique, de tout faire pour convertir son conjoint ; l'époux non-catholique, de laisser à son conjoint le libre exercice de son culte, et de lui permettre d'élever les enfants nés du mariage dans la religion catholique (1).

(1) Feije, *De impedim.* matr. nº 568. — Laemmer, *Institutionen des Katholischen Kirchenrechts*, 1886, p. 386. — Sanguinetti, *Institutiones juris canonici privati*, p. 495.

CHAPITRE IX

DU DÉFAUT DE CONSENTEMENT DES PARENTS DES MINEURS

« Henry, par la grâce de Dieu roy de France ; à tous
présents et à venir, salut. Comme sur la plainte à nous faite
des mariages qui journellement par une volonté charnelle,
indiscrète et désordonnée, se contractaient en notre royaume par les enfants de famille au déçu et contre le vouloir
et consentement de leurs père et mère n'ayant aucune-
ment devant les yeux la crainte de Dieu, l'honneur révérence et obéissance qu'ils doivent en tout et partout à leurs
dits parents, lesquels reçoivent très grand regret, ennuy
et déplaisir des dits mariages, nous eussions depuis longtemps conclu et arresté sur ce faire une bonne loy et ordonnance, par le moyen de laquelle ceux qui pour la
crainte de Dieu, l'honneur et révérence paternelle et ma-
ternelle, ne seraient détournés et retirés du mal faire, fussent par la sévérité de la peine temporelle, révoquez et
arrêtez. Toutefois pour ce que notre intention n'a été encore exécutée, nous avons connu par évidence de fait que
ce mal invétéré pullule et accroît de jour à autre et pourra
augmenter si promptement n'y est pas par nous pour-
veu.

« Pour ces causes et autres bonnes et fortes considérations à ce nous mouvans, par avis et délibération de notre
conseil auquel assistaient aucuns princes de notre sang....

avons ordonné.... que les enfants de famille ayant contracté et qui contracteront ci-après mariages clandestins
contre le gré, vouloir et consentement de leur père et mère, puissent, pour telle irrévérence, ingratitude, mépris et
contemnement de leurs dits père et mère, transgression de
la loi de Dieu, être par leurs dits père et mère et chacun
d'eux exhérédés... Puissent aussi pour les causes que dessus, révoquer toutes donations qu'ils auraient faites à leurs
enfants ».

En cas d'exhérédation par les parents, l'État ajoutait la
déchéance des conventions matrimoniales et des bénéfices
des coutumes.

Telle fut l'ordonnance de Henri II, de 1556.

Puis le concile de Trente étant alors réuni pour s'occuper de diverses réformes, entre autres de la législation du
mariage, on s'adressa à lui. On souhaitait deux réformes :
la nécessité d'une célébration publique du mariage et la
nullité du mariage des enfants de famille. La requête présentée le 24 juillet 1563 au nom du roi de France, Charles IX, par ses ambassadeurs, à la tête desquels se trouvait
le cardinal Charles de Lorraine, demandait « afin de retenir les enfants dans leur devoir, les empêcher d'être la
honte de leur famille et de contracter des engagements
dont l'unique motif était le libertinage... » que l'on dé-
clarât « que les mariages des enfants de famille sans le
consentement de leurs parents seraient nuls » (1).

On sait quel succès obtint cette requête ! Après des discussions qui se prolongèrent au delà de toute mesure (2),

(1) Pallavicini, *Hist. du concile de Trente*, XXII, ch. IV.
(2) Ouvert le 13 novembre 1542, le Concile de Trente ne s'occupa du ma-

12

tant cette question du mariage des mineurs passionnait
l'opinion, le concile y opposa une fin de non-recevoir des
plus nettes :

« Tametsi dubitandum non sit clandestina matrimonia
libero contrahentium consensu facta, rata et vera esse matrimonia, quandiu Ecclesia ea irrita non fecit, et proinde
jure damnandi sunt illi, ut eos sancta synodus anathemate
damnat, qui ea vera ac rata esse negunt, quique falso affirmant matrimonia a filiis familias sine consensu parentum facta, irrita esse, et parentes ea rata vel irrita facere
posse ; nihilominus sancta Dei Ecclesia ex justissimis cau-
sis illa semper detestata est atque prohibuit, etc. (1) ».

C'était faire, il est vrai, du défaut de consentement des
parents un empêchement prohibitif : mais cette demi-me-
sure ne pouvait suffire à la noblesse d'alors. Ce qu'elle
voulait, c'était l'empêchement dirimant. Les légistes ne
parvinrent à la satisfaire qu'après bien des hésitations. Le
pouvoir royal, doutant encore de lui, ne marcha que par
à-coups.

Nous avons vu que l'Édit de Henri II (1556) autorisait

riage que onze ans après le commencement de ses travaux, soit en 1563.
Le 4 février, le président proposa 8 articles à la discussion des *theologi
minores* qui, le 20 juillet, soumirent aux Pères du Concile 11 canons sur
le sacrement de mariage et un décret de réforme sur les mariages clandestins et sur ceux contractés par les fils de famille *sine consensu parentum*.
Les débats commencèrent alors : ils furent longs et difficiles et n'abouti-
rent à aucun résultat. Force fut de soumettre de nouveaux projets aux
Pères réunis. L'entente ne se fit que fort tard et ce ne fut que le 11 novembre 1563 que furent votés les 12 canons *de Sacramento matrimonii*, pré-
cédés d'une préface, et le *Decretum de reformatione matrimonii*, divisé
en 10 chapitres (XXIVᵉ session). (La différence qu'il y a entre un décret
et un canon, c'est que ce dernier est renforcé de l'anathème).

(1) Sessio XXIV, ch. 1.

l'exhérédation du mineur coupable de s'être marié sans le consentement paternel : des peines arbitraires pouvaient, de plus, être prononcées, en justice, tant contre lui que contre son conjoint et ceux qui avaient prêté la main à cette union.

L'Ordonnance de Blois (1579), qui suivit cet Edit, en même temps que, conformément au système adopté par le concile de Trente, elle chargeait le curé de la célébration publique du mariage, le rendait responsable sous peine « d'être puni comme fauteur du crime de rapt », de tout mariage de mineur célébré sans qu'il apparût du consentement des père, mère, tuteur ou curateur. Ce n'étaient que des peines. La déclaration de 1639 y ajouta des déchéances nombreuses :

..... « Avons déclaré et déclarons les veuves, fils et filles moindres de vingt-cinq ans, qui auront contracté mariage contre la teneur desdites Ordonnances (1), privés et déchus par le seul fait, ensemble les enfants qui en naîtront et leurs hoirs, indignes et incapables à jamais des successions de leurs pères, mères et aïeuls et de toutes autres directes et collatérales, comme aussi des droits et avantages qui pourraient leur être acquis par contrats de mariage et testaments ou, par les coutumes et lois de notre royaume, même du droit de légitime ».

Encore une fois, ce n'étaient que des peines et des déchéances, mais le mariage n'était pas annulé. Pothier en convient lui-même au fond, tout en ayant l'apparence de s'en défendre : « Quoique ces lois que nous venons de rapporter... paraissent se borner à infliger des peines aux en-

(1) Edit de 1556 et Ordonnance de Blois de 1579.

fants qui les contractent,... et qu'aucune n'ait déclaré en termes précis que [ces] mariages... sont nuls, néanmoins, si on considère attentivement l'esprit de ces lois, on découvrira facilement qu'elles [les] réputent nuls ».

Non, en vérité, ces mariages n'étaient pas encore nuls en 1639. Ses pouvoirs législatifs étaient encore trop discutés en leur nouveauté pour que l'État osât prendre sur lui de créer un empêchement dirimant. Et c'est si vrai, que ce ne fut que par un détour, en s'abritant derrière le droit canon, qu'on arriva à prononcer la nullité du mariage. Le raisonnement grâce auquel on y parvint vaut vraiment d'être rapporté car il montrera bien à quelle odieuse extrémité on se porta ;

« Puisque l'Ordonnance [de Blois, 1579] veut que les curés... soient poursuivis *comme fauteurs du crime de rapt* pour cela seul qu'ils ont marié un mineur sans le consentement de ses père ou mère, elle suppose donc qu'un mariage de mineur doit passer pour entaché du vice de séduction, pour cela seul qu'il est contracté sans le consentement de ses père et mère, n'y ayant qu'une grande séduction qui puisse porter un mineur à manquer à ce devoir. Mais si le mariage d'un mineur, pour cela seul qu'il est contracté sans le consentement de ses père et mère est réputé entaché du vice de séduction, c'est une conséquence nécessaire qu'il est pour cela seul réputé nul et non valablement contracté, la séduction étant contraire à la liberté du consentement qui est de l'essence du mariage et étant un empêchement dirimant de mariage, [en droit canon] ». Pothier (1).

(1) *Du Contrat de mariage*, n° 326.

Le jurisconsulte ajoute naturellement que la présomption, est *juris et de jure* (1). — Voilà à l'aide de quelle
fiction on était arrivé à créer cet empêchement dirimant,
sorte d'empêchement composite, mi-partie civil et mi-partie canonique.

Restait à concilier ce résultat avec la décision si for-
melle (2) du concile de Trente. On essaya d'y atteindre
par des distinctions aussi subtiles que le raisonnement précédent : Et d'abord, on déclara que le concile n'avait entendu condamner que le sentiment de quelques protestants
qui prétendaient que les parents avaient par eux-mêmes
le pouvoir de valider ou d'annuler les mariages en question ; mais qu'il « n'avait pu décider que dans le cas d'une
loi civile qui exigerait dans les mariages des enfants de famille, le consentement de leurs parents à peine de nullité,
— leurs mariages contractés sans le consentement de leurs
parents ne laisseraient pas d'être valables (3) ». — Le Concile de Trente avait donc respecté d'avance les droits législatifs du pouvoir séculier. La preuve en était (c'est Pothier
qui le prétendait à la suite de Boileau) dans ces termes :
quandiu ea irrita non fecit Ecclesia. Car si l'Eglise *se
croyait ainsi le droit de les annuler un jour*, « à plus forte
raison le pouvoir séculier devait l'avoir, lui aussi, puisque,

(1) Toutefois reconnaissant que c'est procéder bien vite, il consent à ce
que cette présomption ne suffise pas pour faire condamner le conjoint prétendu séducteur : cela avait son importance car, aux termes de l'ordonnance de 1730 notamment, il en allait pour ce dernier de la peine de mort.
(2) Cf. page 178.
(3) Boileau, *Traité des empêchements de mariage* ch. 9, n° 7, cité par
Pothier, n° 321. — *Adde* Le Merre, *Justification des usages de France
sur les mariages des enfants de famille*, Paris. Dezallier 1687, 1 vol. in 12.

le contrat de mariage appartenant, de même que tous les autres contrats, à l'ordre politique, c'est à la puissance séculière qu'appartient principalement le droit de prescrire les lois qu'elle juge à propos d'établir pour la validité de ce contrat ».

A tous ces raisonnements, qui ne trompaient personne et qu'on est étonné de voir reproduire par un jurisconsulte à l'esprit aussi droit que Pothier, il y avait une objection qu'on ne pouvait pas réfuter : elle se tirait du *texte précis du Décret de réforme.* Il ne s'agissait pas de théories protestantes, non : on avait demandé aux Pères du concile de déclarer clandestins et nuls comme tels, les mariages des mineurs contractés sans le consentement de leurs parents, au sens que tout le monde entendait bien (les travaux du concile sont là pour le prouver) ; or les Pères avaient non seulement refusé de le faire mais encore prononcé anathème contre quiconque prétendrait nuls ces mariages. – – Et cela, pour une raison à laquelle auraient dû alors se rendre civilistes aussi bien que canonistes, savoir : le caractère sacramentel du mariage. Ces mariages des fils de famille ayant été pendant des siècles considérés comme un sacrement, les annuler aujourd'hui, c'était annuler un sacrement.

L'objection, hâtons-nous de le dire, n'avait que l'importance que l'on voulait bien lui attribuer : car le concile n'avait pas été outre mesure embarrassé pour arriver à l'annulation des mariages clandestins pour lesquels le même obstacle se dressait : ce qu'on avait fait pour ceux-ci on pouvait le faire pour ceux-là (1).

(1) Cf. page 161.

La vérité, c'était que l'annulation des mariages des mineurs répugnait à l'Église, et cela pour diverses raisons. Les principales en étaient que le mariage est, par essence, un acte de droit naturel dont on ne saurait écarter les personnes dès qu'elles y sont aptes naturellement — puis, que le mariage est un sacrement, c'est-à-dire une chose accessible à tous et dont nul ne peut empêcher la réception : la liberté des âmes est au-dessus des rapports de puissance établis par le droit civil (1). C'était là pour l'Église un principe supérieur, inattaquable. — Enfin, ajoutait-on, si les fils de famille ne peuvent se marier à leur idée, ils vont tomber dans la fornication. — Si l'on se souvient que la réforme législative demandée n'avait pour but que de proscrire les mésalliances, l'on se convaincra facilement que l'Église avait assez de bonnes raisons pour refuser de prendre une décision si peu conforme à ses idées : elle se retrancha simplement derrière le caractère sacramentel du mariage.

Force fut alors aux civilistes de donner l'assaut à cette citadelle que les canonistes défendaient en jetant l'anathème contre quiconque osait en approcher.

Les civilistes avaient ainsi une double besogne à accomplir : justifier l'ingérence de l'État en matière de mariage, d'une part, et de l'autre, arriver à l'annulation des mariages de mineurs tout en respectant le sacrement. — La difficulté n'était pas mince : on arriva pourtant à la résoudre, et à la fin du XVIIe siècle il était de doctrine courante que le défaut de consentement des parents au mariage de leurs

_____

(1) Qu'on se souvienne que l'Église avait validé le mariage de l'esclave contracté *invito aut inscio domino*.

enfants mineurs constituait en droit civil un empêchement
dirimant. — (Ce caractère de l'empêchement nous permettra d'être très bref maintenant). — Voyons donc comment on y parvint.

Et d'abord, que répondre aux canonistes qui, déclarant
le mariage fief d'Église, déniaient à la puissance séculière
le droit de légiférer sur cette matière ? on discuta en s'appuyant sur l'histoire : mais ce n'était pas concluant car
nous avons vu (1) que la puissance législative qui avait
d'abord appartenu exclusivement au pouvoir séculier, avait
été partagée plus tard avec l'Église, et finalement lui était
demeurée en propre. Les polémistes avaient donc chacun
raison en apparence, puisqu'ils se prévalaient de précédents remontant à des époques différentes. Les légistes ci-
taient les débuts du christianisme qui correspondaient aux
beaux temps de la toute puissance impériale romaine ; ils
allaient même plus loin et rappelaient des époques plus
rapprochées où l'Église commençait à être une puissance,
et où cependant on ne connaissait alors d'autres empêchements dirimants que ceux que la loi naturelle, le Lévili-
que, et les lois civiles avaient établis (2). Les canonistes ne
niaient pas les droits du pouvoir civil en ces temps-là,
mais, tirant parti de l'éclipse de la puissance publique au
moyen-âge en France, ils l'expliquaient par un *désistement*,
une renonciation volontaire en faveur de l'Église.

Les légistes déclaraient au contraire qu'il n'y avait eu
là qu'une *délégation*. Et ils posaient le dilemme suivant :
« Le pouvoir de faire des lois pour la validité ou l'invali-

(1) Cf. pages 87 et ssq.
(2) Pothier, nᵒˢ 17, 18.

dité des mariages est ou spirituel ou temporel. S'il est spirituel, les princes n'auraient jamais pu l'avoir et lorsqu'ils
en ont fait usage, les évêques n'auraient pas manqué de
réclamer..... Si au contraire ce pouvoir dépend de la puissance temporelle, l'Église, dont la puissance est toute spirituelle n'a pu se l'attribuer ; et les princes n'ont pu y renoncer, les droits attachés à la puissance souveraine qu'ils
ont reçue de Dieu étant inaliénables » (1).

Cette prétendue « délégation » est une vraie trouvaille
tant elle est féconde en conséquences ; elle justifie le mieux
du monde la restauration du pouvoir royal : grâce à elle
on dira que c'est « par pure bonté que nos rois ont bien
voulu permettre et attribuer aux juges d'Église la connaissance des causes qui concernent les mariages à la charge par eux de se conformer aux ordonnances ». C'est dans
cet esprit qu'est rédigé l'article 12 de l'Édit de décembre
1606. Par elle, on ouvre toute grande la voie aux appels
comme d'abus. Si pendant longtemps toute la législation
matrimoniale a été de source canonique, c'est du consentement tacite du Prince. Enfin c'est encore lui qui concède
les dispenses de mariage, ou du moins c'est de son aveu
que l'ordinaire les octroie ! Bref, avec la délégation on
faisait table rase du passé. Mais poursuivons :

Soit, disaient les théologiens, mais le mariage est un
sacrement, donc une chose spirituelle, or la puissance séculière ne s'étend pas aux choses spirituelles, etc. — Les
civilistes tournèrent la difficulté par une distinction d'une
subtilité toute romaine : « Je conviens, dit Pothier (2), que

(1) Pothier, *Ibid*.
(2) Pothier, n° 15.

le mariage, en tant qu'il est sacrement, est quelque chose de spirituel et n'est point du ressort de la puissance séculière... Mais si le mariage est un sacrement, il est aussi *contrat civil* et comme contrat civil il appartient à l'ordre politique et il est en conséquence sujet aux lois de la puissance séculière ». Jésus-Christ n'a entendu élever à la dignité de sacrement que le mariage légitime selon le droit civil. Le contrat civil *préexiste* au sacrement et lui sert de matière ; par conséquent la loi séculière, en l'annulant, l'empêche seulement de servir de matière au sacrement sans toucher à ce dernier, inexistant encore. — La conclusion de tout ceci était que le Prince avait toute liberté « de faire des lois pour le mariage de ses sujets, soit pour l'interdire à certaines personnes, soit pour régler les formalités dont il jugeait à propos » de l'entourer (1).

Par conséquent, c'est en vain que le concile de Trente avait refusé de satisfaire le désir qu'on lui avait témoigné de le voir annuler les mariages des mineurs : aujourd'hui que le pouvoir était reconnu aux rois de France de décréter des empêchements dirimants de mariage, l'annulation de ces mariages ressortait nettement (?) des ordonnances.

Il est à peine besoin d'ajouter que jamais les Papes n'ont admis cette théorie : aujourd'hui que le mariage civil a été admis dans presque tous les États, plus que jamais ils la repoussent, et peut-être n'est-il pas sans intérêt de rapporter ici deux des plus récents documents par lesquels ils ont affirmé leur doctrine, invariable depuis le concile de Trente.

(1) Pothier, n° 11.

C'est d'abord une lettre de Pie IX à Victor Emmanuel (du 19 septembre 1852) : « Que le pouvoir civil dispose, déclare le Pape, des effets civils qui dérivent du mariage mais qu'il laisse l'Église régler la validité du mariage entre chrétiens, que la loi civile prenne pour point de départ la validité et l'invalidité du mariage comme l'Église le détermine et partant de ce fait, qu'elle ne peut constituer (cela est hors de sa sphère) qu'elle en règle les effets civils ».

Puis l'encyclique de Léon XIII, du 10 février 1880, si caractéristique qu'elle semble remonter à deux siècles en arrière :

« Que personne ne se laisse émouvoir par la distinction ou séparation que les légistes régaliens proclament avec tant d'ardeur entre le contrat de mariage et le sacrement, dans le but de réserver le sacrement à l'Église, et de livrer le contrat au pouvoir et à l'arbitrage des princes. Cette distinction qui est plutôt une séparation, ne peut en effet être admise puisqu'il est reconnu que, dans le mariage chrétien, le contrat ne peut être séparé du sacrement, et que, par conséquent, il ne saurait y avoir dans le mariage de contrat vrai et légitime sans qu'il y ait par cela même de sacrement ».

CHAPITRE X

DE LA DISPENSATIO

D'une manière générale, on peut dire que la dispense est l'acte par lequel une personne déterminée est soustraite dans un cas donné à l'application de la loi sans que celle-ci perde sa force et sa vertu générales.

Mais il n'en fut pas ainsi aux débuts du droit canonique : la *dispensatio* fonctionnait quand l'Église demandait compte à ses ouailles de leurs actes, pour savoir si une peine disciplinaire leur serait ou non appliquée, si tel clerc serait privé de son rang ou de sa qualité, si tel fidèle serait ou non exclu de la communauté, par exemple à raison d'un mariage contracté contrairement aux lois canoniques ; et alors cette *dispensatio* nous apparaît comme *une remise de la peine*, comme le pardon d'une faute accordé en connaissance de cause. Sous cet aspect, elle relevait naturellement de l'autorité disciplinaire, c'est-à-dire de l'évêque.

Mais, avec le temps, cette conception change : l'Église, devenue une puissance temporelle, a transformé ses pouvoirs de disciplinaires en législatifs (1) et alors la *dispensatio*, elle aussi, opère sa métamorphose parallèlement et devient une prérogative de la puissance législative, suspendant

(1) Pour comprendre la portée de cette opposition de terme, cf. page 90.

momentanément la force de la loi au profit d'une personne.
Mais tandis que jadis cette sorte de pardon n'intervenait
qu'après la faute, maintenant, en théorie (1), elle précèdera
l'acte illégal pour lui enlever ce caractère. La remise d'une
peine disciplinaire devenant la suppression d'un obstacle
légal, voilà en quelques mots l'histoire de la *dispensatio*.

Je ne saurais trop insister sur cette évolution, car alors
furent posés des principes qui devaient être respectés jusque de nos jours, notamment en ce qui concerne la détermination de l'autorité dispensatrice. Nous avons dit que
ce pouvoir appartenait dans les débuts à l'ordinaire. Mais,
plus tard, quand la dispense s'appliqua à la loi (canonique)
on déclara qu'une pareille prérogative ne pouvait être
donnée qu'à celui qui avait le droit de faire cette loi, et
alors la *dispensatio* devint l'apanage du pape et des conciles, en réalité du pape seul (2).

Mais le droit de l'évêque reposait sur une trop longue
tradition pour pouvoir lui être si facilement enlevé : aussi
lui fut-il maintenu par une prétendue délégation tacite que
l'on fit résulter de la simple déclaration par un concile ou
une décrétale, que la *dispensatio* était possible dans tel
cas : il y avait là, disait-on, délégation évidente à l'évêque
puisque, autrement, le pouvoir de *dispensatio* du Pape

(1) Car en pratique, quand l'empêchement de mariage était de ceux
dont on accorde dispense, il valait mieux passer outre si possible, quitte,
une fois le mariage consommé, à forcer la main à l'autorité ecclésiastique
par la crainte du scandale qui résulterait de l'annulation du mariage. Le
fait accompli jouait un grand rôle aux yeux de la « daterie » ; aussi voulait-
elle toujours savoir si on avait employé ce moyen de bonne ou de mauvaise foi.

(2) Aujourd'hui la puissance législative, après avoir prévu les cas de
dispense, délègue ses pouvoirs au chef de l'exécutif.

n'ayant pas à être énoncé, une semblable clause eût été une superfétation (1). Plus tard, dans les temps modernes, il a été admis que, pour le *forum externum*, le pape seul pouvait accorder la dispense des empêchements, et que les évêques ne pouvaient exercer ce *jus dispensandi* qu'en vertu d'une délégation expresse ou tacite de la papauté et pourtant, longtemps encore, en France, ils eurent, comme devant, des pouvoirs propres en la matière : c'est ainsi qu'ils continuèrent à accorder des dispenses de mariage aux pauvres qui ne pouvaient faire les frais d'une demande à Rome ; — ou encore, en cas d'urgence. Mais ces usages furent par la suite condamnés formellement par la congrégation du concile de Trente qui proclama la nécessité de la délégation papale. — En pratique, par suite de délégations expresses ou tacites, les évêques, aujourd'hui, ont pleins pouvoirs pour parer à toutes les éventualités.

Ajoutons que, lors de la renaissance du pouvoir royal, les civilistes prétendirent que c'était de l'aveu du prince que les dispenses, même d'empêchements canoniques, avaient toujours été et étaient accordées par les autorités ecclésiastiques : « Les Princes, dit Pothier, (n° 254) en adoptant les canons qui ont établi ces empêchements ont fait de ces canons des lois de leurs Etats qui forment des empêchements dirimants du mariage... Le prince en permettant et souffrant que ses sujets contractent mariage en vertu de ces dispenses (ecclésiastiques) est censé déclarer tacitement qu'il veut bien sur ces dispenses s'en rapporter

---

(1) Glose sur c. vii X. V. 25, V° *Dispensatum* : « Non dicit a quo. Ergo videtur relicta potestas dispensandi episcopis. » — Sanchez, *de sacr. matr.* VIII, disp. V, n° 5.

aux supérieurs ecclésiastiques et confirmer et autoriser les dispenses que les supérieurs ecclésiastiques accordent. »

Dans le nouvel état du droit qui s'est continué jusque de nos jours, la demande de dispense est faite en forme de supplique au Pape. Elle contient le nom de ou des parties en ayant besoin, la désignation de l'empêchement et les causes justifiant la demande, le tout avec les détails les plus circonstanciés à peine de nullité pour « obreption » ou « subreption ». — Le Pape répond en commettant et déléguant l'official du diocèse des parties pour vérifier si les faits allégués sont exacts. Après mûre information, conduite avec le concours du promoteur de l'officialité qui est tenu de donner ses conclusions, l'official procède à « la fulmination de la dispense » on en déboute les parties. La fulmination est une sentence par laquelle les parties sont autorisées à se marier ensemble.

De quels empêchements pouvait-on dispenser ? — tandis que pour les empêchements dirimants on distinguait suivant qu'ils étaient de droit divin ou naturel ou avaient été établis par la *lex ecclesiastica,* auquel dernier cas seulement on pouvait en accorder dispense, — pour les empêchements prohibitifs, au contraire, le principe était que la dispense, dès qu'elle se concevait, pouvait être accordée.

Il en était ainsi notamment pour l'*impedimentum mixtæ religionis* (1) ; pour l'empêchement fondé sur le *votum solemne* et l'*ordo sacer*, dont on accorda dispense mê-

(1) Cf. page 168.

me après qu'ils eurent été déclarés dirimants. Pour le *votum*, il y avait alors là une sorte de *restitutio in integrum* ; d'un moine, le pape faisait un « non-moine » et alors s'évanouissaient toutes les obligations inhérentes à l'état monacal et notamment le devoir de chasteté. Quant aux prêtres, bien des fois la Papauté, plutôt que de sévir contre eux, a préféré régulariser leur situation par des dispenses quand ils s'étaient mariés à des époques de troubles comme sous Henri VIII, en Angleterre ; comme aux débuts de la Réforme en Allemagne ; et enfin, comme sous notre Révolution de 1789. — Durant le *tempus feriarum*, ce qu'on interdisait maintenant, c'étaient les *solemnitates* et les *convivia* et aussi la *carnalis copula*, en un mot, les réjouissances : et alors la dispense en était bien possible.

Quant à l'*interdictum Ecclesiæ*, la dispense ne s'en concevait pas : il pouvait être levé mais il n'y avait pas là dispense.

Les fiançailles, par leur caractère de contrat, semblaient répugner à une dispense qui en aurait été la dissolution : aussi fut-on longtemps avant d'admettre cette rupture. On y parvint cependant par ce raisonnement qu'à supposer le mariage contracté mais non consommé, le pape pourrait le dissoudre : *a fortiori* pouvait-il relever de sa promesse un fiancé qui voulait se marier par ailleurs.

Quant à la dispense des autres empêchements prohibitifs, elle n'offrait aucune difficulté.

DROIT CIVIL

> « Il y aura toujours assez de ma-
> riages pour la prospérité de l'Etat,
> l'essentiel est qu'il y ait assez de
> mœurs pour la prospérité des ma-
> riages. »
>
> Portalis.

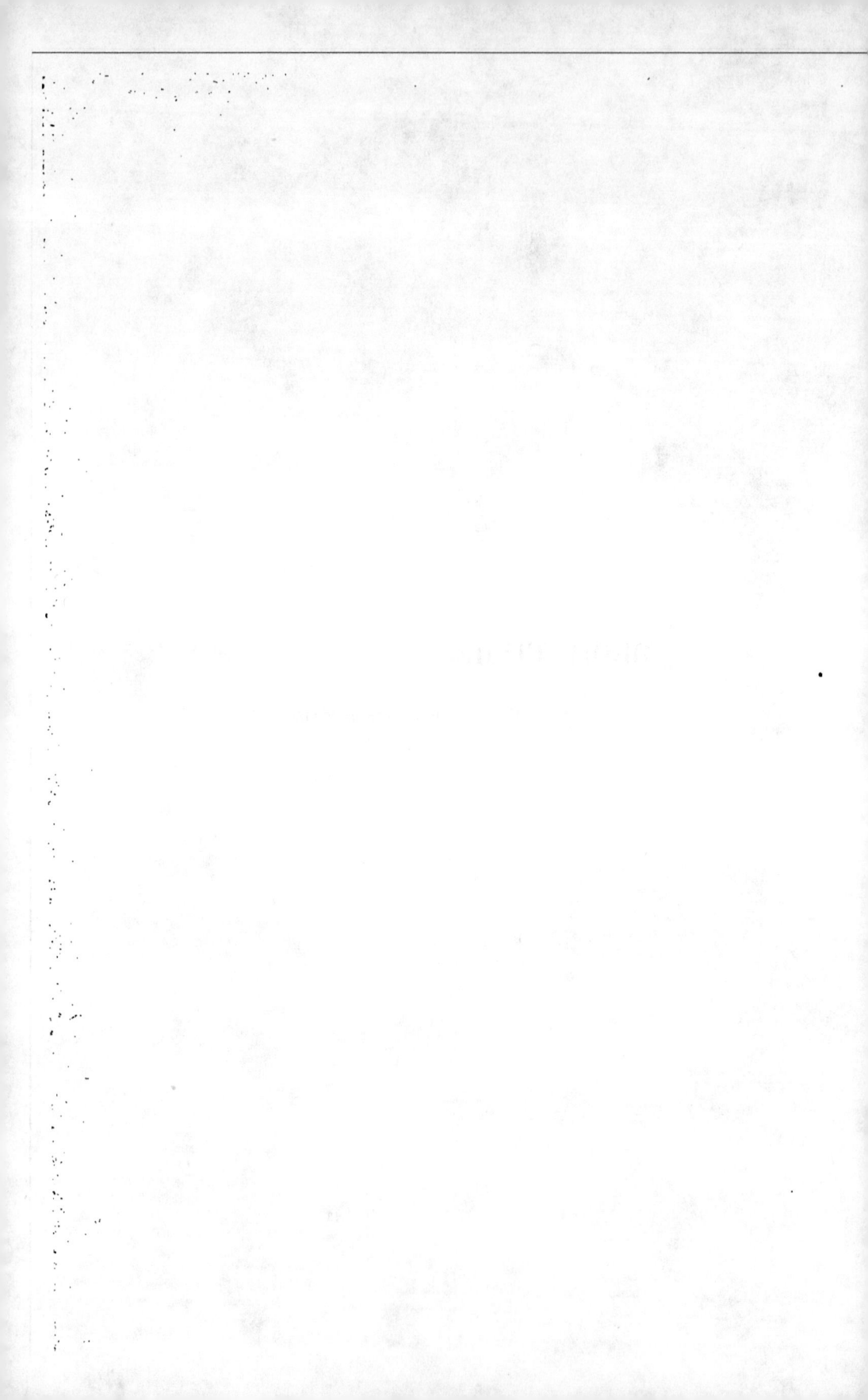

INTRODUCTION

De nos jours, on a coutume de diviser les empêchements de mariages en dirimants et prohibitifs. C'est une division commode, très simple, et séduisante à ce point de vue ; puis elle est traditionnelle depuis plusieurs siècles. Tout concourt donc à la faire adopter.

Mais on peut dire que rien dans notre législation n'autorise cette façon de présenter les choses ; en effet, jamais les textes n'emploient les expressions d'empêchements dirimants ou prohibitifs ; et jamais, peut-on ajouter, le législateur n'a eu l'idée de suivre cette distinction, puisque, pour le défaut d'actes respectueux que l'on a coutume de ranger parmi les empêchements dits prohibitifs, il a été jusqu'à nier lui-même que c'en fût un (1). Et pourtant, cette division qu'on ne retrouve ni dans la lettre, ni dans l'esprit du Code, ne laisse pas d'exister pour ainsi dire envers et contre tous : car c'est à elle *qu'en fait* on a abouti.

---

(1) « Cet acte, dit Bigot Préameneu, en présentant au Corps législatif le projet de loi sur les actes respectueux (séance du 17 ventôse an XII), sera renouvelé deux autres fois de mois en mois... La suspension du mariage ne doit pas avoir lieu pendant un plus long délai : la loi serait en contradiction, si en déclarant qu'après un certain âge le consentement des pères et mères n'est pas nécessaire, et que l'on doit seulement leur demander conseil, elle prononçait une suspension qui, trop longue, *pourrait devenir un empêchement de mariage...* » C'est donc bien que les actes respectueux tels qu'ils sont organisés ne constituent pas par leur défaut un empêchement de mariage. Il nous restera à déterminer plus loin le caractère qu'on doit leur assigner.

Le législateur, il faut bien l'avouer, n'a jamais conçu une théorie générale des empêchements : quand il s'est agi de déterminer les qualités qu'il fallait requérir chez les futurs époux, les conditions dont on devait entourer la conclusion du mariage, et les peines qui allaient sanctionner le défaut des unes et des autres, le législateur s'est refusé à dégager une théorie d'ensemble des nullités : il a préféré aller de l'avant, sans esprit de suite, sans fil conducteur *apparent* (car on ne saurait nier qu'il y en eût un) : de cette façon, n'ayant pas posé de principe général auquel il eût fallu tout faire plier, il était à l'aise pour sacrifier à l'intérêt pratique les déductions par trop logiques dont la rigueur l'eût gêné : c'est ainsi qu'à propos de la discussion qui s'éleva sur la bigamie au Conseil d'État, tandis que ceux-ci (entre autres, le conseiller Emmery) voulaient refuser au bigame le droit d'arguer de sa propre turpitude, ceux-là (tel, Bigot Préameneu) lui accordaient le droit de demander la nullité de son mariage pour pouvoir réparer sa faute, et d'autres (parmi lesquels le Grand Juge ministre de la Justice) préféraient rayer un article qui aurait fait, suivant le premier système, d'une nullité absolue une nullité relative (1).

Autre exemple : en vertu de l'ancien article 25, du Code civil, il était interdit au mort civil de contracter mariage : et là, encore, on voulait réserver le droit de demander la nullité à l'époux trompé, seul intéressé. Cette réserve était tellement en contradiction avec le caractère absolu de la nullité que, sur la proposition du consul Cambacérès, on

(1) Locré, VI, 365.

jugea « plus avantageux de ne pas déterminer d'une manière absolue par qui et dans quels délais l'action pouvait être exercée, et de laisser tous ces points à l'arbitrage du juge » (1).

Donc aucune coordination dans tout cela, et l'on peut avancer que le législateur de 1804 n'a vu que des nullités, en somme, là où la doctrine voit des empêchements dirimants : « On peut classer, dit Tronchet, les dispositions de cette section en suivant les diverses espèces de nullités, en suivant les personnes qui ont le droit de les proposer »... Portalis déclare préférer le premier mode de classement, car, si les nullités ne sont plus les mêmes qu'autrefois, les nouvelles sont de la même nature : « La nullité relative résultant de la non-présence du propre curé est remplacée par celle qui résulterait de l'absence de l'officier de l'état civil. *Les empêchements dirimants forment encore des nullités absolues* »... (2) Les empêchements apparaissent donc noyés dans les nullités. Eh ! bien, classera-t-on du moins ces dernières ; en dégagera-t-on la théorie générale ? les réunira-t-on sous une vue d'ensemble ? Point : le législateur a reculé devant la difficulté, il l'avoue lui-même :

« Les différentes nullités d'un mariage, dit Portalis, ne sont pas toutes soumises aux mêmes règles ; dans l'école, on les a distinguées en nullités absolues et en nullités relatives. On a attribué aux unes et aux autres des effets différents. Mais l'embarras était de suivre dans la pratique une distinction qu'il était si facile d'énoncer dans la théorie..., les difficultés étaient interminables.

(1) Locré, IV, 370.
(2) Locré, IV, 371.

« On a compris que le langage de la loi ne pouvait être
celui de l'école. En conséquence, dans le projet que nous
présentons, nous avons appliqué à chaque nullité les règles qui lui sont propres » (1).

C'est donc bien la marche incertaine, sans direction logique, que nous avions annoncée, qu'a suivie le législateur:
Cette méthode a abouti à des résultats tels que sur bien des
points on a jugé indispensable une réforme de la législation.

Nous nous trouvons donc en présence d'articles défen-
dant de se marier dans certains cas, et alors, il s'agit pour
nous d'essayer de trouver les principes auxquels les auteurs du Code ont obéi, les règles supérieures qu'ils ont
suivies, sans les jamais exprimer théoriquement.

* *

De l'héritage d'empêchements de mariage que lui laissaient le droit romain et le droit canon, le législateur moderne a fait trois parts :

Il a tiré hors de pair trois empêchements : l'impuberté,
l'existence d'une première union, la parenté, — et il a fait
de leur violation des cas de nullité du mariage — Ces empêchements correspondent à des conditions qu'il ne pouvait pas ne pas juger essentielles (nous savons pourquoi) :
aussi les a-t-il vraiment organisés, groupés : ils marchent
ensemble (Cf. art. 184. C. civ.) : ils sont mis sur la même
ligne. leur violation, à tous trois, entraîne la nullité absolue du mariage : cette nullité peut être proposée par tout

(1) Locré, IV. 508.

intéressé ; enfin, pour bien montrer qu'ici l'intérêt de la société est en jeu, on accorde à son représentant attitré, le ministère public, le droit d'intervenir, et on lui en fait même un devoir (art. 190, C. civ.).

En dehors de ces trois conditions, le législateur n'a sanctionné encore par la nullité que : 1° le défaut de consentement des parents, et 2° l'inobservation des formes prescrites pour la célébration du mariage.

Voyons donc alors ce que sont devenues toutes les autres conditions requises jadis, en droit romain ou en droit canon, ces conditions dont la doctrine, elle, a fait des empêchements prohibitifs, faute de texte les sanctionnant de la nullité, car c'est là le grand critère, on le sait.

On a coutume de dresser ainsi qu'il suit la liste des empêchements dits prohibitifs :

1° Inobservation des règles sur les publications (art. 192, C. civ.).

2° Opposition (art. 68, C. civ.).

3° Défaut d'actes respectueux (art. 151, C. civ.).

4° Délais de viduité (art. 228, 296, C. civ.).

5° Adoption (art. 348, C. civ.).

6° Qualité de militaire (Décret 16 juin 1808).

7° Divorce précédé d'adultère (art. 298, C. civ.).

8° Divorce, suivi de mariage, dénoué par un second divorce (art. 298, C. civ.).

9° Vœux monastiques (Décret 29 février 1807).

On ajoute encore la prêtrise, l'interdiction judiciaire et la différence de couleur : mais nous montrerons que le troisième cas n'existe plus aujourd'hui, et que c'est à tort qu'on

voudrait voir dans les deux autres des empêchements prohibitifs.

Si l'on examine attentivement cette liste, on s'aperçoit
que tout concourt à prouver que le législateur n'a jamais
songé à la dresser comme nous venons de le faire : il a épar-
pillé ça et là les éléments qui la composent, mais sans esprit de suite, au fur et à mesure qu'il s'avançait dans son
travail de codification générale, et aujourd'hui, quand on
vient les réunir en un faisceau pour en faire une théorie
d'ensemble, on est en contradiction avec la vérité historique, nous allons essayer de le prouver.

En parcourant des yeux le tableau que nous venons de
donner, on s'aperçoit que, de tous ces empêchements,

I. Les uns sont sanctionnés (les quatre premiers), les
autres, non ;

II. Des seconds (les non sanctionnés), aucun ne peut être
mis en lumière par des moyens officiels. La voie de l'opposition en effet, n'est ouverte en principe qu'à des personnes et pour des causes limitativement déterminées (1).
La seule ressource qu'aient les intéressés, est de s'adresser
officieusement à l'officier de l'état civil pour l'engager à ne
pas célébrer un mariage illégal ;

III. Des empêchements non sanctionnés, aucun n'est
forcément révélé à l'officier de l'état civil par les pièces qu'on

---

(1) C'est si vrai, que, même lorsqu'il s'agit d'empêchements dirimants,
tels que l'existence d'une première union ou la parenté, — s'il n'y a plus
de parents dont le refus de consentement mette obstacle à la perpétration
de ces crimes, ou si le premier conjoint ignore ce qui se prépare, aucun
tiers n'a le droit pas même le ministère public, de faire opposition au mariage.

doit lui remettre. En cas de silence des tiers, l'officier n'a
le plus souvent, par lui-même, aucun moyen d'information :
car le futur époux peut toujours dissimuler la cause qui
le rendrait inapte au mariage : un militaire qui voudrait se
marier sans permission ne pourrait-il pas cacher son état ?
Ne le ferait-il pas s'il était sûr de pouvoir toujours laisser
ignorer son mariage à ses chefs ? — Pour l'adoption, il en
est de même, rien ne contraint l'épouse à ajouter « fille
adoptive d'un tel » ou à joindre le nom de son père adoptif au sien ; — même observation pour les vœux monastiques ; — quant à l'obstacle qui naît du divorce (art. 295,
et 298) ou des délais de viduité (art. 228 et 296), rien n'est
plus facile que de le franchir : la femme n'a qu'à dissimuler son premier mariage ; elle se présentera à la mairie
sous son nom de jeune fille, le seul, de reste, que la loi re-
connaisse, et, en supprimant le « épouse divorcée du sieur
un tel » ou « veuve du sieur un tel » qui ne sont que des
qualificatifs, elle pourra faire célébrer son mariage sans
aucune difficulté ; — enfin, en ce qui concerne l'épouse
adultère et son complice, d'abord chacun sait que si ce
dernier n'est pas nommé dans le jugement condamnant
la femme, l'article 228 reste lettre morte ; puis la femme
pouvant, comme nous venons de le montrer, se présenter
sous son nom de jeune fille, si personne ne vient dévoiler
l'imposture, elle tournera la loi sans aucune peine ;

IV. Enfin, tous les empêchements qui sont sanctionnés
(les quatre premiers) le sont à des titres tels qu'on ne peut
pas les réputer de véritables empêchements.

Et d'abord, sauf la viduité, aucun ne correspond à une
qualité de la personne, ce qui est la caractéristique ordi-

naire des empêchements (1). Il n'est pas nécessaire d'insister pour faire ressortir le caractère des publications et des
oppositions : ce sont les formalités de publicité organisées
pour « garantir que les conditions essentielles du mariage
sont remplies (2) ». Ce sont des « formes », comparables à
l'exigence de témoins ; il n'y a pas à les distinguer et puisque le défaut de production d'acte de naissance des époux
n'est pas considéré comme un empêchement de mariage,
la non-présentation des certificats de publications ou de
mainlevée d'opposition ne doit pas l'être davantage.

Il y a encore le défaut d'actes respectueux et pour être
logique avec ce que nous venons de dire il n'y a qu'un ins-
tant, nous devrions y voir un empêchement né de l'état de
minorité de la personne. Mais le législateur pour bien démontrer qu'en notre matière il a toujours répugné à toute
généralisation, a refusé, nous l'avons vu (cf. *supra*, p. 195)
de considérer l'inaccomplissement de cette prescription
comme un empêchement. Nous ne verrons donc, avec lui,
dans les actes respectueux qu'une pure formalité, dilatoire.

Restent les délais de viduité : ici, même objection que
pour les actes respectueux et même réponse émanant du
législateur encore : La sanction de cette obligation est posée dans l'article 195 du Code pénal, compris sous la ru-
brique « De quelques délits relatifs à la tenue des actes

(1) Le seul empêchement qui paraisse démentir la règle, le défaut de
consentement des parents, ne laisse pourtant pas de s'y conformer : en effet ce qui crée l'empêchement, c'est l'état de l'enfant, à Rome: sa qualité
d'alieni juris soumis à la *paterna potestas*, en France, sa situation de
mineur de vingt-cinq ans.
(2) *Sic* Tronchet, Locré, IV, 419.

de l'état civil », elle frappe non les époux, mais l'officier
de l'état civil; — et voici comment le comte Berlier s'exprimait à ce sujet dans l'exposé de motifs qu'il présenta au
Corps législatif, le 6 février 1810 : « Des officiers de l'état
civil inscrivent-ils leurs actes sur des feuilles volantes, pro-
cèdent-ils à des mariages sans s'être assurés des consentements nécessaires... ou admettent-ils une femme qui a
déjà été mariée, à un nouveau mariage avant le terme indiqué par le Code Napoléon ? dans ces cas divers, ils com-
promettent l'état civil des personnes, ils se rendent coupables au moins de négligence » (1).

Par conséquent, dans ces quatre hypothèses, le législateur n'a voulu voir, croyons-nous, que l'inobservation de
formalités, « faute professionnelle » dont il rend responsable l'officier de l'état civil.

*
* *

Sur les neuf prétendus « empêchements », il n'en reste
donc plus en réalité que cinq, et ceux-là ne sont précisément pas sanctionnés. Alors on est bien près de s'exclamer, et de déclarer que poser une règle sans la sanctionner
ne se conçoit pas, qu'un législateur qui prend le soin d'é-
dicter une défense, une prohibition, sans ajouter de peine
pour celui qui la viole, n'est pas digne de ce nom ; que la
lex imperfecta est un paradoxe en législation : et pourtant,
c'est à ce paradoxe que s'est arrêté le législateur de 1804
et cela, volontairement et... sagement. — De sorte que l'on
peut dire que les auteurs du Code civil, en sanctionnant

(1) Locré, XXX, 248.

diversement (ici par la nullité absolue ou relative du mariage, là par des peines — prison ou amende, — frappant les
époux ou leurs complices volontaires ou inconscients) en
sanctionnant ainsi, dis-je, le défaut de conditions qu'ils ju-
geaient essentielles ou seulement nécessaires au mariage,
et en laissant l'accomplissement des autres à la volonté de
l'époux, ont abouti, EN FAIT, à faire de ces dernières conditions des empêchements prohibitifs, au vrai sens antique
du mot ; avec cette différence toutefois que jadis le frein du
péché empêchait la loi d'être absolument vaine, tandis
qu'aujourd'hui, l'absence assez ordinaire de tout remords
conduit à la vraie *lex imperfecta*.

C'est si vrai, que l'on peut se demander, à propos de ces
empêchements, nés de l'adoption, de la qualité de militaire,
des vœux monastiques et du divorce que nous avons mon-
trés absolument dépourvus de sanction, on peut se demander, dis-je, quelle responsabilité encourt l'officier de l'état
civil qui, au mépris d'une révélation officieuse de ces empêchements (1) passe outre à la célébration du mariage ?
à supposer qu'il n'ait pas été corrompu ou que la corruption ne soit pas prouvée, il échappe à l'article 177 du Code
pénal ; — l'article 1382 du Code civil, ne lui est même pas
applicable, faute d'intéressé autre que la société ; — la
seule peine qui puisse le frapper est la révocation.

---

(1) C'est la seule possible en effet, car la voie de l'opposition est réservée à des personnes et pour des causes limitativement déterminées, articles 172, 173, 174. Cf. en sens contraire un jugement du tribunal de Dieppe,
du 26 janvier 1890, (D. 90, 2, 200) accordant à l'époux qui a obtenu le divorce pour cause d'adultère de son conjoint, le droit de former opposition
au mariage de ce conjoint avec son complice d'adultère. Cette décision a
été fortement désapprouvée par M. Bufnoir, à son cours.

* *

Pour terminer, il nous reste à essayer de prouver que cet état de choses résulta le plus souvent de la volonté (peut-être forcée) du législateur, mais aussi quelquefois d'un oubli de sa part.

Quelles sanctions pouvait-on appliquer à ces empêchements ? — la nullité ? n'était-ce pas se montrer bien sévère que de punir d'une peine aussi grave la violation de règles de morale aussi discutables, en somme, que le sont la prohibition pour l'époux adultère d'épouser son complice, ou celle pour les époux divorcés, remariés, redivorcés de se réunir à nouveau ; — quant à la femme qui n'observe pas les délais de viduité ou au militaire qui se marie sans permission, si on les sépare, ils pourront se remarier, celle-là, après l'expiration du délai, avant même peut-être qu'un jugement ait prononcé la nullité de son mariage ; et celui-ci, le lendemain qu'il aura donné sa démission. — Même observation pour la religieuse dont les vœux ne durent que cinq ans. Par conséquent, dans toutes ces conjonctures, ou bien le scandale sera inutile, parce que, dans certains cas, si les époux sont d'intelligence, ils pourront renouer le lendemain les liens brisés la veille ; ou bien le remède sera le pire des maux parce que, dans les autres hypothèses, cette faculté de dissolution deviendra aux mains d'un époux inconstant une ressource équivalente au divorce par incompatibilité d'humeur (1).

Alors, de la prison ? mais les mœurs ne permettront jamais d'appliquer la peine.

(1) Cf. les paroles de Réal, Locré, IV, 377.

Frapper les époux d'une amende ? mais elle ne sera pas pour les arrêter.

C'est alors qu'on songea à faire respecter la loi par un autre moyen : étant donné que l'on ne peut frapper les époux eux-mêmes, on rendra responsable de leur action le fonctionnaire chargé de célébrer leur mariage, et, dans l'inexécution de la loi, on ne verra pas la violation d'un empêchement de mariage, mais l'inobservation d'une formalité, inobservation dont on fera porter la responsabilité par l'officier de l'état civil. — Toutefois pour punir cette faute de l'officier de l'état civil, on rencontre la même hésitation. Le frapper d'une amende, mais, dit le Grand Juge ministre de la justice, si vraiment il s'est montré complaisant, ce n'est pas lui qui la payera ; il faut donc ajouter à l'amende quelques mois de prison ; — A quoi bon, répond Treilhard, un an de prison ne l'effrayera pas si sa fortune est au bout. — Enfin, conclut-on, puisque la loi est nécessaire, sanctionnons-là de façon ou d'autre. — Qu'importe, au fond, ajoute Treilhard, ces cas sont si peu nombreux, qu'il est bien inutile de s'en inquiéter outre mesure (1).

Voilà le septicisme auquel se heurtaient les défenseurs trop zélés de la morale. Par conséquent, l'on peut dire que si certains empêchements sont restés sans sanction c'est que le plus souvent, cela a été voulu. — Ajoutons que, même en comptant sur l'efficacité des peines menaçant l'officier de l'état civil, on ne pouvait le rendre responsable que dans les cas où vraiment il y avait eu négli-

(1) Locré, IV, 577.

gence de sa part ; or, nous avons montré qu'il n'avait de
moyen de contrôle que dans trois cas (défaut de publications, d'actes respectueux, de certificats d'opposition. Le
Code pénal le rend encore responsable de l'inobservation
par la femme des délais de viduité, mais c'est excessif,
car, si la femme se donne comme jeune fille, l'officier de
l'état civil n'a aucun moyen de la démentir).

Nous avons enfin ajouté que parfois il y avait eu oubli :
On sait en effet que le projet Berlier tel qu'il fut voté par
le Conseil d'Etat dans sa séance du 18 frimaire an XI ne
comportait, quant à l'adoption, rien de semblable à l'article 348 actuel. C'est sur la proposition motivée du Tribunat qu'on y ajouta, entre autres choses, la prohibition de
mariage, telle que nous la connaissons aujourd'hui. Quoi
d'étonnant à ce qu'on n'ait pas songé à réparer complètement l'oubli.

Pour les actes respectueux, on se souvient encore que
le législateur s'était contenté d'en poser le principe dans
l'article 151 sans en organiser l'exécution : c'est un an
après la promulgation du titre du mariage que, sur la proposition du Grand Juge, ministre de la justice, on songea
à sanctionner le défaut d'actes respectueux (1).

Je crois avoir ainsi montré pourquoi la moitié des empêchements prohibitifs resta sans portée : j'ai fait voir le scep-

(1) Et aussi le défaut de consentement des parents, qui, jusque là n'en-
trainait qu'une nullité relative, extrémité devant laquelle on reculait le
plus souvent. Quant à l'article 193 du Code pénal, il ne date que de 1810 :
C'est ainsi que furent promulgués les articles 152, 153, 154, 156, 157 actuels.

ticisme que rencontrait toute proposition de sanction, l'indifférence à laquelle on se heurtait, indifférence motivée
par l'impossibilité où l'on était de mesurer la grandeur de
la peine à l'infraction commise (ce qui valait l'impunité
aux coupables).

L'abstention était donc forcée : et l'on se remettait de
l'observation de la loi à la conscience de chacun. — C'est
ce qui faisait dire à Portalis : « Il y aura toujours assez de
mariages pour la prospérité de l'État ; l'essentiel est qu'il
y ait assez de mœurs pour la prospérité des mariages ».

*   *
*

CHAPITRE I

Le mariage pouvant intéresser au plus haut point un grand nombre de personnes, il est indispensable de l'entourer d'une certaine publicité. C'est dans ce but que le législateur organise toute une procédure, destinée, d'une part, à provoquer la révélation des empêchements de mariage pouvant exister, et, d'autre part, à annoncer aux intéressés le changement d'état et de condition que vont subir les conjoints, et à leur permettre de prendre toutes les mesures propres à sauvegarder leurs droits. Ces intéressés pourront être un créancier de la femme, dont la créance n'a pas encore reçu date certaine (1410, C. civ.); — ou un créancier du mari qui aura à craindre d'être primé par l'hypothèque légale de la femme; — puis tous les tiers désireux de traiter avec les époux; — enfin, dans le premier ordre d'idées, un conjoint d'un précédent mariage encore existant, qui voudra s'opposer à la célébration de l'union projetée.

Quelles sont donc les mesures de publicité organisées par la loi ? Voici ce qu'elle édicte, article 63, du Code civil :

« Avant la célébration du mariage, l'officier de l'état civil fera deux publications, à huit jours d'intervalle, un jour

14

de dimanche, devant la porte de la maison commune. Ces
publications, et l'acte qui en sera dressé, énonceront les
prénoms, noms, professions et domiciles des futurs époux,
leur qualité de majeurs ou de mineurs, et les prénoms,
noms, professions et domiciles de leurs pères et mères.
Cet acte énoncera, en outre, les jours, lieux et heures où
les publications auront été faites : il sera inscrit sur un seul
registre qui sera coté et paraphé comme il est dit en l'article 41, et déposé, à la fin de chaque année, au greffe du
tribunal de l'arrondissement ».

A la lecture de ce texte, la première question qui se
pose est celle-ci : où faire ces publications ? — la question
se trouve résolue par quatre textes, qu'il est bon de reproduire :

ART. 74. C. civ. : « Le mariage sera célébré dans la commune où l'un des deux époux aura son domicile. Ce domicile quant au mariage s'établira par six mois d'habitation
continue dans la même commune. »

ART. 166. C. civ. : « Les deux publications ordonnées par
l'article 63 au titre *des Actes de l'état civil*, seront faites à
la municipalité du lieu où chacune des parties contractantes aura son domicile. »

ART. 167. C. civ. : « Néanmoins si le domicile actuel n'est
établi que par six mois de résidence, les publications seront
faites en outre à la municipalité du dernier domicile ».

ART. 168. C. civ.: « Si les parties contractantes, ou l'une
d'elles sont relativement au mariage sous la puissance
d'autrui, les publications seront encore faites à la municipalité du domicile de ceux sous la puissance desquels elles
se trouvent ».

On a beaucoup discuté sur l'article 167 et l'accord est encore loin d'exister aujourd'hui sur le sens à lui donner. Ne voulant pas reproduire toutes les explications qu'on en a proposées, nous nous contenterons d'en signaler deux.

Certains pensent que le domicile pour le mariage est *exclusivement* établi par une résidence de 6 mois (art. 74, C. civ.): c'est donc là, disent-ils, que devront se faire les publications de l'article 166 ; puis, si le futur a un domicile réel ailleurs, on y fera de nouvelles publications, conformément à l'article 167 (1). — Une pareille opinion se réfute sans peine : le but de l'article 74 est de faciliter le mariage. Or, entendu d'une manière restrictive, il aurait pour effet d'empêcher le mariage comme dans l'hypothèse que nous allons justement examiner maintenant. Au surplus, ce système ne rend pas compte de la contexture des textes et de l'opposition qu'on fait entre le domicile réel ou ordinaire et le domicile de l'article 74 dit *matrimonial*, notamment par le mot *néanmoins* qui ouvre l'article 167.

D'autres ont cru que l'hypothèse visée par l'article était celle où l'un des futurs époux avait son domicile réel et sa résidence de fait dans le même lieu mais depuis moins de six mois. — Cette hypothèse s'est présentée pour les Alsaciens-Lorrains après la guerre de 1870-71 : et certains membres de l'Assemblée nationale, croyant voir un obstacle à leur mariage actuel dans l'article 74 du Code civil, proposaient, justement émus, une loi dont l'article unique porterait : « Pour les Alsaciens-Lorrains qui ont choisi la

---

(1) Maleville, 1, 181 ; Delvincourt, 1, 132 ; Marcadé, sur l'article 74, n° 13 ; Duranton, 11, 220 ; Laurent, 11, n° 412.

nationalité française ou qui sont encore dans le délai d'op-
tion, le domicile quant au mariage s'établira par un mois
de résidence continue dans la même commune ». — L'a-
doption de ce projet de loi eût été la consécration législative du système que nous exposons en ce moment : or il fut
repoussé. Cela nous autorise donc à dire que cette deuxième
opinion ne rend pas compte de l'article 167 : il y est question de résidence, or les Alsaciens-Lorrains n'étaient pas
seulement des résidents mais des domiciliés et si le Garde
des sceaux, par une circulaire en date du 21 décembre
1871 (1), les autorisa à se marier en France avant l'expiration des 6 mois de l'article 74, à la condition de faire les
publications aussi à leur ancien domicile, c'est par cette
raison que les Alsaciens-Lorrains avaient transporté leur
domicile légal en France et que l'on peut se marier là où
l'on a son domicile légal, *quelque nouveau qu'il soit* (2).
— L'on ne voit même pas la nécessité légale (les textes
étant muets) de faire des publications à l'ancien domicile (3).
L'article 166 ne l'exige pas.

   La véritable explication, à notre avis est la suivante :
l'article 167 vise l'hypothèse d'une personne domiciliée légalement quelque part, (comme l'est à Paris un juge au
Tribunal de la Seine), — et acquérant ailleurs une résidence se prolongeant au-delà de six mois (comme par exemple si ce juge habite Versailles). Dans l'état, la personne
est libre de se marier à sa résidence (art. 74) ou à son do-

---

(1) Sir. 71, 2, 283 ; Dall. 72, 3, 16.
   (2) Demolombe, III, 200 ; Demante I, 228 bis ; Aubry et Rau, V, § 465 ;
Massé et Vergé, § 112, n° 1.
   (3) Valette, *Cours de Code civil*, 1, 194.

micile (à Versailles ou à Paris), mais si elle se marie à sa
résidence, l'article 167 intervient alors pour lui ordonner
de faire les publications non seulement à cette résidence,
dite « domicile matrimonial », mais, en outre, à la municipalité de son dernier domicile (légal ou réel) (1). — On
a bien objecté que l'article 167 parlant de « dernier domicile » entend par là un domicile *qu'on n'a plus.* — Nous
répondrons que, du moment que le législateur admet que
l'on peut avoir deux domiciles en matière de mariage, il
y en aura forcément un qui, n'étant pas l'actuel, sera l'ancien, « le dernier » avant l'actuel. — Au surplus, nous ne
faisons aucune difficulté de reconnaître que la terminolo-
gie du Code est loin d'être claire : le mot « domicile » dans
ces articles est employé pour désigner tantôt le domicile
légal et tantôt le domicile spécial (ou résidence) de l'article 74.

Forme des publications : Elles devraient être orales. Il
n'en est rien, en pratique ; on se contente de dresser un
acte mentionnant leur acccomplissement sur un registre
ad hoc et d'en afficher un extrait à la porte de la maison
commune pendant 8 jours. — Quant aux faits que doit
mentionner cet acte, ils sont énumérés dans l'article 63
précédemment transcrit.

La célébration du mariage ne peut avoir lieu avant le
3ᵉ jour depuis et non compris celui de la seconde publication, soit, au plus tôt, le mercredi.

Il est à noter également qu'un délai utile d'un an com-

(1) Valette, *ibid.*, p. 193.

mence à courir du jour, où le mariage a été possible, lequel délai passé sans mariage, les publications sont périmées et doivent être renouvelées (art. 65, C. civ.).

Dispenses : Nous avons dit que les publications doivent être au nombre de deux ; mais, en cas d'urgence et pour cause grave, on peut obtenir dispense de la seconde du chef de l'État et, par sa délégation permanente, du Procureur de la République près le Tribunal dans l'arrondissement duquel se prépare le mariage. Art. 169, C. civ.

Ajoutons que, dans le but de soustraire les Français établis dans certaines de nos possessions d'Extrême-Orient aux lenteurs considérables qu'entraînerait l'observation trop stricte des dispositions du Code sur le mariage, un Décret est venu supprimer quelques-unes de ces formalités ; rendu pour la Cochinchine le 27 janvier 1883, il a été déclaré applicable, par Décret du 29 janvier 1890, à l'Annam et au Tonkin. Voici ce qu'il décide au sujet des publications, en son article 4 : « Le Conseil privé (de la Colonie) pourra également lorsqu'il résultera des pièces produites qu'il n'existe entre les futurs époux aucun empêchement provenant de la parenté ou de l'alliance et qu'ils ne sont engagés ni l'un ni l'autre dans les liens d'un mariage antérieur, leur accorder dispense des publications auxquelles il serait nécessaire de procéder en Europe, en conformité des articles 167 et 168 du Code civil ».

Sanction : Quelle sanction entraîne l'inexécution de ces formalités ? est-ce la nullité du mariage ? point. En vertu du grand principe qui domine la matière, l'interprète ne peut, le Code étant muet, prendre sur lui d'ajouter à la loi : la sanction sera donc simplement celle édictée par l'article 192, soit une amende de 300 francs au maximum contre l'officier de l'état civil qui n'aura pas exigé la justification des publications en nombre et aux intervalles requis — et, contre les parties contractantes, une amende proportionnée à leur fortune.

Maintenant que nous savons en quoi consiste la publicité organisée par le Législateur en matière de mariage, nous ne devons pas craindre de dire qu'elle est absolument insuffisante, pour cette bonne raison qu'elle ne correspond pas à nos mœurs.

Ainsi que nous avons eu déjà l'occasion de le dire, le système tout entier nous vient du droit canon ; le Législateur moderne n'a rien innové : il a purement et simplement transposé, de l'ordre religieux dans le civil, les formalités jadis usitées, en se bornant à les séculariser. Autrefois les bans se publiaient à l'église : pour l'État, la mairie ayant remplacé l'église, c'est à la mairie que se feront désormais les publications.

Et l'on crut que, moyennant cette transformation, l'institution continuerait de bien fonctionner comme par le passé et de donner les mêmes résultats satisfaisants. En quoi l'on se trompait.

Le système canonique reposait sur cette considération que les fidèles étaient obligés de se réunir à l'église, régulièrement, à jours et heures fixes. Quand, au milieu de cette assemblée, le prêtre annonçait un mariage, il avait

chance d'être entendu par un grand nombre des habitants
de la paroisse, et, en tous cas, de voir ceux-ci colporter la
nouvelle aux autres paroissiens non présents à l'office. —
L'intéressé était donc averti automatiquement, presque
malgré lui.

Aujourd'hui, il lui faut aller aux renseignements, consulter les tableaux à la porte des mairies. Or, de deux
choses l'une, ou la ville qu'il habite est petite, et alors il
est averti par la rumeur publique bien avant de l'être par
la publication légale ; ou bien, cette ville est un grand
centre, et alors, les futurs époux pouvant dissimuler jusqu'à leur adresse, il est obligé de parcourir, chaque semaine, toutes les mairies pour savoir à quoi s'en tenir :
quand il y en a 20, comme à Paris, c'est une affaire de
plusieurs jours par semaine.

On peut donc dire que la publicité donnée par la loi aux
projets de mariage est absolument insuffisante. On verra,
dans notre conclusion, la réforme que nous proposons à
ce sujet, réforme qui aurait pour but, non pas d'avertir les
intéressés, ce qui n'est guère possible actuellement,
croyons-nous, mais de charger l'officier de l'état civil (qui
célèbre le mariage) du soin de les représenter, en lui four-
nissant les moyens de faire respecter leurs droits et ceux
de la société.

CHAPITRE II

L'OPPOSITION.

L'opposition est un acte par lequel une personne autorisée par la loi enjoint à l'officier de l'état civil de surseoir à la célébration d'un mariage publié jusqu'à ce qu'il ait été statué à ce sujet en justice. S'il est passé outre à cette défense, le mariage n'est pas nul par ce fait seul, mais le maire est passible d'une amende de 300 francs et peut être tenu de dommages-intérêts pour le préjudice ayant pu en résulter (art. 68, C. civ.).

Les publications ont porté leurs fruits : les personnes intéressées, informées par elles de l'union néfaste projetée accourent, mais, comme la justice est lente, pour ne pas consacrer irrévocablement une illégalité, peut-être, on les autorise à faire surseoir à la célébration avant tout jugement. On conçoit qu'un pareil droit ne doive être accordé qu'avec circonspection : ce n'est pas à quiconque que l'on peut permettre d'apporter ainsi obstacle à la réalisation d'un mariage sur le point de se conclure : car un projet d'union, quelque ferme qu'il soit, peut être brisé à jamais à la suite de ce retard. Donc, double restriction : quant aux personnes et quant aux motifs. Et, même ainsi, l'opposant est responsable de son obstruction : si elle est mal fondée, il est passible de dommages-intérêts (art. 179). Toutefois il est bon de remarquer qu'en général l'opposition ne tend

pas à révéler des empêchements d'ordre public et donnant
lieu à une nullité absolue de mariage : de ceux-là *tout le
monde* pourra avertir *officieusement* l'officier de l'état civil,
et celui-ci ne manquera pas de s'arrêter devant une semblable communication, si elle a les caractères de la vérité.
Hâtons-nous d'ajouter qu'il en est de même pour les empêchements simplement prohibitifs, car par là nous jus-
tifierons l'adoption, par la suite, de certaines opinions,
adoption basée précisément sur la considération de cette
faculté.

Vu l'étendue de la matière de l'opposition, nous éprou-
vons le besoin d'annoncer les divisions que nous suivrons
dans son étude. Ce seront les suivantes : 1° Personnes
ayant qualité pour faire opposition ; 2° Règles d'exercice
de l'opposition ; 3° Effets de l'opposition.

I. — Personnes ayant qualité pour faire opposition.

Précédents historiques. — Les Romains n'ont pas connu
cette procédure parce qu'elle eût été en contradiction avec
leurs règles sur la célébration du mariage. L'opposition,
en effet, ne se comprend que si une autorité quelconque,
civile ou religieuse, intervient pour unir les époux. Alors,
on peut s'opposer à cette consécration officielle : mais,
quand elle n'existe pas comme à Rome, l'opposition ne se
conçoit pas (1).

---

(1) Aujourd'hui c'est l'État qui procède à cette célébration : le mariage
est donc un contrat absolument formel. En droit canon, il en était de même,
malgré la formule consacrée que le mariage était purement consensuel

Le droit canon, à qui on doit l'institution, admettait tout un chacun à faire opposition, si bien même, que c'était le devoir de tout bon chrétien, ayant connaissance d'un empêchement quelconque, de mettre obstacle à l'union projetée. — L'ancien droit commença de réagir là contre par l'arrêt de règlement de 1778 ; — le droit intermédiaire suivit cette voie mais, excessif comme souvent, n'admit, comme opposants, que le conjoint d'un précédent mariage encore existant, et les personnes dont le consentement au mariage était requis.

Aujourd'hui, il y a quatre catégories d'opposants : la personne encore engagée par mariage avec l'une des deux parties contractantes ; — les ascendants ; — les collatéraux ; — le tuteur ou curateur.

« *Conjoint.* — C'est naturellement pour empêcher l'autre conjoint de commettre le crime de bigamie. Mais, un conjoint divorcé aurait-il le droit de recourir à l'opposition pour empêcher son conjoint adultère d'épouser son complice (art. 298)? La question s'est posée, assez récemment, devant le Tribunal de Dieppe qui s'est prononcé dans le sens de l'affirmative (1) pour ce motif que, sinon, on éluderait la prohibition en transportant sa résidence pendant six mois dans un endroit où l'on serait inconnu, et en s'y mariant.

attendu que les époux étaient eux-mêmes les ministres du sacrement ; car, en réalité, toute la théorie canonique du mariage n'était faite que pour ceux qui voulaient contracter un mariage béni par le prêtre, c'est-à-dire *solennel.* Par conséquent, ce n'est qu'à Rome, et à l'époque du droit classique, que l'on connut le vrai mariage consensuel, libre, c'est-à-dire abandonné pour sa formation juridique à la volonté des parties.

(1) 26 janvier 1890, D. 90. 2, 200.

C'est très juste : mais le texte est formel et cette extension est inacceptable.

β *Ascendants*. — « Le père, et à défaut de père, la mère, et à défaut de père et mère, les aïeuls et aïeules, peuvent former opposition au mariage de leurs enfants et descendants, encore que ceux-ci aient vingt-cinq ans accomplis ». Art. 173, C. civ.

N. B. 1° Il va de soi que les bisaïeuls sont compris dans le terme « d'aïeuls ». — 2° Le droit accordé à l'aïeul et à l'aïeule, ne s'exerce pas concurremment mais successivement. — S'il y a des aïeux dans les deux lignes, tous deux doivent être admis à faire opposition, mais en suivant la règle que nous venons d'indiquer (1).

Le législateur, confiant dans l'affection des ascendants, leur a conféré certaines immunités, et a fait de l'opposition, en leurs mains, un moyen dilatoire leur permettant de faire appel pendant quelque temps encore à la raison du descendant. — Aussi les autorise-t-on à faire opposition même sans motif (art. 176) et sans, pour cela, encourir aucune responsabilité (art. 179). — Si l'opposition n'est pas justifiée, le tribunal en donnera mainlevée, mais, d'ici là, le futur époux aura eu le temps de réfléchir. — L'opposition, en effet, pour être accueillie, doit être fondée sur un empêchement de mariage prohibitif ou dirimant. Jadis les tribunaux se montrèrent parfois moins exigeants, mais, en dépit des avantages moraux qu'on y pourrait trouver, on ne saurait admettre pareille façon

---

(1) *Sic*, Demolombe, III, 140 ; Laurent, III, 379.

d'agir : aussi a-t-on universellement proscrit ce pouvoir discrétionnaire (1).

γ Collatéraux. — « A défaut d'aucun ascendant, le frère ou la sœur, l'oncle ou la tante, le cousin ou la cousine germains, majeurs, ne peuvent former opposition que dans les deux cas suivants :

« 1° Lorsque le consentement du conseil de famille requis par l'article 160 n'a pas été obtenu ;

« 2° Lorsque l'opposition est fondée sur l'état de démence du futur époux ; cette opposition dont le tribunal pourra prononcer mainlevée pure et simple, ne sera jamais reçue qu'à la charge par l'opposant de provoquer l'interdiction, et d'y faire statuer dans le délai qui sera fixé par le jugement ». Art. 174, C. civ.

Rien à ajouter, sinon que ce droit appartient aux collatéraux individuellement et concurremment, mais à défaut d'ascendants.

δ Tuteur ou Curateur. — « Dans les deux cas prévus par le précédent article (Cf. *supra*) le tuteur ou curateur ne pourra, pendant la durée de la tutelle ou curatelle former opposition, qu'autant qu'il y aura été autorisé par un conseil de famille, qu'il pourra convoquer ». Art. 175, C. civ·

Une chose frappe tout d'abord à la lecture de cet article : comment peut-il se faire, au cas de démence, que le conseil de famille après avoir accordé son consentement (car s'il l'avait refusé on tomberait dans le 1°), donne au

---

(1) Cass., 30 juin 1879. S. 79,1,416. D. 80,1,135. — Marcadé, art. 173 ; Aubry et Rau, § 454, n. 8, Demolombe, III, 140 ; Demante, I, n. 246 *bis* 1 ; Mersier, n. 2696 *bis* ; Glasson, *Consentement au mariage*, etc, n. 137.

tuteur l'autorisation de discuter ce consentement ? c'est inconséquent, semble-t-il ? — Mais non, a-t-on répondu, il n'est pas sans intérêt de distinguer l'opposition fondée sur la démence de celle reposant sur le défaut de consentement, surtout si le mineur est près d'atteindre sa majorité, car la première survivra à cette majorité mais non la seconde. — Il est aisé de réfuter cet argument : dans les deux cas l'opposition disparaît puisqu'elle émane *toujours* du conseil de famille (agissant par l'intermédiaire du tuteur) et que ce conseil de famille est sans qualité à la majorité du pupille. — D'autres auteurs, méconnaissant ce rôle d'agent du conseil de famille que joue le tuteur en la circonstance, croient expliquer la difficulté en disant que l'article vise le cas d'un dissentiment entre le tuteur et le conseil ; ce dernier, ne trouvant pas la démence assez prononcée, autorise, mais laisse libre le tuteur de former opposition *proprio nomine*. — Cette opposition *proprio nomine* est tout simplement une chimère. — Reste donc que l'article est le produit d'une inadvertance ? cela n'est pas douteux en présence des travaux préparatoires : nous voyons, en effet, dans Locré (IV, 353) que tout d'abord le tuteur n'avait pas ce droit d'opposition. C'est sur la demande du Tribunat que cette faculté fut introduite dans le projet, mais, ce que le Tribunat proposait c'était, non pas de faire un article spécial, comme l'article 175, mais d'ajouter, dans l'article 174, après les mots « le cousin ou la cousine germains, majeurs », ceux-ci : « et le tuteur ou curateur ». Alors ces derniers eussent agi *de leur chef* sans autorisation du conseil et l'inconséquence n'existait pas.

. L'énumération des articles 172-175 est absolument limitative. Par suite, les enfants ne sont pas admis à former opposition au mariage de leur père, par exemple, pas même au cas de démence, et encore qu'ils auraient introduit déjà contre lui une demande d'interdiction (1). Ainsi le veut l'antique *reverentia* due à ses auteurs. Sont aussi écartés les neveux et les alliés.

Que dire du *ministère public* ? a-t-il qualité pour former opposition ? — la question est très délicate : en effet les auteurs du Code civil ne le mentionnent pas dans cette série d'articles (172-175) ; ce silence pourrait sembler l'exclure, — et d'autre part, cependant, ils lui imposent, dans les articles 184, 190 et 191, l'obligation de demander la nullité du mariage quand l'ordre public l'exige. Comment dès lors concilier cela ? — Trois systèmes ont été proposés :

α. Dans le silence des textes, le ministère public n'a jamais qualité pour former opposition : cela n'a aucune conséquence fâcheuse, ajoute-t-on, puisqu'il peut, comme quiconque, du reste, (nous l'avons dit), dénoncer officieusement à l'officier de l'état civil les empêchements existants et que ce dernier doit, quand il a acquis la preuve de l'existence d'un empêchement, surseoir à la célébration du mariage, s'il ne veut s'exposer à des pénalités parfois considérables (art. 157, 192, 193, C. civ. ; 193-195, C. pén.) (2).

---

(1) Cass., 28 août 1872, S. 72, 1, 329 , D. 72, 1, 345.
(2) Paris, 26 avril 1833, Sir. 33, 2, 286. — Merlin, *Rép.* V° *Mariage*, n° 4, quest. 3 et V° *Opposition* ; Toullier, I, n. 591 ; Vazeille, I, n. 105 ; Mourlon, *Rép. écr.*, 1, p. 324 ; Allemand, n. 285 ; Ortolan et Ledeau, *Minist. publ.*, 1, liv. 2, tit. 1, ch. 4, § 1 ; Zachariæ, 1, p. 192 ; Laurent, 11, n. 387 ;

β. Malgré le silence des textes, disent les partisans du second système (1), le ministère public a qualité toutes les fois que l'empêchement dirimant ou même simplement prohibitif est fondé sur un motif d'ordre public. Et, à l'appui de cette opinion, on invoque l'article 46 de la loi du 20 avril 1810 sur l'organisation judiciaire qui investit le ministère public du droit de poursuivre d'office l'exécution des lois dans les cas où l'ordre public est intéressé.

Art. 46. — « En matière civile, le ministère public agit d'office dans les cas spécifiés par la loi. — Il surveille l'exécution des lois, des arrêts, et des jugements ; il poursuit d'office cette exécution dans les dispositions qui intéressent l'ordre public ».

Contre ce système on objecte qu'il y aurait contradiction, de la part du législateur à restreindre dans le 1er alinéa de l'article 46 le droit d'agir d'office, du ministère public, aux cas spécifiés par la loi, pour l'étendre, dans le dernier alinéa, à tous ceux dans lesquels l'ordre public est intéressé.

γ. Enfin dans le troisième système on reconnaît au ministère public le droit d'opposition dans tous les cas où il aurait le droit de demander la nullité du mariage, mais seulement dans ces cas. — Il y a là, dit-on, un *a fortiori* : en effet, celui qui a le droit de faire prononcer la nullité d'un mariage, doit, à plus forte raison, pouvoir s'opposer à ce que ce mariage soit célébré. Il vaut mieux, ajoute-t-on en-

Debacq, *Act. du min. publ. en mat. civ.*, p. 334 ; Dutruc, *Mémor. du min. public*, n. 1530.

(1) Demante, I, n. 249, I ; Valette sur Proudhon, I, 420 ; Massé et Vergé, I, 192. — Bordeaux, 20 juillet 1807, S. 9, 2, 399 ; Limoges, 17 janvier 1846, S. 46, 2, 97.

core, prévenir le mal que d'avoir à le réparer : *Melius est causam intectam servare quam vulnerata causa remedium quærere* (1).—Mais, à cela on répond, avec raison, nous semble-t-il qu'il y a loin d'une demande en nullité à une opposition : quand on a repoussé la demande en nullité, tout est terminé, tandis que l'opposition intempestive et mal fondée oblige à différer le mariage et peut en amener la rupture. Enfin, on fait observer que l'*a fortiori* est ici un argument sans valeur : car bien des personnes peuvent demander la nullité d'un mariage qui n'ont pourtant pas le droit de former opposition : ainsi en est-il des collatéraux.

La jurisprudence depuis longtemps hésite sur l'application à faire de cet article 46, notamment en matière de rectification des actes de l'état civil, et rend des arrêts contradictoires (2).

II. — Formes de l'opposition.

Elle a lieu par exploit d'huissier. Cet exploit présente quelques particularités ; c'est ainsi que l'original et les copies doivent être signées par l'opposant ou son fondé de procuration spéciale et authentique. La signification a lieu aux parties, et, en outre, à l'officier de l'état civil, qui est tenu de mettre son visa au pied de l'original, pour ne pas prétendre, par la suite, n'avoir rien reçu, ce qui mettrait en conflit deux agents de l'autorité publique (art. 66) et de

(1) Delvincourt, I, 120 ; Proudhon, I, 420 ; Duranton, II, n. 201 et 346 ; Rieff, n° 169 ; Aubry et Rau, V, § 454, n. 27. Demolombe qui avait d'abord incliné pour la 2e opinion s'est rangé à celle-ci, III, n° 151.

(2) Cassation, 25 mai 1869, D. 69, 1, 413 ; 22 janvier 1862, D. 62, 1, 5 ; 28 novembre 1877, D. 78, 1, 209.

mentionner, sans délai, l'opposition sur le registre des publications (art. 67).

Quel est l'officier de l'état civil compétent pour recevoir l'opposition ? celui de la commune où doit se célébrer le mariage, disent les uns ; celui de l'une des communes où l'on a fait les publications, disent les autres, en s'appuyant sur l'article 69, ainsi conçu : « S'il n'y a point d'opposition, il en sera fait mention dans l'acte de mariage ; et si les publications ont été faites dans plusieurs communes, les parties remettront *un certificat délivré par l'officier de l'état civil de chaque commune, constatant qu'il n'existe point d'opposition* ». L'article enlève, du reste, tout intérêt à la controverse par l'exigence de ce certificat.

L'opposition doit être motivée, sauf pour les ascendants. On a coutume de dire que c'est parce que les motifs qu'ils peuvent alléguer ne sont pas limitativement déterminés comme pour les autres opposants : la vérité, c'est que les ascendants peuvent former opposition même sans motif. Pour terminer, transcrivons l'article 176, remarquable par la sanction qu'il édicte en sa fin : « Tout acte d'opposition énoncera la qualité qui donne à l'opposant le droit de la former ; il contiendra élection de domicile dans le lieu où le mariage devra être célébré ; il devra également, à moins qu'il ne soit fait à la requête d'un ascendant, contenir les motifs de l'opposition ; le tout à peine de nullité, et de l'interdiction de l'officier ministériel qui aurait signé l'acte contenant opposition ».

III. — Effets de l'opposition.

C'est une mesure dilatoire, nous l'avons dit. Aussi, voici ce que décide l'article 68 : « En cas d'opposition l'officier de l'état civil ne pourra célébrer le mariage avant qu'on lui en ait remis la mainlevée, sous peine de trois cents francs d'amende et de tous dommages-intérêts ».

Mais *quid* en présence d'une opposition irrégulière ? l'officier de l'état civil peut-il passer outre ? dans ce cas, encourra-t-il la peine de l'article 68 du Code civil ? — La loi du 20 septembre 1792 décidait formellement qu'il n'y avait pas de peine en ce cas et déclarait qu'il fallait regarder « comme non avenues, toutes oppositions formées hors les cas, les formes et par toutes personnes autres que celles ci-dessus désignées » (1) ; mais le Code n'ayant pas reproduit cette mention dans l'article 68 (*supra*) on peut se poser la question : il nous semble, quant à nous, qu'en aucun cas l'officier de l'état civil ne peut s'ériger ainsi en juge du mérite de l'opposition, ni sous le rapport du fond (c'est-à-dire du motif de l'opposition et de la qualité de l'opposant), ni même sous celui de la forme. — Il doit donc surseoir à la célébration jusqu'à ce qu'on lui en ait rapporté la mainlevée amiable ou judiciaire ainsi que l'ordonne, du reste, l'article 68 (2). S'il passe outre, il sera passible de 300 fr.

---

(1) Titre IV, sect. 3. art. 9.
(2) *Sic*, Delaporte, *Pandect. fr.* art. 68 ; Duranton, II, 203 ; Coin-Delisle, p. 56, n. 1 ; Huteau d'Origny, VII, 3, § 3, n. 2 ; Rieff, n. 179 ; Demante, I, n. 252 *bis* ; Taulier, I, 296 ; Aubry et Rau, V, § 456, note 1 ; Massé et Vergé, I, § 112, n. 3 et § 119, n. 17 ; Marcadé, art. 176, n. 6 ; Demolombe, I, n. 163. Cependant ces deux derniers auteurs exceptent le cas où l'oppo-

d'amende, quand bien même les tribunaux donneraient,
par la suite, mainlevée de l'opposition : l'article 68 est formel et ne distingue pas. Par contre, si l'opposition était
jugée bien fondée, le mariage n'en serait pas forcément
annulé pour cela ; l'empêchement sur lequel on basait l'opposition pouvant n'être que prohibitif. La conclusion est
donc que l'opposition, par elle-même, n'est, elle aussi qu'un
empêchement purement prohibitif.

Quant aux autres effets de l'opposition et à sa mainlevée,
nous n'en parlerons pas, de crainte de sortir du cadre de
cet essai.

sition serait manifestement irrecevable. — *Contra*, Merlin, *Rép.* V° *Op-
pos. à mariage*, art. 177, n. 4 ; Ducaurroy Bonnier et Roustain, I, 302 ;
Valette sur Proudhon, I, p. 419, note a ; *Explication sommaire*, p. 103 ;
Cours de C. civ., I, 204 ; Laurent, I, 396 ; Mersier, n. 282.

CHAPITRE III

DU DÉFAUT D'ACTES RESPECTUEUX.

« Les enfants de famille ayant atteint la majorité fixée par l'article 148 sont tenus, avant de contracter mariage, de demander par un acte respectueux et formel le conseil de leur père et de leur mère ou celui de leurs aïeuls et aïeules, lorsque leur père et leur mère sont décédés ou dans l'impossibilité de manifester leur volonté ». Art. 151, C. civ.

En vertu de l'article 158 du Code civil, ces dispositions sont applicables aux enfants naturels « légalement reconnus » (1).

---

(1) ART. 158 : « Les dispositions contenues aux articles 148 et 149, et les dispositions des articles 151, 152, 153, 154 et 155 relatives à l'acte respectueux qui doit être fait aux père et mère dans le cas prévu par ces articles, sont applicables aux enfants naturels légalement reconnus ».

Ces derniers mots doivent être entendus *lato sensu ;* ils visent tout enfant dont la filiation est légalement *prouvée.* Cette preuve résultera soit d'une reconnaissance volontaire, article 334 du Code civil ; — soit d'une décision de justice, car, d'une part, l'article 341 admet la recherche de la maternité naturelle, et d'autre part, la constatation de la filiation naturelle de l'enfant peut résulter, incidemment, de jugements statuant sur des demandes étrangères à cette question, mais la résolvant, comme, par exemple, une demande d'annulation de mariage pour bigamie — pour inceste, (en supposant les deux époux de mauvaise foi).

Cette interprétation large des mots « légalement reconnus » est légitime ; car, dans le langage de la doctrine, quand la filiation naturelle est établie par jugement, on a coutume de dire qu'il y a là « une reconnaissance judiciaire ou forcée ».

Notons, en terminant, que, la parenté naturelle ne pouvant exister

A partir de 21 ans pour les filles, de 25 ans pour les
mâles, si l'on peut se passer du consentement des ascendants, on doit toutefois leur demander conseil. De cette
façon, ils seront à même de faire aux enfants les observations qu'ils jugeront convenables. Si donc l'union projetée
n'a pas été approuvée des ascendants, l'enfant, avant de
passer outre, les devra consulter officieusement par un
« acte respectueux et formel » qu'on appelle vicieusement
« sommation respectueuse ».

Cet article 151 est un legs de l'ancien droit : il nous
vient de l'Édit de Henri II, de 1556. Après avoir menacé
des peines de l'exhérédation les enfants de famille se mariant sans le consentement de leurs parents, l'Édit continue en ces termes : «... N'entendons comprendre les mariages qui seront contractés par les fils excédant l'âge de
trente ans, et les filles ayant vingt-cinq ans passés et accomplis pourvu *qu'ils se soient mis en devoir de requérir
l'avis et conseil de leurs dits père et mère...* ». Il résulte
donc de ce texte, qu'au-dessous de cet âge, soit de 21 à 25
ou 30 ans, si le consentement des parents n'avait pas été
obtenu, l'exhérédation était encourue. La différence qui
séparait toutefois le mineur du majeur c'était que, en outre de l'exhérédation et des peines pécuniaires encourues,
le mineur voyait son mariage entaché de nullité.

Nombre des sommations : Au-dessous de 25 et 30 ans, en
cas d'insuccès, on renouvelle l'acte respectueux deux fois,
de mois en mois ; un mois après le troisième acte, il peut
être passé outre à la célébration du mariage (art. 152).

qu'entre les père et mère et l'enfant, ce dernier n'aura jamais aucune formalité à accomplir vis-à-vis de ses grands-parents.

Passé l'âge de 25 ou 30 ans, il peut être, à défaut de consentement, procédé, sur un seul acte respectueux, et, un mois après, à la célébration du mariage.

Formes de l'acte respectueux : « L'acte respectueux sera notifié à celui ou ceux des ascendants désignés en l'article 151, par deux notaires ou par un notaire et deux témoins ; et, dans le procès-verbal qui doit en être dressé, il sera fait mention de la réponse ». Art. 154, C. civ.

En pratique, celui qui veut contracter un mariage contre la volonté de ses parents, fait dresser par un notaire un acte par lequel il déclare vouloir demander le conseil de l'ascendant et charger le dit notaire de signifier cet acte. Puis, le notaire, accompagné d'un de ses collègues ou de deux témoins, se rend à domicile pour le notifier. Pour envenimer les choses le moins possible, à l'huissier, image vivante de tout ce que l'appareil de la justice a d'inexorable et de blessant, on a substitué le notaire, sorte de confident des familles, dont l'intervention ne peut être que bienfaisante. Aussi, tandis que l'exploit d'huissier est laissé aux mains de quiconque, l'acte respectueux, au contraire doit être en principe, signifié à personne (car le procès-verbal de signification doit mentionner la réponse de l'ascendant, art. 154). L'ascendant recourant assez ordinairement à tous les moyens possibles pour se dérober aux notaires, il est assez ardu parfois de le rencontrer ; en désespoir de cause, on peut alors se contenter d'une notification à domicile. Comme jadis non plus, l'enfant n'est pas tenu d'accompagner le notaire.

Dans la pensée du législateur, le consentement des parents, les actes respectueux et l'opposition forment un
tout harmonieusement combiné : Tant que l'enfant n'a pas
atteint son complet développement physique et moral, en
lui permet bien de se marier, parce que tel peut être son
intérêt, mais on l'oblige à obtenir le consentement de ses
parents : ils sont, en effet, les meilleurs juges de l'oppor-
tunité qu'il y a pour lui à user de la faculté, parfois dange-
reuse, que lui accorde la loi. Aussi, durant cette période,
en cas de conflit entre l'enfant et ses parents, c'est l'enfant
qui doit céder. car il y a plus de chances que ce soit lui
qui se trompe que ses auteurs, dont l'expérience est plus
grande. Leur refus mettra donc un obstacle infranchissable aux projets de mariage.de l'enfant.

Mais, il vient une époque où l'enfant, ayant atteint son
complet développement moral et physique, doit être maître de ses actions (1) : à partir de ce moment, les parents
doivent borner leur protection à des conseils. Et comme ces
conseils seraient peu écoutés et vite oubliés si le mariage
pouvait se célébrer sur le champ, le Législateur a voulu
que l'enfant eût le temps de les peser mûrement, qu'il y
fût presque contraint ; et, pour cela, il a organisé toute
une procédure dilatoire dont la durée diminue à mesure
que l'enfant grandit en âge : la formalité des actes respectueux retarde en effet le mariage de 3 mois ou d'un mois,
suivant que l'enfant a moins ou plus de 30-25 ans. — De
plus, si l'ascendant juge que ce délai n'est pas suffisant
pour permettre à l'enfant de se ressaisir, il n'a plus la res-

_____

(1) Cf. page 10.

source d'un refus souverain de consentement, mais il a la faculté de prolonger ce délai en faisant opposition au mariage sans autre motif que la conviction morale qu'il a que cette union sera funeste à son enfant (1). Le tribunal donnera mainlevée de cette opposition : mais, jusque là, l'ascendant aura pu faire encore appel à la raison de l'enfant.

Tout est donc théoriquement prévu pour donner à l'enfant le temps de la réflexion ; — mais, en pratique ces actes respectueux ont-ils jamais abouti à un heureux résultat? on peut en douter. Aussi leur nécessité est-elle fortement attaquée. Les critiques disent que ces actes sont, à l'inverse de leur qualification, tout à fait irrespectueux et aigrissent les rapports entre parents et enfants. Il y a du vrai dans ces reproches, mais aussi quelque peu d'exagération, comme on l'a déjà remarqué : sans doute, celui qui se décide à recourir à ce moyen, va jusqu'au bout et se marie contre le gré de ses parents ; mais précisément, comme l'acte est irrespectueux, plus d'un enfant éprouvera une naturelle répugnance à le signifier et « s'abstiendra d'un mariage qu'il aurait contracté s'il n'avait pas rencontré cet obstacle que sa piété filiale ne lui permet pas de franchir » (2).

Quoiqu'il en soit, la plupart des pays étrangers ont repoussé, quelques-uns depuis longtemps déjà (3) les actes respectueux, si bien qu'en France même, pour faciliter les unions de nos compatriotes en Extrême-Orient et supprimer les lenteurs qu'occasionneraient les distances, on n'a

(1) Cf. page 220.
(2) Glasson, *Le mariage civil et le divorce.* 2ᵉ édition, p. 345.
(3) La Prusse Rhénane, depuis 1815.

pas craint d'apporter quelques atténuations à ce qu'aurait de trop rigoureux l'application pure et simple du principe : en effet, voici ce que décide, en son article 1ᵉʳ un décret (1) rendu pour la Cochinchine, le 27 janvier 1883 et déclaré (par décret du 29 janvier 1890) applicable à l'Annam et au Tonkin :

« Toute personne résidant en Cochinchine qui voudra contracter mariage sera dispensée, lorsque ses ascendants auront leur domicile au dehors de la Colonie, des obligations imposées par les articles 151, 152, et 155 du Code civil relativement aux actes respectueux ».

(1) Que nous avons eu déjà occasion de citer à propos des publications.

CHAPITRE IV

DES DÉLAIS DE VIDUITÉ.

C'est un des rares empêchements légués par le droit romain. Aujourd'hui il n'est plus que prohibitif : assez généralement, pourtant, quand ils viennent de si loin, les empêchements ont plus de vertu. — Peut-être doit-on attribuer la dégénérescence de celui-ci à l'éclipse qu'il subit au moyen âge (1).

Les raisons, qui guidèrent le législateur à l'origine, ayant été exposées dans la partie de cet essai consacrée au droit romain (2), nous n'en reparlerons pas ici. Notons toutefois qu'on est revenu de nos jours à l'antique délai de dix mois qui, comme on le sait, avait été augmenté et porté à 12, sous les derniers Empereurs romains.

« La femme ne peut contracter un nouveau mariage qu'après dix mois révolus depuis la dissolution du mariage précédent. Art. 228, C. civ. ».

Le texte employant le mot « dissolution », la règle sera applicable notamment au cas de divorce et d'annulation du mariage. — De reste, l'article 296 du Code civil, est spécialement formel pour le cas de divorce (3).

(1) Cf. page 145.
(2) Cf. page 7.
(3) Art. 296. « La femme divorcée ne pourra se marier que dix mois après que le divorce sera devenu définitif. »

En cas de violation de la règle, les Romains annulaient le mariage : de nos jours, on le répute maintenu. — La question fut jadis, il est vrai, fort controversée, mais aujourd'hui elle ne fait plus de doute : tous les jurisconsultes admettent que l'empêchement résultant de l'article 228 n'est que prohibitif.

Dès lors une question se pose : dans le cas où la femme, s'étant remariée avant l'expiration des dix mois, met au monde un fils plus de 180 jours mais moins de 300 jours depuis la dissolution du premier mariage, la conception de cet enfant pouvant, aux yeux de la loi, se placer pendan l'existence aussi bien du premier que du second mariage, quel sera le père de cet enfant ? le défunt ou le second mari ? — Les textes étant muets, la question ne laisse pas d'être fort délicate.

Le projet de Code civil pour l'empire d'Allemagne déclare qu'on doit ne considérer que la durée normale de la gestation qui est fixée à 270 jours. Si l'enfant naît dans ce délai, il appartient au premier mari sinon, au deuxième. En effet, dit-on, le délai de gestation n'a été prolongé par la loi au delà de sa durée ordinaire qu'en vue de légitimer l'enfant : or, ici, il l'est de toute façon.

En France, on a proposé quatre opinions (1) : α) Les uns ont pensé que, dans le doute, l'enfant n'était à aucun des deux pères ; — β) les autres, qu'il invoquerait, à son choix, la paternité la plus avantageuse ; — γ) certains, seulement celle du second mari (2) ; — δ) enfin, suivant un

_____

(1) M. Bufnoir, *à son cours*.

(2) C'était la doctrine des jurisconsultes de l'ancien droit : Voët, *ad Pandectas*, I, 6, n° 9 ; Bouvot, *Questions notables*, V° *Enfant* ; Rousseaud de

dernier système, c'est bien le second mari qui doit être déclaré le père de l'enfant, mais sauf les circonstances de fait (telles que l'âge, la maladie, l'éloignement du mari, l'époque de la naissance, la conformation de l'enfant) dont l'appréciation sera laissée à la sagesse des tribunaux (1).

L'observation des délais de viduité est absolument d'ordre public. Les tribunaux ont eu plusieurs fois l'occasion de se prononcer à cet égard à propos de femmes étrangères divorcées suivant la loi de leur pays (avant 1884) et voulant se remarier en France sans attendre les dix mois réglementaires, comme les y autorisait de reste leur loi personnelle, — et toujours ils ont déclaré que l'article 228 du Code civil, était applicable, quels que fussent les moyens par lesquels la loi étrangère avait pourvu au danger des confusions de part (2).

Lacombe, V° *Enfant*, n. 8. En ce sens encore : Capuron et Duvergie, *Traité de médecine légale* ; Devilleneuve, sur l'arrêt de cassation du 23 novembre 1842 (43.1.5) ; Demolombe V, 93. *Adde* le rapport de Fourcroy au Conseil d'Etat (Locré, Législ. VI, 50).

(1) Delvincourt, I, 127 ; Duranton III, n° 63 ; Proudhon et Valette, II, 49 ; Aubry et Rau, VI. § 545, note 74 ; Massé et Vergé, I, § 161, note 21 ; Marcadé *sur l'art.* 228. n. 2.

(2) Paris, 13 février 1872. S. 73, 2, 112, D. 73, 2, 160.

CHAPITRE V

L'ADOPTION.

Bien que l'adoption ne crée qu'une parenté purement civile, les auteurs du Code ont cru devoir en faire découler comme conséquence la prohibition du mariage en certains cas.

Ce sont les mêmes motifs *d'honnêteté publique* qui font prohiber l'inceste qui agissent ici encore et c'est la crainte de la corruption de la famille qui a inspiré l'article 348 au législateur. — Voilà donc pourquoi le mariage est interdit à tous ceux dont parle cet article 348 qui, sans être intimement liés par la nature, sont appelés pourtant à vivre ensemble sous le même toit.

« L'adopté restera dans sa famille naturelle et y conservera tous ses droits ; néanmoins le mariage est prohibé : entre l'adoptant, l'adopté et ses descendants ; — entre les enfants adoptifs du même individu ; — entre l'adopté et les enfants qui pourraient survenir à l'adoptant ; — entre l'adopté et le conjoint de l'adoptant et réciproquement entre l'adoptant et le conjoint de l'adopté. Art. 348, C. civ. ».

La rigueur des principes devrait conduire à voir dans ces dispositions des empêchements dirimants : aussi l'a-t-on soutenu (1). Mais, faute de texte précis (cpr. art. 184)

---

(1) Proudhon, I, 403 ; Merlin, *Rép.*, V° *Emp. de mariage*, § 4, art. 29 ; Vazeille, I. 225 ; Ducaurroy, Bonnier et Roustain, I, 149.

le commentateur doit reculer devant une interprétation
qui entraînerait des conséquences si rigoureuses (1). Il est
toutefois permis de supposer que cette lacune dans la loi
résulte d'un oubli involontaire (Cf. Introduction, page 207).

* *
*

(1) Aubry et Rau, § 463 ; Marcadé, *sur l'art.* 348 ; Demolombe, III,
338 ; Zachariæ, § 468 ; Valette, I, 188.

CHAPITRE VI

LA QUALITÉ DE MILITAIRE.

Les militaires de toute arme et de tout grade, appartenant soit à l'armée de terre, soit à l'armée de mer, et les personnes qui leur sont assimilées, ne peuvent contracter mariage sans l'autorisation de leurs supérieurs. Décret du 16 juin 1808.

Ce décret a été étendu aux officiers et aspirants de marine, aux administrateurs de la marine, etc., par un autre décret du 3 août 1808 ; — aux commissaires ordonnateurs et ordinaires (aujourd'hui, intendants militaires) et à leurs adjoints ainsi qu'aux officiers de santé par un décret du 28 du même mois ; aux officiers réformés, jouissant d'un traitement de réforme, par un avis du Conseil d'État du 22 novembre 1808 ; aux officiers, sous-officiers et soldats de la gendarmerie, par une Ordonnance du 29 octobre 1820 ; et enfin aux sous-officiers et soldats de la garde municipale de Paris par une ordonnance du 29 janvier 1832.

C'est le ministre qui donne l'autorisation aux officiers ; pour les sous-officiers et soldats, c'est le conseil d'administration de leur corps.

Il est aisé de saisir les motifs d'une pareille exigence : ce pouvoir de contrôle, s'exerçant jusque derrière le mur de la vie privée, est dans l'intérêt bien entendu du soldat, quel que soit son grade. Il n'est pas de carrière où l'on s'appartienne moins que dans celle-là : il n'est donc pas surprenant qu'un chef hiérarchique ait le droit de voir si toutes les conditions d'honorabilité et de fortune (on sait que les règlements exigent que la femme apporte une certaine dot) se trouvent réunies chez la future épouse de son subordonné. — A ces raisons que l'on a coutume de présenter, — et qui sont bonnes, mais insuffisantes, car elles justifieraient une exigence analogue pour le mariage des magistrats, — ajoutons encore celle-ci, que le soldat, l'officier surtout, une fois marié, père de famille, n'est plus aussi entièrement à son devoir militaire ; son dévouement, sa valeur sur le champ de bataille peuvent être entravés par le souci des siens laissés en arrière. C'est cet inconvénient, moindre aujourd'hui parce que l'armée est purement défensive, mais considérable jadis, qui, sans doute, avait préoccupé l'Empereur en 1808. Que l'on se souvienne en effet de la campagne de Russie, où l'armée eut à traîner derrière elle une foule de femmes d'officiers et de bagages de toutes sortes.

Pour terminer nous dirons, que la conséquence du défaut d'autorisation n'est point la nullité du mariage comme on le pourrait croire ; mais qu'elle est tout aussi grave : c'est la destitution de l'officier et la perte, pour lui, sa veuve et ses enfants, de tout droit aux pensions et récompenses militaires.

Nous ne sommes donc en présence, ici encore, que d'un empêchement purement prohibitif.

16

CHAPITRE VII

DIVORCE PRÉCÉDÉ D'ADULTÈRE.

« Dans le cas de divorce admis en justice pour cause d'adultère, l'époux coupable ne pourra jamais se marier avec son complice ». (Art. 298, C. civ.).

Déjà les Romains, nous l'avons vu (1), invalidaient le mariage de la femme adultère avec son complice et même toute autre personne. Le droit canon suivit cette direction, mais non, toutefois, sans s'écarter beaucoup du chemin tracé : en effet, l'adultère n'était un obstacle au mariage que quand il avait été accompagné de la promesse de s'épouser après la mort de l'époux innocent, ou lorsque l'un des coupables avait attenté à la vie de celui-ci.

Aujourd'hui on est revenu à la théorie romaine primitive : Tronchet avait proposé au Conseil d'État de déclarer que l'époux contre lequel le divorce serait prononcé, quelque fût le crime commis, serait désormais incapable de se remarier. C'était l'antique idée de talion, chère aux canonistes, qui reparaissait ici : « la femme adultère, disait-on, en violant le mariage s'en est rendue indigne ».— On ne repoussa cette théorie qu'en faisant remarquer que condamner à un célibat perpétuel l'époux qui avait violé les lois

_____

(1) Cf. p. 35.

du mariage, serait le contraindre à persévérer dans ses dé-
réglements (1). Aussi restreignit-on la prohibition au complice. Le motif de la loi est fort simple : on n'a pas voulu
« que l'époux contre lequel le divorce a été prononcé pour
cause d'adultère, pût, en épousant immédiatement son
complice, trouver dans le divorce même la récompense de
ses déportements ».

Le caractère dirimant ou prohibitif de cet empêchement est controversé : Delvincourt (2), Proudhon et Valette (3), sont pour le caractère dirimant. — De l'opinion
contraire sont partisans : Merlin (4), Toullier (5), Duranton (6), Vazeille (7), Demolombe (8), Zachariæ (9), Aubry
et Rau (10), Laurent (11). — Nous nous rangeons à cette
dernière opinion en vertu de la règle que, en l'absence de
texte prononçant la nullité, on ne peut déclarer l'empêchement que prohibitif.

L'obstacle est perpétuel (cf. « jamais », art. 298) ; il
subsiste donc en dépit de la mort de l'époux innocent.

Une question se pose, assez délicate : l'article 298 est-il
applicable en matière de séparation de corps ? — non, a-
t-on coutume de répondre, puisque le mariage, en ce cas,

(1) Locré, IV, p. 241.
(2) I, 67.
(3) I, 407.
(4) *Rép.* Vᵒ *Emp. de mariage*, § 4, art. 9.
(5) I, 651.
(6) II, 178.
(7) 1, 103.
(8) III, 339.
(9) § 468, texte et note 10.
(10) § 463, texte et note 9.
(11) III, 290.

subsiste encore (1). — J'entends ; mais, après la mort de
l'époux séparé, le conjoint survivant sera à même d'épouser son complice : le pourra-t-il ? ou, au contraire, ne va-
t-on pas appliquer alors l'article 298 ? — toujours non,
disent la plupart des auteurs (2), car, on ne peut, d'abord,
étendre une prohibition sans un texte le permettant, puis,
on ne retrouve pas ici les motifs qui justifient l'article 298,
c'est-à-dire la crainte de voir l'époux coupable poursuivre
ses déportements au grand jour, avec la protection de la
loi. — Mais alors, pourquoi le législateur ne se relâche-t-il
jamais de sa sévérité au cas de divorce ? Si l'on veut notre
opinion, nous dirons que les raisons de décider paraissent
les mêmes, en législation ; la séparation de corps est « le
divorce des catholiques » ; — mais que, en pratique, faute
de texte précis, on ne peut étendre la prohibition d'un cas
à un autre.

(1) Aubry et Rau, *loc, cit.*
(2) *Sic* : Toulouse, 10 juin 1852. P. 52,21,4 ; Toullier, I, 555 ; Duranton,
II, n° 179 ; Dalloz, v° *Mariage*, n° 251 ; Marcadé, II, p. 45 ; Bedel, *de l'A-
dultère*, n° 47 ; Demolombe, III, n° 126 ; Aubry et Rau, § 463 ; Massé et
Vergé, I, p. 214, n° 10 ; Scheffer, *Rev. crit.*, 1878, p. 727 et s. — *Contra* :
Delvincourt, I, 309 ; Pezzani, n° 548. — *Cpr.* Vazeille, n° 103, Zachariæ,
§ 468. n° 9.

CHAPITRE VIII

DIVORCES SUCCESSIFS.

« Les époux divorcés, ne pourront plus se réunir si l'un ou l'autre a, postérieurement au divorce, contracté un nouveau mariage suivi d'un second divorce ». Art. 295, C. civ.

L'ancien article 295 portait que les époux qui avaient divorcé pour quelque cause que ce fût, ne pourraient plus jamais se réunir. — Les auteurs de la loi de 1884 sont donc fort revenus de cette sévérité : ils ont voulu, non plus comme jadis, mettre, par une sorte de talion, les époux en interdit quant au mariage, mais simplement les empêcher de se faire un jeu du mariage et du divorce.

.·.

CHAPITRE IX

VŒUX MONASTIQUES (VOTUM).

Nous avons vu (1) que, dans le dernier état du droit canonique, le vœu de chasteté que faisait le moine lors desa profession, constituait un empêchement dirimant de mariage.

Aujourd'hui rien de cet obstacle ne subsiste plus, en
principe : A la Révolution, il fut déclaré que l'État ne
consacrerait plus civilement les effets de vœux solennels.
(Loi du 13 février 1790). Depuis, cette loi n'a jamais été
abrogée : il n'en est pas question dans le Concordat ni dans
la loi de germinal an X. Et, même, un décret du 3 messidor an XII est venu lui donner un regain de vigueur en
en prescrivant la stricte observation.

Par conséquent, plus d'empêchement naissant de la
profession solennelle. Toutefois l'État s'étant départi de
cette neutralité dans le décret du 29 février 1807 organique des congrégations hospitalières de femmes, il faut admettre une exception à la règle : les articles 7 et 8 de ce
décret autorisent, en effet, les membres de ces congrégations religieuses à contracter des vœux temporaires de
chasteté devant un officier de l'état civil : de l'intervention
de la puissance civile naît l'obligation pour elle de faire
respecter ce vœu : il en résulte, comme conséquence, un
empêchement de mariage prohibitif mais temporaire comme le vœu d'où il découle.

(1) Cf. p. 137.

CHAPITRE X

LA DIFFÉRENCE DE COULEUR.

Dans tous les pays où exista l'esclavage, il est arrivé qu'au bout de quelque temps une race intermédiaire est née de l'union des maîtres avec les esclaves. — Partout, nous voyons encore qu'au début l'affranchissement est largement autorisé, parce qu'il trouve un frein suffisant dans les sentiments égoïstes du propriétaire. — Puis, le nombre des esclaves augmentant naturellement, par la conquête ou la reproduction, on se montre plus généreux : c'est alors que le pouvoir social est obligé d'intervenir pour essayer d'arrêter l'épanouissement d'une race née sur la lisière de deux classes et qui ne peut ou ne veut faire partie ni de l'une, ni de l'autre : l'affranchi n'est plus esclave, il n'est pas encore un maître : éternel embarras social, que cette population vivant en marge de la loi.

C'est là de l'histoire romaine : c'est aussi de l'histoire de tous les temps (1).

(1) Les renseignements qui suivent sont empruntés à deux ouvrages écrits sur la Martinique à près d'un siècle et demi d'intervalle. Il n'y a guère de témérité à généraliser, et à étendre aux autres colonies ce qui est dit de celle-là, car partout on retrouve les mêmes phénomènes sociaux, qu'il s'agisse de Français ou par exemple d'Espagnols, établis dans l'océan Atlantique ou l'océan Pacifique, à la Martinique ou aux Philippines. — Ces deux ouvrages sont : *Le voyage aux Isles de l'Amérique*, du R. P. Labat, de l'ordre des Dominicains, (Paris, 1722, 6 vol. in-12) — et les *Notes*, du Dr Rufz de Lavizon (2 vol. in-8°, publiés à St-Pierre, Martinique, 1855).

L'esclavage des noirs ne commença d'exister dans nos colonies que sous Louis XIII. On raconte même que ce prince eut toutes les peines du monde à y consentir et ne se rendit aux pressantes sollicitations qu'on lui en faisait, que parce qu'on lui remontra que c'était un moyen infaillible et même unique pour « inspirer le culte du vrai Dieu aux Africains, les retirer de l'idolâtrie et les faire persévérer jusqu'à la mort dans la religion chrétienne qu'on leur ferait embrasser ».

La traite des nègres une fois autorisée, les Compagnies, concessionnaires du droit, commencèrent à en peupler *les Isles du Vent* comme on appelait en ce temps là nos colonies d'Amérique.

L'affranchissement était alors largement autorisé parce que personne n'en usait : Louis XIV allait même jusqu'à déclarer « qu'il entendait que l'affranchissement tînt lieu de naissance et les esclaves affranchis n'avoir besoin de lettres de naturalité pour jouir des mêmes avantages que ses sujets naturels » (1).

Mais cette longanimité ne devait durer que tout autant qu'il n'en était pas besoin. Le jour où le nombre des affranchissements s'accrut, tout de suite on y vit un danger pour la société. D'autant que les esclaves qu'on affranchissait surtout, étaient des femmes et des enfants (on comprend pourquoi). On voulut couper le mal dans la racine et un article 9 du Code noir infligea une amende de deux mille « livres de sucre » à tout homme blanc, père d'un enfant naturel mulâtre. Si c'était un maître qui avait débauché

(1) Cpr. la *restitutio natalium,* du droit romain.

sa propre esclave, la mère et l'enfant étaient confisqués
au profit de l'hôpital de l'île. — Comme toutes les mesures
trop radicales, celle-là n'eut aucun succès : « Les mœurs
permettaient une sorte de polygamie... C'était un luxe que
le nombre des bâtards : et l'homme riche tenait naturellement à ce que son sang fut libre ! » Rufz (I, 311). —
Qu'importaient donc les obstacles apportés à l'affranchissement : dénombrements, taxes, revision des titres de liberté ? le flot des affranchis grossissait tous les jours et il
vint un moment où cet accroissement continuel constitua,
dans l'état des mœurs, un réel péril social.

La population coloniale se composait alors de trois éléments : les esclaves, les affranchis (noirs ou mulâtres) et
les blancs. — Suivant la maxime antique, les esclaves ne
comptant pas, restaient les deux derniers : les mulâtres
et les blancs formèrent alors deux sociétés dont les origi-
nes étaient si distinctes, les mœurs si différentes, les idées
si opposées et les intérêts si contraires, qu'elles ne pouvaient être que la négation l'une de l'autre.

Elles pouvaient se fondre ensemble : mais, le jour où
cette fusion se serait accomplie, c'en était fait de l'esclavage : ce n'était plus qu'une question de temps et le nègre
pouvait suivre en pensée le chemin que feraient ses petits
enfants : esclaves noirs aujourd'hui, plus tard affranchis,
puis maîtres à leur tour, et peut-être même *blancs* un
jour (1). — Les deux sociétés pouvaient ne pas se fondre :
mais, le jour où la nouvelle se jugerait l'égale de l'ancienne,
ce devait être la lutte de castes.

(1) En s'unissant toujours à des blancs, on arrive, dit-on, à effacer au
bout de six générations toute trace de sang noir (Rufz de Lavizon).

Comme à cette époque on ne pensait pas que les colonies pussent être exploitées sans esclaves, dans le but de conserver l'esclavage et de prévenir la rivalité de classes, on eut recours à une série de mesures tant pour empêcher les affranchissements que pour mettre obstacle à l'élévation sociale des affranchis (1) : c'est ainsi qu'on fut amené à interdire le mariage entre personnes blanches et personnes de sang noir ou mêlé. L'Edit de mars 1724 (2) qui contenait cette prohibition la déclarait applicable non seulement aux Isles mais encore dans la Métropole (3).

A la Révolution, cet Edit fut implicitement aboli par les lois des 28 septembre — 16 octobre 1791. Mais une circulaire du 18 nivôse an XI remettant en vigueur les anciens principes (déjà le 30 floréal an X on avait repris le Code noir) fit défense aux officiers de l'Etat civil de célébrer aucun mariage entres des blancs et des négresses ni entre des nègres et des blanches. Locré qui la rapporte (IV, p. 615) semble la regarder comme obligatoire et ajoute que le gouvernement a quelquefois levé cet empêchement par des dispenses (4). Mais ce retour à l'ancien régime, qui ne pouvait s'appuyer sur aucune disposition du droit nouveau, portait une telle atteinte au principe désormais con-

---

(1) Faussement nommé Code noir par certains auteurs, ce nom étant réservé à l'Edit de 1685 « pour la police des Isles françaises du Vent de l'Amérique ».

(2) On interdit à l'affranchi de porter les mêmes vêtements que les blancs. Cpr. le *jus aureorum annulorum* des Romains, ce droit réservé aux ingénus.

(3) Bien mieux : On ne permettait aux noirs de séjourner en France que de 3 mois à deux ans.

(4) Il cite comme exemple, une décision du 17 avril 1812 autorisant un nègre, attaché au service de « Madame Bonaparte », à épouser une femme blanche.

sacré de la liberté du mariage, qu'il fut vivement attaqué sous la Restauration : on organisa de toutes parts des pétitions aux Chambres si bien que la circulaire fut révoquée par une décision du Garde des sceaux du 20 août 1821 (1).

Après les ordonnances du 24 février 1831, la loi du 24 avril 1833 et les décrets des 4 mars et 27 avril 1848, abolitifs de l'esclavage, la question ne se peut plus poser de nos jours : la différence de couleur n'est plus un empêchement de mariage.

(1) Gillet, *Circulaires et décisions du ministre de la justice*, p. 204.

CHAPITRE XI

L'INTERDICTION JUDICIAIRE.

L'interdiction judiciaire constitue-t-elle un empêchement de mariage ? évidemment oui ; et cela, en raison du 2° de l'article 174 du Code civil. En effet le texte déclare que les collatéraux « ne peuvent former opposition que dans les deux cas suivants : 1°... ; 2° lorsque l'opposition est fondée sur l'état de démence du futur époux : cette opposition, dont le tribunal pourra prononcer mainlevée pure et simple ne sera jamais reçue qu'à la charge par l'opposant de provoquer l'interdiction et d'y faire statuer dans le délai qui sera fixé par le jugement ». Si l'on a le droit de faire opposition à la condition de provoquer l'interdiction, c'est donc bien que l'interdiction une fois prononcée doit mettre obstacle au mariage. — Mais de quelle nature est cet empêchement : dirimant ou prohibitif ? Le texte, muet là-dessus, permet toutes les conjectures. Aussi la question est-elle fort controversée.

Si nous consultons les travaux préparatoires (1) nous y voyons que le projet de Code de l'an VIII, prévoyant l'hypothèse qui nous occupe, comportait un article 6 déclarant l'interdit incapable de se marier. Cambacérès fit suppri-

---

(1) Locré, IV, pp. 312, sq.

mer la disposition comme superflue, puisque le mariage
exige un consentement valable (art. 146) et que celui de
l'interdit ne peut l'être. Mais le Tribunat, en vue de préciser davantage, et d'écarter en droit la possibilité d'un intervalle lucide demandait qu'il fût établi « comme règle
certaine que l'interdit pour cause de démence est, en fait
de mariage, hors d'état de donner un consentement valable, lors même qu'il aurait des intervalles lucides ». Cependant le conseil d'État persista à penser que la disposition qui exigeait le consentement était suffisante (1). Enfin,
plus tard encore, et dans l'exposé des motifs du titre *de la
Majorité, de l'Interdiction et du Conseil judiciaire* (liv. I,
tit. XI) l'orateur du gouvernement déclara que l'interdit
était incapable de contracter mariage (2).

Malgré ces documents si probants, la question, en raison
du silence du Code, reste entière et l'on continue à se demander : l'interdit peut-il se marier ? — Pour beaucoup d'auteurs, ce n'est qu'une question de validité de consentement
absolument indépendante du fait de l'interdiction ; pour
ceux-là, il faudra distinguer, et suivant que l'interdit sera
ou non dans un intervalle lucide, son mariage sera valable
ou non. Ils mettent de côté l'interdiction parce que nul
texte ne parle de nullité de mariage basée expressément
sur cette cause et que les articles 502 à 504 leur paraissent
inapplicables à la matière; or pas de nullité sans texte, disent-ils, donc pas d'empêchement dirimant de maria-

(1) Fenet, IX, p. 118.
(2) Locré, VI, p. 354.

ge (**1**). D'ailleurs ces auteurs ne font aucune difficulté d'admettre que, vu l'article 174, 2°, l'interdiction constitue du moins un empêchement prohibitif (2).

A ces arguments de texte contre l'empêchement dirimant on ajoute qu'il y a des actes, tels que le mariage, la reconnaissance d'enfant naturel et le testament, qui deviendraient impossibles à accomplir si l'on n'admettait pas l'interdit à les faire lui-même, tant ils sont personnels. Il y a, dit-on, à considérer l'interdiction sous deux aspects : d'une part, incapacité de l'interdit, et de l'autre, mesures prises pour y suppléer (tutelle). Or ces deux aspects ne peuvent être séparés : l'incapacité n'existe que si elle est suppléée par la tutelle ; là où l'acte ne peut être fait par un tuteur, on ne conçoit pas d'incapacité ; on ajoute que, ne pas admettre cette théorie, c'est supprimer pour l'interdit, non pas l'exercice, mais la jouissance de ses droits et le frapper d'une sorte de mort civile.

A cela, que répondre, sinon que l'incapacité peut préexister, en fait et en droit, à l'organisation de la tutelle, et que, quant au cycle d'actes énumérés, il ne paraît pas indispensable du tout que l'interdit puisse les accomplir, comme par exemple, tester : et, c'est si vrai, que bien des partisans de l'opinion que nous repoussons rejettent cette conséquence — logique, pourtant, — de leur système. En outre, on peut fort bien permettre à l'interdit de reconnaître un enfant naturel, — ce qui se réduit à une

(1) Aubry et Rau, § 464, *texte et note* 1.
(2) Non sans faire toutefois une restriction, injustifiable à notre avis. Cf. Aubry et Rau, § 454, texte et note 17.

simple déclaration, — sans, pour cela, l'autoriser à se marier.

Puis, l'article 502 ne fait aucune distinction : « ... Tous actes passés postérieurement (à l'interdiction) par l'interdit.... seront nuls de droit ». — Mais, réplique-t-on, dans le langage habituel de la loi et de la pratique, on n'a jamais dit que se marier fût « passer un acte ». Au surplus, le mariage peut être désirable à bien des points de vue : pour légitimer des enfants naturels, pour donner à l'aliéné un conjoint dévoué à le soigner. — Mais que sont ces considérations personnelles en présence de l'intérêt général ? quel besoin la société a-t-elle d'encourager des unions dont le résultat sera la procréation d'enfants faibles d'esprit comme leur père ? — Le mariage comporte pour le mari l'exercice de certains droits et l'accomplissement de certaines obligations. Comment l'interdit sera-t-il à même de comprendre ses devoirs et d'exercer ses fonctions de chef de famille ? — Enfin, contre quelles difficultés ne se heurterait-on pas s'il fallait admettre la preuve de l'intervalle lucide ?

Aussi, pour nous, le fait, par la loi, d'admettre, de la part des collatéraux, une opposition fondée sur la démence du futur époux, à condition d'en provoquer l'interdiction, implique que l'interdiction, une fois prononcée, mettra obstacle au mariage. — Puis, le mariage n'existe pas là où il n'y a pas de consentement : notre législation ayant supprimé, en droit, l'intervalle lucide chez l'interdit (Cpr. art, 489, 502, 1125), il en résulte, en matière de mariage, une présomption légale d'incapacité de consentir qui entraîne la nullité du mariage (1). Notre conclusion est donc qu'il faut voir dans l'interdiction judiciaire un empêchement de mariage non seulement prohibitif mais dirimant.

Hâtons-nous d'ajouter qu'il existe un moyen facile d'écarter tous les prétendus inconvénients de cette opinion : il consiste purement et simplement à obtenir la mainlevée de l'interdiction.

APPENDICE. — *L'interdiction légale.*

Certains auteurs, remarquant que le Code civil n'a institué qu'une sorte d'interdiction (livre I, titre XI) et que c'est à celle-là que l'article 29 du Code pénal renvoie pour l'interdiction légale, en concluent que l'interdit légal, comme l'interdit judiciaire, ne peut se marier.

Mais, pour arriver à voir dans l'interdiction judiciaire un empêchement de mariage, on fait intervenir des raisons tirées de l'insanité d'esprit de l'interdit : or rien de semblable pour l'interdit légal : dès lors, *sublata causa, tollitur effectus.* Les deux tutelles sont organisées dans un but totalement différent : tandis que, dans l'interdiction judiciaire, on pourvoit à une incapacité de gestion, dans l'interdiction légale, on craint au contraire, une administration trop intelligente et le but essentiel de la loi est d'empêcher le condamné de se procurer des ressources. Les effets de

(1) Reste la question de savoir qui pourra demander cette nullité : ce sera le conjoint où son représentant légal, c'est-à-dire son tuteur (art. 180). *Sic*, Bruxelles, 17 juillet 1828.

l'interdiction légale ne se rapportent donc qu'à l'administration des biens, aux actes et dispositions concernant son
patrimoine. En dehors de ce cycle d'actes, la capacité du
condamné reste entière : il doit donc pouvoir librement se
marier.

* *

CHAPITRE XII

DE LA PRÊTRISE.

Nous avons vu, dans la partie de cette étude consacrée au droit canonique, que l'Église avait fini par voir dans l'*ordo sacer* un empêchement dirimant de mariage. — Après avoir permis le mariage aux prêtres, les lois de la Révolution en vinrent à le leur recommander et enfin à le leur imposer. — Survint le Concordat entre Pie VII et Napoléon (loi du 26 messidor an IX, suivie de la loi de germinal an X), qui rétablissait en France le culte catholique et définissait les rapports qui existeraient entre l'Église et l'État. Par cette convention, l'État s'engageait à faire respecter la discipline de l'Église.

Il s'agit dès lors de savoir, non pas si le prêtre peut se marier, car l'État, devant respecter les règles de l'Église, doit s'incliner devant l'empêchement résultant de l'*ordo sacer* — mais s'il peut cesser d'être prêtre et, par suite, d'être soumis aux règles de chasteté découlant de son ancienne profession ? — Ainsi circonscrit, il semble que le débat ne devrait pas être difficile à trancher. Il n'en est rien. Et peu de questions ont autant passionné le monde judiciaire... et extra-judiciaire. Puisque la question se présente encore quelquefois de nos jours, force nous est de l'exposer avec les longs débats auxquels elle a jadis donné lieu.

Le Code étant muet, les adversaires du mariage de l'ex-prêtre ont été chercher des arguments dans la loi de germinal an **X**, (organique non seulement du Concordat mais encore des cultes), et ils ont cru les y trouver :

« Il y aura recours au conseil d'État » est-il dit dans l'article 6 de cette loi, « dans tous les cas d'abus de la part des supérieurs ou autres personnes ecclésiastiques. Les cas d'abus sont : l'usurpation ou l'excès de pouvoirs, la contravention aux lois et règlements de la République, *l'infraction aux règles consacrées par les canons reçus en France* ».

Enfin, aux termes de l'article 26, les évêques ne pourront ordonner que les ecclésiastiques *réunissant les conditions requises par les canons reçus en France.*

Or, dit-on, du moment que l'État considère comme un cas d'appel comme d'abus, l'infraction aux saints canons il ne doit pas lui-même en méconnaître l'autorité. Puisqu'il en impose le respect aux ministres du culte, il ne doit pas tolérer que ses officiers publics n'en tiennent aucun compte.

Ces articles ont-ils vraiment la portée qu'on leur attribue ? on en peut douter. Il est certain que le prêtre *comme tel* ne peut se marier puisque les règles de l'Église s'y opposent et que l'État s'est engagé par le Concordat à faire respecter la discipline de l'Église ; mais ne peut-il pas renoncer à l'exercice du sacerdoce et reconquérir par là même le droit de se marier ? Et, comme le demandait en 1833 le procureur général Dupin, à la Cour de cassation : « Quand un prêtre catholique vient nous dire : Je ne suis plus prêtre, je ne veux ou ne peux supporter les obligations que m'impose ce caractère, je redeviens citoyen français, la loi doit me protéger ; je n'ai perdu aucun de mes droits, je les revendique tous, — pouvez-vous repousser cette prétention qui trouve sa base et son principe dans l'égalité de tous les citoyens ? » — La Cour, cependant, ne suivit point l'opinion de l'illustre orateur, et, par arrêt de la Chambre des Requêtes, déclara qu'il y avait empêchement au mariage des ministres du culte en vertu de ces articles 6 et 26.

Et pourtant si l'on se reporte aux travaux préparatoires du Concordat et de la loi de germinal an X, on est loin de trouver des arguments en faveur d'une pareille opinion (1) : car voici ce qu'on lit, par exemple, dans l'exposé des motifs présenté au Corps législatif (séance du 15 germinal an X) par Portalis, le négociateur du Concordat, le rédacteur des articles organiques :

« D'autre part, pour les ministres mêmes que nous conservons et à qui le célibat est ordonné par les règlements ecclésiastiques, la défense qui leur est faite du mariage par ces règlements n'est point consacrée par les règlements dans l'ordre civil : aussi, leur mariage, s'ils en con-

(1) Il est peut-être piquant de faire remarquer que les adversaires du mariage des prêtres se fondent précisément sur une loi contre laquelle ils ont toujours protesté, témoin le rapport adressé à Talleyrand par le négociateur du Concordat, le légat du pape, cardinal Caprara :
« L'article 6, disait-il entre autres choses, déclare qu'il y aura recours au Conseil d'Etat pour tous les cas d'abus. Mais quels sont-ils ? l'article ne le spécifie que d'une manière générique et indéterminée..... On range dans la classe des abus l'infraction *des règles consacrées en France par les saints canons*. Mais ces règles ont dû émaner de l'Eglise. C'est donc à elle seule de se prononcer sur leur infraction, car elle seule en connaît l'esprit et les dispositions ».
Et M. de Montalembert en 1844 disait à la Chambre des Pairs que les catholiques ne peuvent reconnaître la légitimité des lois organiques et refusent d'y obéir.

tractaient un, ne serait pas nul aux yeux des lois politiques et civiles, et les enfants qui en naîtraient seraient légitimes. Mais dans le for intérieur et dans l'ordre religieux. ils s'exposeraient aux peines spirituelles prononcées par les lois canoniques. Ils continueraient à jouir de leurs droits de famille et de cité ; mais ils seraient tenus de s'abstenir de l'exercice du sacerdoce. Conséquemment sans affaiblir le nerf de la discipline ecclésiastique, on conserve aux individus toutes les libertés et tous les avantages garantis par les lois de l'État » (1).

C'est donc bien que le prêtre, à condition de cesser de l'être, peut se marier.

Si ce commentaire, bien concluant pourtant, ne suffisait pas, il est d'autres documents, émanant du même Portalis, et tout aussi significatifs. Nous avons vu (page 260, note 1) un extrait de la protestation faite par le cardinal Caprara au nom de la cour de Rome, au sujet des projets de lois organiques. Voici quelques fragments du rapport que Portalis fit rédiger par l'abbé Bernier pour y répondre et réfuter, dans un but de conciliation, les assertions du légat du pape :

        « Citoyen premier Consul,

    « Le pape, dans son allocution portant ratification du Concordat s'était réservé de me faire des représentations sur quelques dispositions des articles organiques. En lisant cette protestation, rédigée d'ailleurs dans les termes les plus modérés, j'ai cru qu'il était de mon devoir de mettre sous vos yeux les textes et les maximes qui ont servi de base aux articles organiques.

(1) Sir., 11, 2, 37.

« ... D'abord, c'est un principe incontestable qu'en devenant prêtre, on ne cesse pas d'être citoyen et que, conséquemment, les prêtres doivent être soumis aux lois et
règlements de l'État, comme le sont les citoyens ordinaires.

« Les lois religieuses et les lois civiles diffèrent souvent
entre elles par leur objet et par leur disposition, sans pourtant placer l'homme ou le citoyen ou le prêtre dans une
situation contradictoire. La loi civile, par exemple, ne
défend pas le mariage aux ministres du culte sous peine de
nullité, mais elle n'empêche pas non plus les ministres du
culte de se conformer à cet égard à la discipline de l'E-
glise ».

Si l'on se souvient que ce rapport était destiné à calmer
les susceptibilités de la Cour de Rome, vraiment, en présence d'une déclaration de principes aussi nette, il n'est
pas permis de soutenir que la collation des ordres majeurs
constitue de nos jours un empêchement de mariage en
vertu du Concordat et de la loi de germinal an X.

Si nous ne trouvons pas la prohibition dans ces deux
monuments législatifs, force nous est de nous en tenir au
Code civil : or aucun texte sur la matière ne s'y trouve.
Ce silence est significatif, car la question qui nous occupe
a été posée par le législateur, discutée et résolue par lui.
En effet voici les paroles que prononça le tribun Gillet
lors de la discussion du titre V, devant le Tribunal :

« Vous ne trouverez dans le titre du mariage aucun de
ces empêchements opposés par des barrières purement
spirituelles, non qu'elles ne puissent s'élever encore dans

le domaine respecté des consciences, mais elles ont dû disparaître du domaine de la loi, dirigée par des vues d'un autre ordre ».

Enfin voici l'exposé des motifs que présenta Portalis au Corps législatif dans la séance du 16 ventôse an XI :

« C'est d'après ce principe que l'engagement dans les ordres sacrés, le vœu monastique et la disparité du culte qui, dans l'ancienne jurisprudence, étaient des empêchements dirimants ne le sont plus. Ils ne l'étaient devenus que par les lois civiles qui prohibaient les mariages mixtes et qui avaient sanctionné par le pouvoir coactif les règlements ecclésiastiques relatifs au célibat des prêtres séculiers et réguliers. Ils ont cessé de l'être depuis que la liberté de conscience est devenue elle-même une loi de l'État, et l'on ne peut certainement contester à aucun souverain, le droit de séparer les affaires religieuses d'avec les affaires civiles, qui ne sauraient appartenir au même ordre de choses et qui sont gouvernées par des principes différents » (1).

Pour terminer enfin, nous citerons un fait bien connu, et fort probant : vers la fin de l'Empire, un grand nombre de jeunes gens, désireux d'échapper à la conscription qui décimait la France, avaient trouvé le moyen suivant pour se soustraire à toute obligation militaire : ils entraient tout simplement dans les ordres sacrés, puis au bout de quelques années, le danger de l'appel sous les drapeaux une fois conjuré, ils abandonnaient l'état ecclésiastique,

(1) Locré, Législ. IV, 497.

rentraient dans la vie civile et se mariaient. — Napoléon, instruit de ce stratagème, s'en alarma, et, sans tarder, convoqua le conseil d'État pour aviser à pareille situation. Dans la séance du 30 novembre 1813 on discuta longue-ment la question. Le procès-verbal est malheureusement trop étendu pour pouvoir être transcrit ici : je n'en citerai donc que la fin, la conclusion résumée par Napoléon lui-même. La voici :

« *Sa Majesté* charge la section de législation de rédiger un projet pour interdire le mariage aux prêtres catholi-ques ».

C'était donc bien avouer qu'en l'état de la législation, rien ne s'opposait à ces mariages.

La loi réclamée n'ayant jamais été faite, c'est donc avec raison que la Cour de cassation revenant sur de nombreu-ses décisions contraires, a, par arrêt en date du 25 janvier 1888 (1), refusé de voir dans l'*ordo sacer* un empêchement *dirimant* de mariage :

« Attendu que le mariage est permis à toute personne à qui la loi ne l'interdit pas et qu'il n'existe ni dans le Code civil, ni ailleurs, aucune loi qui l'interdise au prêtre ca-tholique au regard de l'autorité civile ; que ce qui est vrai, c'est que l'interdiction dont s'agit se rencontrant dans les canons de l'Église reçus en France, et la loi du 18 ger-minal an X ayant admis ces mêmes canons comme règles des rapports entre l'Église et l'État, il en résulte qu'un prêtre catholique ne peut contracter mariage non seule-

(1) D. 88, 1, 97.

ment sans encourir les peines spirituelles que croira devoir prononcer contre lui l'autorité ecclésiastique, mais encore sans perdre, dans l'ordre civil, les droits, traitements et prérogatives attachés aux fonctions dont l'exercice lui aura été régulièrement interdit.

« Attendu, que là se bornent les effets de la loi de germinal qui suivant son intitulé, n'est relative qu'à l'organisation des cultes et nullement à l'état civil des personnes ; qu'elle s'applique donc seulement aux prêtres, en tant que ceux-ci restent prêtres et sont maintenus comme tels ; mais qu'ils ne sont pas pour cela dépouillés de leurs droits d'homme et de citoyen, lesquels se trouvent intacts le jour où ils sortent du ministère ecclésiastique pour rentrer dans le droit commun ;

« Attendu que la volonté de ne pas subordonner la validité des mariages à l'observation des prescriptions purement ecclésiastiques et de n'admettre d'autres causes de nullité que celles limitativement prévues par les lois civiles, a été, soit à l'occasion de la loi de germinal, soit lors de la discussion du Code civil exprimée par les organes officiels du gouvernement ou du Tribunat en termes si formels qu'il est impossible de mettre de côté ces affirmations sans contredire les règles universellement admises pour l'interprétation des lois ;

« Qu'en présence d'explications si précises soit sur la portée restreinte de la consécration des canons qui prohibent le mariage des prêtres catholiques, soit sur les principes qui ont inspiré la rédaction du Code civil, il n'y a nul compte à tenir des ordres donnés plus tard à certains offi-

ciers de l'état civil (1), ordres dont le caractère purement
arbitraire était reconnu par ceux-là mêmes de qui ils éma-
naient ;

« D'où il suit qu'en repoussant la demande en nullité
du mariage des époux X..... la Cour d'appel d'Amiens a
exactement appliqué la loi ;

« Rejette. »

.°.

Si l'*ordo sacer* ne vaut plus, ainsi que nous venons de
nous en rendre compte, comme empêchement *dirimant*,
ne peut-on, du moins, y voir un empêchement *prohibitif*?
C'est la seule question qui puisse aujourd'hui donner lieu
à une sérieuse discussion.

Dans les attendus que nous avons cités, il a déjà été fait
allusion aux arguments que mettent en avant les adversaires du mariage des prêtres : ce sont les Circulaires que
Portalis envoya, comme ministre des cultes, aux préfets de
la Gironde, de la Seine-Inférieure et à l'archevêque de
Bayeux (14 janvier 1806, 30 janvier et 9 février 1807) pour
faire interdire aux officiers de l'état civil de procéder à la
célébration du mariage des prêtres (2). Mais il ne faut pas
en tirer de grandes conséquences car elles étaient dictées
par l'intérêt politique et Portalis, avant de les lancer,
adressait à l'Empereur des rapports confidentiels comme
le suivant. Il s'agit d'un ecclésiastique, du nom de Baudon
qui, après avoir séduit une jeune fille veut l'épouser. Por-

(1) Voir *infra*, même page.
(2) Locré, IV, 610.

talis, consulté par l'Ordinaire, soumet le cas à l'Empereur, en ajoutant :

« Je sais que dans le principe du nouveau Code civil la prêtrise n'est plus un empêchement dirimant de mariage ; en abdiquant le sacerdoce, on peut renoncer au célibat ; une telle conduite est condamnée par l'Église mais elle n'a rien de contraire à la loi de l'État, il n'y a donc aucun moyen légal d'empêcher l'ecclésiastique Baudon de réaliser son projet de mariage civil si la fille peut disposer d'elle-même sans le consentement de ses parents.

« Il y a quelque temps que Votre Majesté fut instruite d'un fait à peu près semblable à celui-ci ; elle m'ordonna si des faits pareils se renouvelaient de lui en donner connaissance, afin qu'elle pût prendre dans sa haute sagesse, des mesures d'administration capables d'arrêter un pareil désordre ».

Nous savons aujourd'hui ce que devaient être « ces mesures de haute sagesse » : le triomphe de l'arbitraire.

Au surplus, ces circulaires ministérielles, quelque explicites qu'elles soient sur la question, ne lient pas les tribunaux : elles ne sont donc pas une solution de la difficulté. C'est ce que le législateur lui-même ne faisait aucune difficulté de reconnaître. Pour le prouver nous rappellerons que dans le procès-verbal dont nous avons parlé précédemment (*supra*, p. 264) on trouve des déclarations comme celles-ci :

« *M. Quinette* dit que le Ministre de l'Intérieur a, par ses instructions ordonné aux officiers de l'état civil de refuser leur ministère pour le mariage des prêtres.

« *M. Delamalle* dit que ces instructions ne peuvent être
assimilées à une loi.

« *Sa Majesté...* Il est besoin d'une loi, les instructions
du Ministre de l'Intérieur ne lient pas les tribunaux ».

C'était là l'argument le plus sérieux : nous avons montré ce qu'il vaut. — Il ne nous reste plus qu'à passer rapidement en revue les autres.

Et d'abord on a voulu utiliser ici l'article 6 de la Charte
de 1814 qui déclarait la religion catholique, apostolique et
romaine, religion de l'État. En admettant que cet argument ait pu avoir jadis quelque valeur, aujourd'hui que
cet article, déjà rayé de la Constitution de 1830, n'existe
plus dans la Constitution, il est sans portée.

Enfin, on a invoqué encore ici les articles 6 et 26 de la
loi de germinal an X. — Mais à vouloir trop prouver on
ne prouve rien : car si l'on veut appliquer les canons, on
doit aboutir à l'empêchement dirimant ; or, nous croyons
avoir démontré que le législateur de l'an X a complètement repoussé une pareille théorie. Hâtons-nous d'ajouter
qu'une pareille interprétation des articles 6 et 26 équivau-
drait, comme quelqu'un l'a fort bien dit (1) au rétablisse-
ment de l'ancien régime.

Il ne nous reste plus à parler, pour terminer, que d'une
théorie qui, tirant son importance non de son contexte,
mais de l'autorité de ses auteurs mérite à ce titre d'être
examinée de près :

« L'exercice public du culte catholique, disent-ils, ayant

_____

(1) M. Serrigny.

été rétabli en France par le concordat du 23 fructidor an
IX et la loi du 18 germinal an X, l'Église a, par cela même,
acquis le droit de procéder aux actes extérieurs qui, d'après
son dogme et sa discipline, sont indispensables à l'exercice
public de ce culte, et notamment, à l'ordination des prêtres. C'est un devoir pour tous les citoyens en général,
pour les fonctionnaires et les magistrats en particulier, de
respecter ces actes. Or, comme en consacrant un prêtre,
l'Église lui imprime un caractère qui, d'après les canons, le
rend à jamais incapable de contracter mariage, la société
doit l'accepter avec ce caractère et ne pas lui permettre
d'enfreindre les engagements qu'il entraîne. Les officiers
de l'état civil et les tribunaux ne pourraient donc prêter
la main au mariage d'un prêtre sans méconnaître les conséquences d'un acte extérieur auquel, d'après la législation
existante, l'Église catholique a le droit de procéder, et sans
violer ainsi les dispositions qui garantissent l'exercice de
son culte. C'est en vain que, pour réfuter ces raisons, on
invoquerait le silence du Code civil qui, par cela même
qu'il est muet sur ce point a laissé les choses dans l'état
où les avaient placées le concordat et la loi de germinal
an X. Nous considérons donc l'engagement dans les ordres
sacrés comme constituant un empêchement prohibitif »
Aubry et Rau (1).

Et d'abord écartons, pour n'y plus revenir, l'argument
tiré de la loi de germinal an X : l'application des canons
conduit à l'empêchement dirimant ou à rien. L'Église depuis longtemps (Cf. page 129) n'admettait plus ici de demi-

(1) V. § 464, 3°.

mesure. Par conséquent cet argument est sans valeur, et le silence du Code demeure avec toute sa signification.

L'exposé de la théorie de MM. Aubry et Rau semble se ressentir singulièrement de l'incertitude de son fondement. Aussi les partisans de ce système ont-ils coutume de le présenter plus simplement en disant que l'ordination est un contrat entre le prêtre, l'Église, et l'État ; — que l'État intervient réellement en imposant à celui qui va recevoir les ordres, certaines conditions à remplir ; — qu'il se trouve donc tenu de faire respecter tous les engagements pris par le prêtre (1134, C. Civ.), entre autres, celui de ne se point marier.

De ce que l'Église a reconquis le droit d'ordonner les prêtres, il s'ensuit pour ces auteurs, que l'État doit faire respecter cette ordination. Or elle comporte l'incapacité de contracter mariage, la société doit donc empêcher le prêtre d'enfreindre son engagement ? — Quelle singulière confusion du spirituel et du temporel !

Et d'abord la promesse de ne jamais se marier est-elle civilement licite ? évidemment non. Elle est nulle de plein droit, comme contraire à la liberté. Il est vrai que, dans l'ancien droit, il était fait exception à ce principe et que les vœux de célibat perpétuel étaient civilement reconnus. Mais la loi du 13 février 1790 a abrogé le passé et cette loi n'a été rapportée ni par le Concordat ni par la loi du 18 germinal an X. Son exécution en a même été ordonnée par décret du 3 messidor an XII. — Et si précédemment (cf. page 246) nous avons admis qu'en vertu du Décret du 18 février 1807 (organique des congrégations hospitalières de femmes) une exception devait être apportée au principe moderne que le vœu de chasteté n'engage plus celui qui le fait, et si nous avons décidé qu'alors il existait en raison de ce vœu un empêchement prohibitif de mariage, — c'est, d'une part, sous cette réserve essentielle que l'empêche-ment n'est que temporaire comme le vœu dont il découle, et, d'autre part, pour cette raison, absolument décisive, qu'*en vertu de la loi*, c'est l'*officier de l'état civil*, le *délé-gué de l'État, qui reçoit ce vœu.* — Voilà comment procède l'État quand il veut vraiment intervenir à un contrat. Existe-t-il rien de semblable dans cette ordination dont on fait tant état ?

Qu'est-ce que l'ordination ? un sacrement, et non un contrat comme on le prétend, un sacrement tout comme le baptême, le mariage. Comment donc l'État peut-il le faire respecter comme contrat ? Puis, un sacrement est in-délébile : l'État pourra-t-il déclarer indissoluble aux yeux de la loi civile le lien qui attache le ministre du culte à l'Église. Mais alors un simple catholique, parce qu'il est baptisé, ne saurait changer de religion ! Qu'est-ce que ce droit de perpétuelle allégeance religieuse ? Et encore, où est le représentant de l'État dans l'ordination ? de ce que l'État, en vertu de son droit de surveillance sur les cultes, oblige l'Église à ne conférer l'ordination qu'aux jeunes gens remplissant les conditions qu'il impose, s'ensuit-il qu'il intervienne pour prendre des engagements tacites ? d'un droit de contrôle peut-il naître des obligations ? Évi-demment non : nous ne pouvons voir dans l'ordination qu'une cérémonie exclusivement religieuse et les engage-ments que prend le prêtre ne sont pris qu'envers Dieu et l'Église. C'est seulement un sacrement. Or l'État ne peut

songer à faire respecter un sacrement : à quel titre le ferait-il ? Le temps n'est plus où l'autorité civile était intimement unie à l'autorité religieuse, où l'Église avait une
action directe dans la politique, où le roi de France se re-
connaissait *le protecteur des saints canons*, où la religion
catholique enfin était la religion d'État. Aujourd'hui le départ est fait entre l'autorité spirituelle et la temporelle. Et
dans un pays où la liberté de conscience et la liberté des
cultes sont de véritables dogmes pour l'État, la loi civile
doit ignorer et ignore ce que c'est qu'un sacrement. L'État
doit à tous les cultes le respect, la tolérance, la liberté,
mais il doit aussi à tous les citoyens la même protection
et la même justice. Dès lors, si on permet à un protestant
ou à un juif de changer de religion, de devenir catholiques,
en vertu de quel texte de loi peut-on interdire au prêtre
de changer de religion et de devenir juif ou protestant ?
Et s'il peut ainsi abandonner ses croyances et son culte,
comment peut-il être tenu de respecter les règles d'une
religion à laquelle il a cessé de croire, la discipline d'une
église dont il s'est volontairement et pour toujours séparé ?

Et cependant, c'est une pareille doctrine, véritable anachronisme, qui a été confirmée à deux reprises par des actes émanés du pouvoir législatif :

Une pétition ayant été adressée en 1848, à l'Assemblée
constituante pour demander une loi qui autorisât le mariage des prêtres catholiques, le comité des cultes, auquel
cette pétition fut renvoyée, conclut à l'ordre du jour, par
des considérations tirées du Concordat, des articles organiques, de la morale publique et de l'intérêt de la société.

L'Assemblée législative fut saisie à son tour de la question en 1850 par une proposition ainsi conçue du citoyen Raspail : « Il est interdit à tout maire, ou autre fonctionnaire public, de s'opposer désormais à la célébration du mariage d'un citoyen en état de satisfaire à toutes les conditions énoncées au titre V, livre I du Code civil, à quelque profession religieuse que ce citoyen appartienne et quelque vœu de chasteté qu'il ait précédemment fait ». Or voici les conclusions du rapport présenté par M. Moulin, au nom de la commission à laquelle cette proposition avait été mise : « Il a paru à votre commission que l'Assemblée n'avait pas à s'occuper sérieusement de la triste et malheureuse question soulevée, après tant de décisions contraires, par la proposition de M. Raspail. Nous vous demandons à l'unanimité de ne pas la prendre en considération ». Sur ces conclusions, la proposition fut écartée par la question préalable, à la majorité de 457 voies contre 154 (1).

Quant à nous, nous ne pouvons admettre que l'*ordo sacer* constitue de nos jours un empêchement prohibitif. Les textes sont muets : or, le grand principe en matière de mariage, c'est la nécessité absolue de lois positives. Au surplus, nous l'avons dit, invoquer l'*ordo sacer* serait décréter l'empêchement dirimant : or, nous croyons avoir réfuté cette thèse. Notre conclusion est donc que le prêtre qui quitte les autels, cesse d'être soumis aux lois de l'Église, et peut se marier (2).

(1) *Moniteur*, 8 janvier 1851, pp. 61 et 65, 24 janvier 1851, page 247.
(2) Si l'on se souvient des résistances qu'a mises la Cour de cassation à adopter sur cette question une solution libérale et impartiale, on n'est plus étonné de voir qu'on ait fait à l'ancien procureur général Ronjat, lors de ses récentes funérailles, un titre d'honneur d'avoir, comme ministère public, sensiblement influé en 1888 sur la décision de la Cour suprême.

CONCLUSION.

L'OBSERVATION DES EMPÊCHEMENTS PROHIBITIFS DE
MARIAGE ASSURÉE PAR LA TENUE D'UN « LIVRET CIVIL ».

Nous avons dit, en terminant l'introduction au Code civil, que si le législateur a laissé une bonne moitié des empêchements prohibitifs sans aucune sanction, c'était volontairement et en connaissance de son impuissance à en édicter quelqu'une qui ne fût ou trop forte ou trop faible.

Il s'agit de savoir si le législateur n'a pas exagéré ce sentiment, et si l'on ne pourrait trouver un moyen de faire respecter la loi, puisqu'elle existe. Les auteurs du Code, nous l'avons vu, pour sanctionner certains empêchements, avaient procédé en prenant un détour qui consistait à rendre l'officier de l'état civil (et non les parties contractantes) responsable de toute infraction à laquelle il se trouvait avoir prêté la main, même inconsciemment : ils le déclaraient coupable, pour le moins, de négligence quand il avait procédé à la célébration d'un mariage sans s'être assuré (alors qu'il était à même de le vérifier) que certaines conditions avaient été remplies par les époux. — Mais ce procédé était impraticable dans les cas où l'officier de l'état civil, n'avait aucun moyen de contrôle : aussi dans ces hypothèses, la loi est-elle muette et la violation des empêchements demeure-t-elle impunie.

Ne serait-il pas possible de combler cette lacune, en se bornant simplement à étendre le champ d'application du principe déjà en vigueur, basé sur le contrôle du fonctionnaire ? Nous le pensons, et nous croyons qu'on y arriverait en créant un « livret civil » qui, par les indications qu'il fournirait, révélerait fatalement à l'officier de l'état civil tous les événements pouvant mettre obstacle au mariage des individus, — et qui, dans les matières autres que le mariage, serait appelé à renouveler radicalement tout le système de publicité du Code civil et à donner satisfaction, d'un seul coup, à tous les vœux qu'on fait pour arriver à des réformes partielles.

Le système de publicité généralement adopté par le Code consiste, sauf variantes, à apposer des affiches en certains endroits, et à insérer des extraits de ces affiches dans certaines gazettes. C'est un lointain dérivé de ce qui se pratiquait dans l'ancien droit. Il ne sera peut-être pas sans intérêt de rappeler comment on y a abouti, et, pour éclairer cet exposé d'un exemple pris dans notre sujet même, nous examinerons rapidement les transformations que subit la théorie des publications de mariage, lors de son passage dans le Code civil.

Le système de jadis était celui des proclamations au peuple assemblé. Les fidèles, se rendant périodiquement, à jour et heure fixes, à l'église, on profitait de ce qu'ils étaient ainsi réunis pour porter à leur connaissance les promesses de mariage, et les inviter à révéler les empêchements qu'ils savaient mettre obstacle à l'union projetée. Quand, au milieu de cette assemblée, le prêtre montait en chaire et disait suivant la vieille formule : « A nous, seigneurs et dames, fait assaver Sainte Yglise que le tel home deit prendre ytel feme jusque à tel jor, et se nul ou nule y sait riens que dire por quei ce mariage ne deit estre, si veigne avant et le die » (1) ; quand le prêtre, dis-je, faisait cette proclamation, il était entendu par la foule des paroissiens, et il savait que si quelques-uns étaient absents, ils ne manqueraient pas cependant d'être avertis par un ami ou un voisin. En effet, à ces époques lointaines, on vivait par petites communautés groupées autour d'un clocher ; tout le monde se connaissait : l'intéressé était ainsi averti *automatiquement*, c'est-à-dire sans qu'il eût à faire aucun effort volontaire pour l'être.

Aujourd'hui au contraire, avec le développement des grands centres, les conditions de l'existence ont changé : et cependant, c'est le système imaginé pour ces petites associations primitives, que les modernes ont conservé en se bornant à le conformer sur un point, aux idées nouvelles qui avaient amené la sécularisation du mariage : pour l'État en effet, la maison commune ayant remplacé l'église, on décréta purement et simplement que les publications se feraient le dimanche à la porte de la maison commune. Ce fut la seule innovation qu'on apporta au vieux système, et l'on crut qu'avec cette légère modification de fait, il continuerait à fonctionner comme par le passé et à donner les mêmes résultats satisfaisants. Ce fut une erreur : car cette modification, insignifiante en apparence, ruinait le système par la base.

(1) Assises de Jérusalem, Cour des Bourgeois, ch. 162, (Éd. Beugnot, II, p. 112).

On ne peut faire un devoir aux citoyens d'assister chaque dimanche à ces publications de mariage, tandis que
c'en est un, pour le chrétien, d'assister chaque dimanche à
la messe. Aussi, les officiers de l'état civil eurent bientôt
fait de renoncer au cérémonial organisé par le Conseil
d'État qui, par avis du 12 termidor an XII, leur conseillait
de se transporter devant la principale porte d'entrée de la
maison commune, et là, d'annoncer à haute et intelligible
voix, qu'il y a promesse de mariage entre tel et telle, puis
cette déclaration une fois lue, de l'afficher dans l'endroit à
ce réservé, et de rentrer dresser acte du tout. S'étant aper-
çus qu'ils parlaient dans le vide, ils se bornèrent à dresser
acte de la déclaration des futurs époux, et à en afficher un
extrait.

Et ainsi, l'affichage qui n'était qu'un complément de la
formalité, en devenait la partie essentielle. — Cette révolution eut des répercussions dans tout le Code ; si bien que
le législateur, renonçant par la suite, en général, et pour
les autres matières, à la proclamation orale, la remplaça
par l'affichage. Puis, une fois engagé dans cette voie, il
donna au système tout le perfectionnement dont il était
susceptible, en ajoutant à l'affichage mural l'annonce dans
les gazettes.

A la publicité orale, on se trouvait avoir substitué la
publicité écrite, mais sans toucher à la base fondamentale
du système : or, voilà où était l'erreur. Le principe de
l'ancien système était l'avertissement collectif et automatique de tous les intéressés. Aujourd'hui, avec le développement de nos grands centres et l'accroissement général

de la population, ce principe n'est plus possible : on ne saurait songer à atteindre l'individu, noyé qu'il est dans la masse des habitants.

Soit une personne habitant Paris : elle a intérêt à savoir que tel fait s'est accompli. La loi, pour le lui apprendre, exige que l'annonce de ce fait soit affichée en certains endroits, et insérée dans certaines gazettes. Le but visé par la loi sera-t-il atteint ? évidemment non. Sont-ce les particuliers qui fréquentent les greffes ou les auditoires des Tribunaux, qui lisent les gazettes spéciales où se font les insertions légales (1) ?

Et, pour nous en tenir à nos publications de mariage, supposons deux époux divorcés pour cause d'adultère et le conjoint coupable voulant épouser son complice ; ou, pour donner un intérêt pécuniaire à la question, prenons l'hypothèse d'une veuve voulant se remarier sans attendre l'expiration des délais de viduité, alors que la fortune du mari, mort sans enfant, a déjà passé aux mains de son héritier le plus proche. Ces personnes (le conjoint non coupable, le parent du défunt) ont intérêt à être informées pour pouvoir avertir officieusement l'officier de l'état civil et l'empêcher de célébrer une union illégale. Or, de deux choses l'une, où la ville qu'elles habitent est petite, et alors, elles seront averties par la rumeur publique bien avant de l'être par la publication légale ; ou bien cette ville est un grand centre, et alors, les futurs époux pouvant dissimuler jusqu'à leur adresse (dans les deux hypothèses choisies

_____

(1) Et, encore, s'il n'y avait qu'*une* gazette de ce genre, on pourrait, à la rigueur, la parcourir : mais peut-on être condamné à la lecture de toutes celles qui, comme à Paris, peuvent contenir les insertions légales ?

c'est assez naturel) ces personnes, pour savoir à quoi s'en
tenir, seront obligées de parcourir, chaque semaine, toutes
les mairies : quand il y en a 20 comme à Paris, c'est une
affaire de plusieurs jours par semaine !

Par conséquent il faut renoncer au principe ancien et le
remplacer par un autre ; il faut renoncer à avertir person-
nellement les intéressés, puisque ce n'est plus possible
aujourd'hui ; et charger *d'autres personnes* du soin de faire
respecter leurs droits.

Pourquoi prescrit-on des formalités de publicité ? on
peut répondre que c'est, d'une façon générale, pour avertir
les ayants droit (*lato sensu*) d'une personne que leurs intérêts sont menacés ; — en matière de mariage et d'empêchements prohibitifs, c'est pour prévenir un ascendant, que
son enfant s'apprête à se marier sans lui avoir demandé
conseil ; l'héritier d'un mari défunt, que la veuve de son
parent est sur le point de convoler en secondes noces, sans
attendre l'expiration des délais de viduité ; un époux divorcé pour cause d'adultère de son conjoint, que ce dernier
veut s'unir à son complice ; l'autorité militaire, qu'un officier s'apprête à se marier sans autorisation ; l'autorité religieuse, qu'une sœur hospitalière est sur le point de rompre ses vœux de chasteté par un mariage ; — la Société (1),

(1) Car les époux, alors qu'ils paraissent ne relever de personne, relè-
vent encore de la Société, dont les droits sont antérieurs à tous autres, y
compris ceux des époux eux-mêmes ; en effet, avant de s'appartenir, le
citoyen appartient à l'État. — De plus, on peut considérer le mariage
comme un contrat passé entre les époux, d'une part, et de l'autre l'État,
représenté par l'officier de l'état civil, comme « un engagement inviolable,
disait Portalis, stipulé au profit de l'État, au profit de la société générale

qu'un inceste se prépare entre l'adoptant et l'adoptée, ou que des époux divorcés, réunis, redivorcés, veulent encore se remarier ensemble.

En dehors du mariage, c'est pour avertir, par exemple, le mineur (plus exactement : son subrogé-tuteur), la femme mariée, que le tuteur, le mari, veulent vendre un immeuble affecté de leur hypothèque légale non encore inscrite.

Or comme il n'est plus possible aujourd'hui de prévenir directement ces intéressés qu'on veut attenter à leurs droits, il faut charger une personne du soin de les faire respecter sans que ces intéressés aient à intervenir. Cette personne sera, en matière de mariage, l'officier de l'état civil, et dans les autres, le *tiers* voulant traiter avec le tuteur, le mari, la femme mariée, l'interdit, etc., etc. Mais quels moyens de renseignement auront cet officier de l'état civil, ce tiers ? c'est ici qu'est l'innovation. Elle consiste dans la tenue d'un livret, que nous nommons « livret civil », grâce auquel tout individu qui veut entrer en rapport avec un autre, — contracter un mariage ou traiter une affaire, — peut se voir contraint moralement (1) de fournir sans supercherie ni omission possibles, tous les renseignements qu'on lui demande sur son propre compte, et que le public est,

---

du genre humain ». Par conséquent, si les époux ne remplissent pas les conditions qu'exige l'État, et menacent même de porter atteinte aux principes de morale proclamés par lui, l'État a le droit de refuser de laisser conclure cet « engagement », soit comme représentant de la morale publique et en vertu de son droit supérieur sur les citoyens, soit comme partie contractante (comme le représente Portalis).

(1) En effet, la seule sanction de cette obligation sera le refus *nécessaire* de l'officier de l'état civil de procéder à la célébration du mariage sans la représentation du livret ; — et, quant au tiers, son refus *probable* de traiter : car s'il traite quand même, il ne sera pas admis à se plaindre d'une éviction ultérieure, puisqu'il était à même de la prévoir.

d'ailleurs, censé connaître, et grâce auxquels l'officier de
l'état civil sera fixé sur la légalité du mariage qu'on lui
demande de célébrer,— et le tiers, sur les suites que peut
avoir le marché qu'il veut passer.

Ce livret, en effet, mentionnerait tous les faits concernant l'état civil des individus. Il contiendrait :

1° Le nom du porteur (avec tous les renseignements
utiles sur sa parenté) ; et,

2° L'énumération de tous les événements marquants de
l'existence de l'individu, tels que : sa naissance, son entrée en tutelle, son émancipation, son interdiction, l'entrée en exercice d'une profession (s'il est commerçant, sa
faillite, etc); son mariage (avec indication du régime matrimonial adopté) ; la naissance de ses enfants ; l'accepta-
tation de fonctions de tuteur, la dissolution de son mariage, etc., etc., et enfin sa mort.

Voit-on quelle mine de renseignements on aurait là ?

Etant donné que sur ce livret figureraient tous les événements d'où peuvent découler des obstacles au mariage,
il serait possible d'étendre à tous les empêchements le procédé de sanction déjà en vigueur actuellement pour quelques-uns d'entre eux (1) et de déclarer dans tous les cas
l'officier de l'état civil responsable d'avoir célébré une
union à laquelle la loi mettait un empêchement, puisque
l'obstacle aurait dû lui être révélé fatalement par le livret
qu'on était tenu de lui présenter. — En effet, nous rappellerons que les cinq hypothèses où la loi n'édicte aucune

(1) Défaut de publications, défaut d'actes respectueux, opposition de
viduité.

sanction sont celles où l'empêchement résulte : 1° d'une succession de divorces ; 2° d'un divorce accompagné d'adultère ; 3° de la profession militaire ; 4° des vœux monastiques ; 5° de l'adoption.

Or l'accomplissement de ces événements divers exige l'intervention de la puissance publique : leur mention officielle sur le livret ne présente donc aucune difficulté. — Et la loi aura ainsi cessé d'être vaine.

Ce livret existe déjà, mais à l'état rudimentaire : les mairies délivrent un carnet sur lequel on est invité à inscrire quelques-uns des événements dont j'ai parlé, tels que : mariage, naissance d'enfants, décès. — Mais, ce livret n'a aucun caractère officiel, et, une fois égaré, il ne peut plus être reconstitué.

Ce qu'il faut donc, c'est une organisation telle, que le livret puisse être *rétabli en cas de perte*, et *contrôlé en cas de suspicion* (1).

Cela comporte la tenue de ce que je nommerai, (par analogie avec ce qui se pratique en Allemagne pour la propriété foncière) des « registres personnels », composés de la réunion de « feuillets familiaux », c'est-à-dire consacrés chacun à l'histoire d'une famille.

Un individu naît dans une ville quelconque de France : on dresse son acte de naissance sur le registre ordinaire, et, aussitôt, sur un autre, spécial, *le registre personnel*, on « ouvre un compte » à cet individu, c'est-à-dire, on lui

_____

(1) C'est-à-dire : Si celui à qui on le montre craint qu'un fait ait été omis.

consacre une feuille spéciale sur laquelle on inscrira, d'abord, son nom et sa date de naissance, puis, successivement, et de la façon la plus concise possible (comme cela se pratique par exemple pour les Répertoires de notaires) tous les autres événements le concernant et dont la connaissance pourra intéresser le public ou la société (1).

Cet individu perd-il ses parents, est-il pourvu d'un tuteur ? cette nomination a lieu par décision d'un conseil de famille tenu sous la présidence d'un juge de paix ; procès-verbal est dressé de la délibération de l'assemblée ; par conséquent un double sur papier libre ou un résumé de ce procès-verbal (résumé rédigé selon la formule qu'on aura adoptée), peut être expédié, avec franchise postale, à la mairie où l'acte de naissance a été dressé, pour être noté aux registres personnels ; en même temps, le juge de paix procède aux inscriptions sur le « livret » du mineur et du tuteur.

Et ainsi de suite : car tous les événements importants de la vie sont toujours constatés par un personnage officiel.

En cas de perte du livret, tous les renseignements étant centralisés quelque part, on peut le reconstituer à volonté. — A-t-on des doutes sur certain livret qu'on vous présente, et craint-on qu'il ne soit pas complet : on n'a qu'à exiger qu'il soit visé par la mairie d'origine.

Nous avons choisi, on l'a vu, la centralisation par com-

---

(1) J'emploie deux termes synonymes, mais cependant différents pour marquer que ces renseignements pourront servir l'intérêt *particulier* comme l'intérêt *général*, et dans ce second ordre d'idées permettre des études auxquelles on ne pouvait jusqu'ici se livrer, faute de documents.

mune, de préférence à celle par arrondissement ou département. C'est qu'elle se prête mieux que toute autre à l'adoption du système pour plusieurs raisons, celles-ci entre autres : d'une part, il est naturel à l'homme de demeurer là où il est né : or, l'on appartient à une commune avant d'appartenir à un arrondissement ou à un département ; puis, en cas de déplacement, on connaît la commune où l'on est né, tandis que l'on peut ignorer l'arrondissement dont on ressort ; — d'autre part, en totalisant les renseignements par commune, on supprime l'augmentation de travail qui résulterait de leur transmission au chef-lieu d'arrondissement ou de département dans tous les cas où ils concerneraient des personnes nées dans la commune et ne l'ayant pas quittée : nous avons admis qu'il en était ainsi le plus souvent ; — Enfin la tâche ainsi répartie par commune, c'est-à-dire divisée à l'infini, paraîtra insignifiante ; car, au lieu de créer de toutes pièces une administration spéciale, comme il le faudrait si l'on adoptait la centralisation par arrondissement ou par département, ce qui entraînerait des dépenses considérables, on n'aura qu'à se servir de ce qui existe : on arrivera ainsi à augmenter simplement, dans chaque commune, le travail des employés de l'état civil, sans avoir, le plus souvent, à en grossir le nombre ; car l'innovation se résume, en somme, en l'adjonction d'un registre nouveau aux anciens.

Il est une objection qu'on ne manquera pas de me faire : est-il bien nécessaire, dira-t-on, d'entreprendre une œuvre si considérable, quelques facilités qu'on éprouve à la mener à bien, quand il ne s'agit, en somme, que de ga-

rantir l'observation de quelques empêchements de mariage que l'on ne transgresse, d'ailleurs, que bien rare-
ment ?

A cela nous répondrons que si, dans notre exposé, nous
nous sommes cru obligé de nous en tenir à notre sujet des
empêchements de mariage, et si nous n'avons surtout
envisagé l'innovation qu'à ce point de vue restreint, celà
ne l'empêche pas de pouvoir être générale, et les quelques
indications que nous avons fournies en ce sens, l'ont bien
montré.

Quant à nous, nous croyons cette idée de Livret civil
féconde, parce qu'elle marque l'orientation nouvelle qu'on
doit suivre en matière de publicité : l'ancien système de
l'avertissement individuel et automatique n'étant plus possible aujourd'hui, il en faut trouver un autre : celui que
nous proposons, basé sur la conservation des droits des
intéréssés assurée par des personnes autres que ces intéressés, nous paraît le plus pratique.

Il ne s'agit que de l'organiser, en l'étendant du mariage
à toutes les autres matières du Code ; celà, nous ne pou-
vions le faire ici : c'eût été en dehors de notre cadre. Qu'il
nous suffise d'avoir indiqué la voie à d'autres.

* *
*

POSITIONS

DROIT ROMAIN.

Positions prises dans la thèse.

I. — La vieillesse n'a jamais été un obstacle au mariage.

II. — Le *jus postliminii* ne portait pas atteinte à la validité du mariage contracté par le fils de famille pendant la captivité du *paterfamilias*, et donc, sans son consentement.

III. — Lorsque le consentement n'intervenait qu'après le mariage il le validait pour l'avenir, mais sans rétroactivité.

IV. — Le patron pouvait empêcher l'affranchie qu'il avait épousée non pas de divorcer d'avec lui, mais de se remarier tant qu'il ne consentait pas au divorce.

Positions prises hors de la thèse.

V. — Le *tradens* qui aliénait sous condition résolutoire avait, pour recouvrer sa chose, en cas d'accomplissement de la condition, dès l'époque classique, non seulement une action personnelle, mais la revendication.

VI. — L'action hypothécaire survivait à la prescription de l'action personnelle.

VII. — La nature des servitudes prédiales dépendait de la nature du fonds dominant.

VIII. — L'arrivée du terme ne mettait pas, en règle générale, le débiteur en demeure.

DROIT CIVIL.

Positions prises dans la thèse.

I. — Le ministère public n'a pas le droit de former opposition au mariage.

II. — L'engagement dans les ordres sacrés n'est pas un empêchement au mariage.

III. — Il existe un empêchement dirimant au mariage de l'interdit, même au cours d'un intervalle lucide.

IV. — D'après le concile de Trente, le rôle du curé dans la célébration du mariage devait être celui de témoin spécial.

Positions prises hors de la thèse.

V. — Le droit de l'écrivain est un droit de propriété.

VI. — La possession d'état ne peut faire preuve de la filiation naturelle.

VII. — Un mari ne peut empêcher sa femme divorcée de porter son nom lorsque ce nom lui est nécessaire pour continuer la pratique d'un art ou pour l'exploitation d'un commerce.

VIII. — La séparation de biens accessoire de la séparation de corps ne rétroagit pas au jour de la demande.

DROIT CONSTITUTIONNEL.

I. — L'assemblée nationale ne peut reviser les lois constitutionnelles qu'en ce qui touche les points spécialement visés dans les délibérations respectives du Sénat et de la Chambre des Députés qui ont déclaré qu'il y avait lieu à la révision.

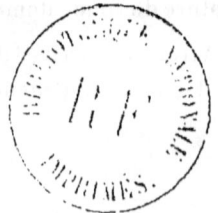

www.ingramcontent.com/pod-product-compliance
Lightning Source LLC
Chambersburg PA
CBHW070234200326
41518CB00010B/1560